湖南省2014年度高校教改项目“地方综合性大学写作公共基础课教学改革研究与实践”成果

# 同学少年

## ——湘潭大学学生习作集(2014)

湘潭大学写作教研中心 主编

湘潭大学出版社

感谢湘潭大学教务处对本书出版的经费支持

# 序

李剑波

写作是社会生活中一项不可或缺的重要活动，自政府公文、商业契约、法律文书、新闻稿件、学术论文，迄于日常生活中的求职、请假、通信等等，均离不开写作。故曰，写作能力是现代人应有的一种基本素质。

其重要性尚不止于此，写作除了满足思想情感的表达和交流的需要之外，还可以训练人的逻辑思维能力，因为语言是思想的载体，是思维的工具。所以，对于大学生来说，学习写作无疑是十分重要的。百年树人，必得写作之教。然则，写作之事可谓大矣，魏文帝推为经国大业、不朽盛事，诚非虚言。

以此之故，湘潭大学决定自2013级开始在全校范围内开设写作课，文学与新闻学院毅然领命。遂自院领导、教授洎乎普通教师，全力投入此课程建设。为此，我们根据本课程的教学目标，专门编写了教材，申报了研究项目，设置了课程网站，主办了教学研讨会，开展了教学观摩，创辟了作品园地，举行了写作竞赛，通过这一系列活动，促进写作课的教学，提高写作课的教学效果。这部作文集就是写作教学的成果之一。兹裒辑此编，用为对前期工作的总结，兼勉励后学，亦敬其事尔。借此要特别感谢湘潭大学教务处领导对本书出版的大力支持，以及对写作课的高度重视和具体指导；还要感谢文学与新闻学院的赵成林、宋德发、沈云霞等老师，为编纂此书出力良多。

这本集子收录了我校学生在课堂内外的习作。既为习作，殆似童子学步，雏鸟奋翅，固不免生涩稚嫩，甚或笨拙；然而，大抵都凝聚着真心与真诚，故是性灵之作，如婴儿索乳之呱呱，赤子向母以晬语，情动于中而形于言，天真朴茂，有所谓但见性情不睹文字者。检书辄见，同学少年，风华正茂，求日新于博学，养盛德而笃行。沐韶峰旭日，仰伟人壮怀激烈；承湘学精神，骋书生意气挥斥。心灵脉动代代不息，青春放歌源远流长。此钟嵘所言之有滋味者也，谓予不信？请读是集。

# 目录

## 第一辑　我的大学

## 第二辑　乡音乡情

## 第三辑 爱情絮语



## 第四辑 感悟人生

## 第五辑　人在旅途

## 第六辑　市井百态

## 第七辑　书评影评读后感



## 第八辑　为你写诗

# 第一辑　我的大学

# 给湘大的情书

以梦为马

亲爱的湘大：你好！

和你在一起六个月了，我们从陌生到熟悉，从排斥到依赖。现在，趁着你过生日，我想和你聊聊心里话。红笺小字，涓涓心事，只说给你听。

湘大，你知道吗？为了和你在一起，我失去了很多东西。你在湖之南，我系河之北，湖南河北相隔千里。我一路向南寻你而来，失去了家的温暖，失去了亲人的疼爱，只为与你相伴；你喜吃米饭，口味咸辣，我喜食面食，口味清淡，和你在一起后，我每天都要吃又咸又辣的湘菜，吃各种米饭米粉米豆腐；你让我看到无数新面孔，可我还是喜欢以前的同学朋友，新面孔讲着各种带方言的普通话，而我还是习惯听了十几年的乡音；你家的道路曲折颠簸，而我喜欢平坦笔直的大路，在这里我骑不了自行车，每天去上课都要走好远；你提供给我的是破旧拥挤的十人寝，而我向往的是舒适优雅的四人寝，你简直是个矮穷挫，哪里像我想的高富帅？你难过的时候要哭上十天半个月，而我希望你能痛痛快快地大哭一场，哭过之后就可以阳光明媚，这样多好！

可是，时间是那么神奇，它带我一点点地了解你、理解你、喜欢你，直至爱上你。之前的种种问题在爱上你之后仿佛就不是问题了。虽然远离了家乡和亲人，但你为我在这里营造了一个新家，你和你的老师们都待我如亲人；时间一长，我也喜欢上吃辣椒，那种辣到出汗流泪的感觉也很爽，喜欢上香甜的米饭，喜欢上软糯的米豆腐；时间一长，和新面孔熟识之后，他们渐渐变成了我的好同学、好朋友，也习惯了连做梦时都讲普通话了；时间一长，我也喜欢上了你家里弯弯曲曲的路，曲径通幽，弯道处总有别样的风景，路途中总能收获感动；时间一长，我也喜欢上了你哭泣时梨花带雨的娇羞模样。

湘大，你知道吗？和你在一起之后，我得到了很多东西。我得到了一个新的自己。和你在一起我要经历很多挑战，每次挑战过后，我都会成长一分，而一次次累积的结果便是自我的全新蜕变；我找到了自己所爱。你带我接触了很多人和事，在与人接触时我总能看到自己的影子，在这样的接触中，我一点点看到了自己，看到了自己的心之所向；我得到了前所未有的自由。“独立之思想，自由之精神”，你给我开设各种讲座，要我自己去选择去聆听去感悟，我可以接触到各种流派的思想，并逐渐形成自己的思想。

可是，湘大，我能为你做什么？

或许，我能做的，只是微不足道的小事。我爱你，因为我相信你。我相信“湘大虽小，穷骨头还是有两根的”；我相信“往日辉煌旧，风流更数新人”；我相信事在人为，只要你继续努力，总有出头之日。湘大，我相信你，因为我爱你。今日蒙君厚爱，明日显君威名。

爱你的后生

# 很近，很远

王思雨

未来很近吧，好像只要我伸出手就可以触摸到；未来很远吧，我只感觉眼前的一切那么清楚又那么模糊。

如果让我用一句话概括我的大一生活，我只想说：痛并快乐着。

就像步入大学之前我的憧憬一样，我申请了很多学生社团的工作。庆幸的是，我都成功入选了。但是，我却慌了。我还记得当我知道自己进入了某个团体的那天晚上，我哭了。独自坐在昏黄的路灯下，看着来来往往的人，我突然不知道自己加入这么多社团组织到底是为了什么，我开始怀疑自己的能力。那天晚上，在和父亲通话的时候，我哭了，泣不成声。那天晚上我的大脑一片空白，却还是记得父亲和我说的那句话：上大学了，你要自己做决定了。后来，我放弃了学校的社团组织，选择了院学生会。而这一年，我最无悔的选择就是加入了院学生会，结识了最珍贵的伙伴。

我曾经以为，当我义无反顾地选择了法学专业，我会深深地爱上它。但是，我没有。我一度讨厌看专业书，甚至讨厌看关于法律的书籍，开始不停地在网上买自己喜欢的所谓的文艺类的书籍。而这些书无外乎一个主题：关于梦想，关于现实。我不得不承认，关于未来，我迷茫了。

最好的闺蜜，进入了一所不错的大学，选择了自己喜欢的专业，但是前不久她的父母却让她转到会计专业，理由只有一个：会计专业好就业。

高二的时候面对文理分科，大部分家长都强迫自己的孩子选择理科，理由是大学理工科可选择的专业多。我的父母完全尊重我的选择，然后，我选择了注定就业面窄的文科。高考之后，在文科考生可选择的不多的报考专业中，大家都挤破头选择财经专业。我的父母尊重我的选择，然后，我选择了就业形势十分严峻的法学。

选择这个专业的理由很简单，我不想学高数，不想学小语种，我觉得律师是一门很赚钱的职业。经过了一年的大学生活，当初成为我选择法学的理由——成为律师，也被我否定了。我不知道，自己现在究竟是在做什么。我看不清楚，我的未来在哪里。

当闺蜜和我说到她要转专业的事情时，我写下这样一段话：一直以来熟悉我的朋友都说我不像一个女生，从来没用过化妆品，大学之前从来没穿过裙子，高跟鞋完全不能驾驭。老妈说，以后不许你买运动鞋穿了，学着穿得淑女一点，开学后她给我拿了一盒面膜，可我直到昨天才拆开。敷着面膜，突然想到，也许我们都应该在一定的年龄做一定的事情，改变自己，去适应所在的这个年龄阶段，不管你是否发自内心地愿意去做。这样也许才是正确的。

我和闺蜜争论着现实重要还是梦想重要，面包重要还是咖啡重要。闺蜜说：我只能适应我这个年龄了，现在可能觉得不是自己最喜欢做的事，但却是应该做的事。

我不知道是什么在起作用，大学之后的我们突然变得做事畏畏缩缩了。我们开始担忧明天，做任何一件事之前都会考虑是否关乎未来。大学里，老师父母不再阻挠我们谈恋爱，但我们自己却不敢迈出这一步了，不敢确定以后能不能在一起，不敢确定要爱情还是要生活。网上流行过一个视频：大学四年你最后悔的事情。很多人后悔的都是没有谈一场轰轰烈烈的恋爱，没有挂过科，没有向喜欢的人表白。其实，也许四年之后回头再看走来的这一路，我们不会后悔没有一起走到最后，而是后悔没能有勇气踏出那一步。闺蜜说，她不知道自己的择偶标准是什么，但却很想谈一场恋爱。

除了一场轰轰烈烈的恋爱，还有一场说走就走的旅行。庆幸的是，我做到了后者。清明假期，我瞒着父母买了去往武汉的高铁票。第一次一个人的旅行，内心感慨又兴奋。当我在武汉火车站打电话给父母那一刻，喜悦之情溢于言表。

在很长一段时间里，我不愿接触专业书。但是突然有一天，我想通了一些事。现实和梦想并不相互矛盾。现实就像是钱，梦想就好比咖啡。如果没有钱，如何买一杯香浓的咖啡？我们之所以纠结于现实与梦想之间，往往是因为我们割断了两者之间的关联性。我的梦想是去丽江开一家客栈。但我首先要考虑的是，开客栈的钱在哪里？所以，为了梦想，我要依赖于现实，尽管不是心甘情愿，但只要想到现在所做的一切都是为了梦想的实现，你会放弃吗？

我一直都相信那句话：我们都值得拥有最好的未来。所以，眼下的每一步都是值得的。我终于知道自己为什么惶恐，为什么迷茫。那是因为，我连往前踏出一步的勇气都没有。其实，说走就走的旅行和轰轰烈烈的恋爱并不难，只要敢踏出第一步，剩下的路自会明了。

所以，当一切都已看透的时候，我又拿起了我的专业书，准备迎接即将到来的期末考试。未来很近？未来很远？当我们拥有面对未来的足够的勇气时，未来不近不远，就在你的心的方向。

# 荆楚岁时记

李　雯

## 三月

二月二，龙抬头。传说是应该理发的日子，我们开学了。

开春，天气乍暖还寒。玉兰是春天最早开花的植物之一，逸夫楼前、第一教学楼前……到处都有它的身影。三月的玉兰只开花不长叶，直到这头开过了，到五月的广玉兰才边开花边长叶。

南苑的迎春花，嫩黄色一片点缀在细细的葱茏枝条上，看上去就令人欢喜，路过时总忍不住回头看。

图书馆门口的山茶开得蔓妙，水红的和白的，一边开一边大朵大朵地落。张爱玲曾经写茶花："有一种花是令我害怕的。它不问青红皂白，没有任何预兆，在猝不及防间整朵整朵任性地鲁莽地不负责任地骨碌碌地就滚了下来，真让人心惊肉跳。"夜雨过后，伤花满地，带着露珠的娇艳的花瓣看得人心疼。青草长出细细的一层，雨后泽园堆起几个小水塘子。昌黎先生的诗"天街小雨润如酥，草色遥看近却无"真是精妙。

## 四月

三月三，地菜煮鸡蛋。第一次知道有这么个习俗，应节气吃鸡蛋时感觉就像外国人过春节一样奇妙。

藤萝春来几处寻。突然发现紫藤这种印象里五月才有的东西也开花了，有种甜甜的蜂蜜般的香味。泽园里有好几棵湖北海棠。记得三月第一次拍海棠时全是骨朵，才开了几小朵我们就兴奋地猛拍。现在也算是眼看着它一点点开至盛花期，满树辉煌灿烂，有一种谜样的欣慰感。再不赏花，过几日花谢了又要等明年了呢。

一教旁边有几株晚樱，重瓣的花朵层层叠叠煞是好看。樱花只要积温到了就开花，昆明的樱花开得很早，二月就开得纷纷扬扬，导致我印象中觉得樱花是接于梅花，只属于初春的花朵。来到湖湘之地，盼呀盼，到了三月末四月才盼到樱花开，有种又偷得一度春的窃喜。梨花和李花也是开得极好的。离乡之时，昆明满城都是红叶李，以致在这边也不觉稀奇了。听说杏花开放时比樱花壮观多了，但花期极短，至今无缘一见，甚为遗憾。

香樟的红叶落了满地，在这个万花齐开的时节似乎有秋天的错觉。落到沟渠里，红红黄黄的，流水潺潺也带不走它。落到把水都遮得看不见的野草上，有一种在涂了奶油的蛋糕上撒巧克力末的感觉。逸夫楼前面喷水池的水干涸了，池底茸茸地长出一层青苔，很有几分野趣，可不要某日被领导心血来潮清理喷水池给铲掉啊。

买到了香气扑鼻的小芒果，未削之时有一种近乎牛奶的香味，削开则尽是芒果的甜香了。简直舍不得吃，只想放着来做熏香了。大芒果甜，小芒果香，旧时大户人家室内都会放上时令水果，不为吃只为闻香。我想，也要放芒果、菠萝蜜这样的南国水果，才够味吧。

## 五月

在日本，人们把五月叫做“雨月”。雨打潇湘时，看花别有一番韵味。

小满出门拍节气，走到教师公寓被小一亩花田吸引。小小一方天地，半栅竹篱笆围着几株绣球，雨中显得分外艳丽。绣球下有一小棵可爱的黄花菜，旁边一丛不知道是山茶还是月季，花期将尽开得凄迷又妖冶。还有一棵石榴树，有小小的果实绽出。围着这方小天地拍了二十分钟，雨幕将世界与安静的小花园隔开。不禁去想象，会是怎样一双手种下这一切？看到花开又会露出怎样的笑意呢？

广玉兰开花，大朵大朵的，像是树上生莲。掉下来的花瓣大大的像水瓢，积了一夜的雨水都装在里面。

北苑宿舍楼下发现小果蔷薇一大蓬，雨中有蒙蒙的甜香，体积不小，匆匆而过的路人似乎没怎么注意到。五月时的粉团蔷薇是粉色白色橙色兼有，一样香甜的气味，忙碌的蜜蜂和拍照的我互不干涉彼此。夜雨，泽园的草地上长满了小小的白色、黄色蘑菇，像是纸屑或者开心果壳撒了一地，总之不是太可爱的联想。总觉得蘑菇是森林的精灵，只需一夜，就可以从无到有，从空空落落到星星点点，简直像是凭空生出来的。

翻开慧山下的草丛，可以看见小小的红色浆果，那是蛇莓，一如伊甸园蛇园诱惑的“禁果”，鲜艳的颜色光看着就心痒痒。小时候奶奶告诉我那是蛇吃的果实，人吃了会中毒，堵住了我偷吃的馋嘴；长大后知道那是低毒，少量进食无害，终于放心地尝了一颗，一解多年的好奇。

曾经有人对我说，下课了，买一块菠萝，边哼哧哼哧地啃边走回寝室，你就知道是三月了；下课了，买一块西瓜，边哼哧哼哧地啃边走回寝室，你就知道是五月了。是的，五月了，西瓜上市了。黑美人，玉麒麟，黄西瓜，各种种类随你选。不想吃饭的下午，穿着短裤人字拖去买一个小西瓜，切成两半用勺子舀着吃。一勺一勺又一勺，直到半个西瓜消磨殆尽，你摸着肚子，听着电扇呼呼的风声，才觉得浑身舒爽。

## 六月

端午节。

走路被乱扔的粽叶粘住脚，哑然失笑。母亲打电话问我吃粽子了没。我说没吃，反正平时也吃得到。电话那头的母亲笑说“应应节气嘛”。应节气是个很有趣的词，适用于一切想过不想过就这么对付着过的节俗。正月吃元宵，应节气；龙抬头剪头发，应节气；端午吃粽子、中秋吃月饼，应节气……现代人节日观念淡薄，节日只分为放假和不放假两种。忙碌的现代人往往懒得按照传统郑重过节，在商家的大肆宣传下又不能简单“忘了”节日，便象征性地买几个粽子、月饼，“应应节气”，糊弄下嘴巴也糊弄下自己，“今天我过节了呢”。

也许是不想就这么糊弄自己，也许是离了家一切节日都失了真切的味道，我不愿去吃街边两元一个的粽子，宁愿一遍遍回忆着记忆中的端午。小时候，我家过节时爷爷会大清早买菖蒲和艾叶挂在门口，混合着奶奶手包粽子煮出的清香，大老远就闻得到。除了粽子，奶奶还会煮一大锅鸡蛋、鸭蛋、大蒜、芽豆。蚕豆过了春天不复鲜嫩，长出小芽的豆子有着厚厚的壳，煮过之后剥了壳，褐色的蚕豆绵绵软软的，和剥了皮的煮大蒜一起蘸酱油吃。自家包的粽子只有白粽，煮好，剥开粽叶，用线勒成一片片的，蘸白糖吃，很香。一口甜粽子一口咸芽豆，味觉直受冲击。我不愿吃大蒜，奶奶连哄带骗总让我吃下一两个。“消毒，一年到头肚子里都不会长虫呢。”她说。不知为什么，现在我很想吃煮大蒜，那个软软糯糯的口感似乎也没那么讨厌了。

举目四望，许多小贩叫卖粽子，没有一个人有卖鸡蛋大蒜芽豆的，在这里甚至说芽豆都不会有人知道是什么。配上毕业笙歌，大三大四离开后校园冷冷清清，突然觉得孤独。

“奶奶今年包了好多粽子，冰在冰箱里等你回来吃……”电话那头的母亲还在絮絮叨叨，我低下头隐藏住纷乱的思绪，应了一声：“好。”唇角的笑和眼里的泪，电话那头的母亲应该是看不到吧。

这样便好。

# 心尖上的绿

陈　乾

乌云添来，掩作明眸下的烟熏，几滴明珠卷上颀长睫毛，滑过圆润脸颊。五月，草暖卧佳禽，榆荚浓密，柳絮依依之际，她却面色戚戚，时而微绽笑颜，时而黯然落泪。蝶，飞舞于草的海洋，随风在草波中起伏，却永远飞不出，飞不高，应是微醉于那迷离草色，酥醉于南风。薄薄的新绿，似成熟桃子张开的绒毛，于束束柔光下在地面投下阴影。骄阳也识趣地退到幕后，在云层中时隐时现。

一年一度的雨季，从没有误过它的时节，或多或少，总要淅沥沥地在大地上浇上几遍，便也算给春天草草地收了场。暮春，绿正浓，仿佛棵棵绿树都要溢出几滴翠色。

青苔，石碣，小巷深处都潜藏着生机。

正值毕业季，湘大微醉的眼眸，胭红的鼻翼，残留啜泣后的妆容，这是她不为人知的秘密。

原来，原来世间的一切都是可以伤人的，改变可以伤人，不改变也可以伤人。所有的一切都要怪那一颗固执得怎样也不肯忘记的心。

五月，她要送她的宠儿离去。她照旧忙碌着，或是比平常更忙碌，准备着，准备着，一丝不敢怠慢，担心因为自己的疏忽而使孩子受到委屈。一遍一遍地检查，念叨着，记录下，添置着。莫名其妙地停下，哀叹，又继续着。衣服的线缝和纽扣是否结实，牢固。不时又缝上几针。这一件，那一件是哪个春秋买的，又有着怎样的故事与回忆。一件件抚摸着，一遍遍放映着。心中满是愧疚，为何以前不好好疼爱、呵护他。为时已晚的无奈、自责与内疚一次次涌上心头，撞击在心间，心酸，绞痛，咸咸的泪滴洗涤过往，更加光彩熠熠。

离别在即，千万叮咛竟无语凝噎，执手相望泪眼。她不敢乞求他们多停留一会，或是奢望他们陪伴，她知道她会为此愧疚，因为她的宠儿属于远方——那一片干净蔚蓝的天空。她不能成为他们前行的绊脚石，短暂停留的欢乐终会被无尽的惆怅荡然无存。

鸟儿长大，总是要离巢。她慰藉着自己，眼角的泪不由自主地沿着旧痕淌下；只是抱着他们还会来看我的美好期望空空地等待，痴痴地望，直到她再也不能看清那乱飞的白鸽。

每一年，她总会欢欣地踏着大步迈过三道拱门，满怀信心——她未来的孩子，似骄阳般不减热情。每年她都会目送穿着学士服、戴着学士帽的她的骄子离开。无言静默，千言万语只化作一滴滚烫的泪珠，一个深深的拥抱。离别即在眼前，她用欢迎的姿态再次送别他们，巨大的怀抱顿时空荡荡的，没有了所在与欢欣，沉默不言，让时间去抚慰她的伤痛，在昼与夜的变换下领悟永恒的谎言。

离别那一刻，早在初识就已被告知，为何她依旧会伤心落泪？因为，一年一度分分合合，离别聚散，她仍没有磨灭期待。因为四年时间奇妙地幻化为一昼夜，荡过秋千去，让我们猝不及防。

这个世界有很多事情，你以为明天一定可以再继续做的，有很多人，你以为明天一定可以再见到的，于是，在你暂时放开手或者暂时转过身的时候，你心中所有的，只是明天又将重聚的希望，有时甚至连这点希望也不会感觉到。因为，你以为日子既然这样一天一天地过去，昨天、今天和明天应该是没有什么不同的。

但是，就是会有那么一次，在你放开手、一转身的那一刹那，有的事情就完全改变了，太阳落下去，而在它重新升起以前，有些人，就从此和你永别。

绿的阴阴郁郁，浸染上了蝉翼般的薄纱白裙，也是绿的此刻的心。

# 湘大的春天

张　冯

湘大的春天就如同“女孩的心思你别猜”，总是可以让人在一天之内感受到一年四季的变化。也许是因为地处中部，湘大的春天总是那么特别，虽说其他地方的春季早晚温差也大，不过总是不及湘潭。在这里，早晚穿棉袄，上午穿夹衣，中午穿短袖是经常的事。听说大年初一的时候湘潭的气温达到了28°C，真是春夏秋冬在一天中随意安插。就像杜甫之言“江浦雷声喧昨夜，春城雨色动微寒”，湘大的春天总是给你意想不到的感觉。

湘大的春天是多雨的。李商隐在他的《无题四首》中就写到春天的雨“飒飒东风细雨来，芙蓉塘外有轻雷”。作为一个北方人，我还是头一次感受到这种气候。刚开学就下了半个月的雨，之后又断断续续地一直下。“下不完的雨”，这是我来到湘大过的第一个春天最大的感触。偶尔会有晴天，但雨天还是多一些，不过晴天就像焰火一样，说变就变，前一刻还是艳阳高照，瞬间就会有淅淅沥沥的小雨，从来也不给什么暗示。有时候觉得湘潭的春天就像乌镇、宏村那样，阴雨连绵却又有一种特殊的感觉；有时候雨下得确实让人生厌，心情就像天气一样，总是被一层乌云覆盖；有时候觉得这雨下得还不错，对于一个南方的城市来说，小雨总比暴雨来得好一些。这些雨滋润了这片土地，给这片土地上的生物以生命的源头，让这片土地上的植物茁壮成长。

湘大的春天是多风的，不论是伴着雨，还是伴着太阳，总会有大大小小的风声。幸亏在这新的春天里，有些树开始换了新叶子，嫩绿的叶子伴随着风的吹动在风中轻轻摇摆，而在一团团新绿的簇拥之下，从高处去看那些树，就感觉像软软的床，迫不及待地想躺上去一试。

湘大的春天是多花的。唐朝诗人韩愈就曾在诗里写到“草树知春不久归，百般红紫斗芳菲”，至少我在湘大过的第一个春天给我很大的感受就是到处都有花香，走到哪里都能看见花。其中最漂亮的当然要数图书馆门口的小花了，那些红彤彤的小花经过校工们的修剪，变成了姿态各异的花团，或长或短，或成图案，或一堆紧蹙在一起。去年冬天图书馆门口两片花坛中新种的花，离校之前我们大家都以为那是小白菜，等春天来了，那些“小白菜”却开出了灿烂的黄花，我和同学们都有一种被花嘲笑了的感觉。说起湘大的花，当然还是要从南门说起，学校新修建的大门旁种的花已经开了，想起“纪念毛泽东诞辰120周年环校长跑”活动时那些花还在塑料膜的保护下，没有与寒冷的空气接触。或者是因为多雨，或者是因为气温高，花开得很快。对于金翰林来说，一年四季的变化应该只有二食堂门口那几棵樱桃树，而这几天樱花已经不知不觉地开满了，灿烂无比。第一教学楼门口的白玉兰已经凋落，那是能够给你惊喜的花，笔直的树干，再加上第一教学楼那种给人森严感觉的背景，就像突然之间在一片寂静中看到了跳跃的东西。因为花瓣很大很厚，所以那些掉落的花大部分是直接落在了树下，形成跟树冠一样形状的一堆堆的花瓣。地下的花与树上的花遥相呼应，路人看到了不禁要想，这些花是不是像我们一样身不由己呢？

顺着学校南门往里走，通勤车的终点站旁边有个池塘，池塘周围种满了树。在春风的吹拂下，那些树长得很快，密密的叶子遮住了阳光。我想若在春天的午后行走在树荫下，一定是很舒服很凉爽的感觉。再来看看第一田径场，小草们已经迫不及待地冒出一年中的新芽，一片嫩绿尽收眼底；还有办公楼门口那条路，好几棵非常粗壮的树，大大的树冠枝繁叶茂，将门口那条路变成了一条绿色铺就的路。

接下来将视线转移到我们的画眉潭。春天来时，水似乎也更清了，好像水下的鱼儿比我们还着急地要迎接春天的到来。画眉潭旁边的树也随着风跟水面一起摆动，一派非常和谐的景象。春天的来到，气温的回暖，夜晚的第二田径场跟冬天比起来，跑步的人自然是多了很多。第二田径场与逸夫楼之间的那个小公园也很漂亮，里面种着很多植物，特别是夜晚的时候，在灯光的映衬下，植物的剪影千姿百态。

再来看看我们学校里面的山，秀山和泉山。在这两座山中我比较喜欢泉山，泉山总是给人一种静谧的感觉，你却不会惧怕她；但每当我走在秀山下，就有一股凉意袭来，我赶紧加快脚步远离秀山，或者是因为秀山的植物比较古老，所以颜色都比较深，人也少吧。而泉山我最喜欢的是它的竹子，虽说竹子是四季常青的植物，但在春天总是不一样的，静谧之中的新叶又会随风摆动，加上葱郁大气的树木，就形成了一种非常强烈的视觉冲击。而泉山下边沟渠里的流水应该是从山上流下来的，沟渠中的小蝌蚪更是为水添了几分灵气。

再来说说泽园吧。很多班会或者班级活动大都会选择泽园，情侣们幽会、学霸们早读也都会在泽园。选择泽园不是因为其他的原因，只是因为她的美。在湘大，泽园的草坪应该算得上是最好的了，很平整，而且草非常柔软，再配上泽园里不高的小树，给人一种非常静谧、低调，却又很养眼的感觉。泽园里面还有一个小喷泉，不过却没见它喷过。经过前一段时间的清理，泽园似乎更加漂亮了。

当然了，湘大的春天还可以更美。如果学校能把琴湖球场旁边的一块空地种上草，改造成一个足球场就好了。学校还有很多值得我们一看的景物，比如北山的樱花、校医院门口小亭子上的紫藤花、铜像广场旁题词墙上的景观树……湘大的春天是美的，大家都看得到，有很好的环境，自然而然就能给人以愉悦的心情。我是喜欢湘大的春天的，虽没有乡村的丰富，也不如某些旅游景点华丽，但我们生活在湘大，就应该发现身边的美好。

# 绿意浓，红满园

张泽堃

北方的春天，夹杂着丝丝寒意，有着少女嗅青梅般的含羞，总是千呼万唤始出来，犹抱琵琶半遮面。而湘大这南方的春天，却糅合了蓬蓬生机，在一场又一场润物细无声的春雨中扬洒自己的顽皮，引得繁华开遍，蝴蝶漫舞。

你喜欢含蓄的春天还是热情的春天？或许两者你都会喜欢，而这里恰好融合了北方的奔放与南方的含蓄。

湘大的春天是百花盛开的春天。五彩缤纷的花朵们，被和煦的春风唤醒，驱走了大地冬日的寂寞和寒气，美丽的身姿迎风招展，吸引着爱春的人们。桃花、茶花、樱花、迎春花、玉兰花、泡桐树花等都在春风里争先盛开。迎春花的外形像油菜花，它的花全身黄灿灿的，远远望去，好像一片片小金叶；迎春花的叶子绿绿的，绿叶衬着黄花，一片一片，整整齐齐排着队，好像在欢迎春姑娘的到来。迎春花虽然没有桃花的娇艳动人，也没有杏花的洁白，但它那种淡雅清新，让人对它情有独钟。湘大的玉兰花虽然不多但让我见了有种想吃掉它的感觉。白玉兰大大的花朵，片片精巧的花瓣，似在莹雪中浸过，似用玉石雕刻，美得高雅，美得朴素，溢满了人间的纯洁。漫步校园你就会发现，各处都盛开有红色艳丽的花，那就是茶花。远远望去，它的色彩犹如天边的朝霞，近看，树苗上的花朵有的被嫩绿色的花托包着，有的含苞待放，有的绽放着露出了鲜红的笑脸，还有的像害羞的小姑娘，把自己红艳的笑脸藏在绿叶后面，偷偷地笑。在路的两旁，还有一簇簇粉的、红的杜鹃花，她们打扮得如待嫁的新娘。

“人间四月芳菲尽”，四月暮春时节，樱花成了湘大的主角，灿如云霞，美不胜收。湘大的樱花以北山、秀山的为多。一个人走在细雨与花瓣同落的樱花树下，落英缤纷，心中顿生不忍践踏的怜惜。花路上的人们，一路走走停停，轻声笑语。眉间的爱恋，心里的暖意，看得人心醉。被细雨淋湿了的花儿如刚出浴的美人，心底的优柔，由此开始渐渐蔓延。除了这些花儿，还有为数不多的淡淡的、紫色的花簇高高挂在树上，这正是泡桐的花，它呈喇叭状，一串串地在人们的眼前摇摆。

湘大的春天是多变的。梅雨季节，连绵阴雨，每天都如约好的一样，有时细如蚕丝，有时如豆大的玉珠，热烈地、噼里啪啦地把熟睡的人们吵醒。渐渐天气好转，太阳露出了笑脸，但还没过多长时间雨又跑来捣乱了。湘大的潮湿对我这种在北方长大的人来说，不是一两天可以应付得了的。但对于这里像树一样高大的植物来说，这是一个开心的季节。它们在雨中轻舞缠绵，招摇作秀。嫩枝抓住充沛的雨水，疯狂地伸长，尽管少点阳光，有些先天不足，却也还是娇嫩可爱。苦的是那些草本植物们，过度的雨水，已把它们浸得弱不禁风，底下的叶子早已奄奄一息了。藤类的植物似乎在进行着一场比赛，大家都伸长着脖了，想要与大比个高低。树木抽出新芽，绿得那么鲜嫩，那么清香，那么可爱，无声地向我们传递着春天的信息。在那春雨的滋润下，叶芽渐渐长成嫩绿的叶片，叶片绿得像翡翠似的，一阵春风吹过，无数的小叶片舞动起来，有一种说不出、道不明的美！

清晨，拉开窗帘，推开窗户，微微吹来一阵幽香，清新、淡雅。春风吹醒了万物，树梢绿了，大地绿了，连高耸的楼房上的阳台也绿了。宋朝的王安石有诗句云：“春风又绿江南岸。”说得好啊！但又何止是“绿”了？

在春风的吹拂下，百花争艳，一朵，两朵，一丛，一片啊，汇成花海。这气势磅礴的色彩海洋，烦恼没有了，萎靡没有了，一种大自然的朝气给人们带来焕发的精神。

在湘大的春天里，学生们都昂首挺胸，豪情万丈，让失去信心的孩子找回激情，让勤奋的同学们面对艰巨的任务如履平地。

我渐渐发现，我喜欢上了湘大的春天。湘大的春天，浓浓绿意让人心情舒畅，每时每刻都可以给人增添正能量。湘大的春天更是繁花似锦，铺满整个校园。湘大的春天是活泼的，狂热的，是恣意生长的，是年轻旺盛的。

我爱这湘大的春天！我爱它的绿意浓，红满园！

# 那些起舞在湘大的乐章

周宇真

从我第一次跨进三道拱门的那一刻起，从心底诞生的乐章，便注定要深刻地萦绕在耳旁，让我陶醉其中，走得从容淡定，坦然自信。

## 生命篇

在第三田径场军训的那些日子，没有纷杂的电子产品在手中翻飞，日出而作，日落而息，从早到晚地训练，只有身体的疲惫，心却格外平静、自然、充实，因为有太多的时间可以让你去对着一棵绿树、一只飞鸟、一片白云、一株青草发呆，或者说是思考。你感慨古人如此的生活，灵魂才那样干净轻灵；你感慨训练场上的晚霞洒满苍穹时，美得那样惊心动魄。

雨季的时候，水洗过的天空下，湘大的校园里，青葱的杉树，安静飘逸得宛若仙子，图书馆前的麦冬花，清新得倾国倾城。春天依旧短暂，却如一股清泉，甜甜的清香荡漾在整个北苑。星罗棋布的一株株日本樱花，粉云般层层铺衬着彼此，开得尤为淡雅，温暖。

曾撑伞走过茂盛的樟树下，细碎的青竹林，一路的广玉兰，有轻颤而下的珠水，散发着清香；踩在草地上，窸窣的露珠骨骨碌碌地打湿了裤脚，惹得心田一阵悸动；曾在夏夜开一罐儿麦香味儿的清啤静坐于紫藤萝下的石椅上，有卷了香味的露水掉落在脸颊，也有小虫子的歌声在四周摇曳；曾在秋天的夜晚，仰望满天繁星，懊恼着记录不下来这一刻的璀璨，一边惊叹一边极力地辨认着星座。

一幅幅唯美的画卷，一场场盛大的感动，一段段奔腾的感悟，都是在湘大邂逅的生命所给予的。

## 工作篇

在湘大怀抱里生活的这一年，忘不了自己抱着七八十本作业本在南苑苦苦寻觅花木深处的第二教学楼；忘不了怀里护着大家的作业本在突如其来的暴雨中狂奔；忘不了深夜在打印店一份份装订好模拟卷子，还在计划着这周的英语四六级和高数模拟考；忘不了将近一个月的每天五点半起床，疯狂占教室；忘不了多少个深夜还在涩着眼睛赶文案，多少次下了课就要飞奔去开例会；忘不了这365个日夜的时而忙碌不堪，时而悠闲惬意，时而欢乐有着成就感，时而伤感失望。

当你站在一个位置上时，责任驱动着你不停地前进，前进中你所感受到的成长，会让你深深眷恋与深切怀念。当你在一个你热爱的团队中毫无保留地付出时，前所未有的热情与力量会让你的脚步那样美丽与坚定。

## 学习篇

在湘大，我最喜欢待的地方是图书馆，我觉得那也是湘大最宏伟的建筑、最棒的地方了。万千的藏书本本都有着不一样的味道，沉淀着的厚重的人文感和静谧感却是都有的。图书馆的属性本就是安静和有着浓浓的学习氛围，让我每每走进这里，都感觉身心像被洗涤了一遍似的，干净踏实，会很纯粹地渴望去书堆里奋笔疾书。

你不需要为生计奔波，你也没有太多世俗的责任和义务要去肩负，你可以为了单纯的兴趣去听一个讲座，你也可以花一个下午的时间去读一本喜欢的书，这就是个自由的国度。在这种国度下，做一个学习的主人特别快乐。那种快乐不是靠频繁的聚会带动的，也不是靠爱情滋养或者酒精、游戏刺激的，它不带一点儿迷茫，干净透亮。

多少角落有过我自习、休息时远眺或闭目思考的影子，泽园的石凳上，逸夫楼明亮的教室里，夜晚迷人的图书馆里，阳光下的草地上。多少年以后，这些地方该是让我多么的念念不忘，放在心底。

## 生活篇

跟着几个哥们儿单车雨行去韶山，47 公里的风雨交加，衣服湿了又干，干了又湿，哥儿几个互相鼓励，咬牙坚持到了韶山，回来整个人都要废了。清明节一行九人去爬衡山，不凑巧也是雨行，但八个姑娘谁也不曾放弃，硬是一步步爬到山顶，连说话的力气都被抽空了。我喜欢旅行，喜欢出去折腾，所以一般两者就好像一段叙述一段议论一样交织着，塑造了我简单的生活篇章。出去看看这个世界，总是会有不一样的感悟和情感在心中升华，你可以试着丢弃所有不快乐，在自然的怀抱里自由释放，旅行和旅游的不一样就在于心境的千变万化。

也和班里的“家人们”，在中秋节回不了家的夜晚，坐在泽园赏月喝酒游戏；在野外“素拓”露营，体验生活；一起给某人庆祝生日；一起啃平安夜的苹果；一起大清早从床上爬起，在寒风中晨读；一起学习。生活了那么久，一直有一种家的归属感和亲切感，就像春天的海洋般温暖。

再功利化的社会，每个人的内心还是有着本性的善，只是程度不同罢了，所以“上善若水”一直是我所坚守的。

“不要把自己隐藏起来，让内心的国度沐浴在阳光下吧，身边的人都可以是朋友，无非深浅罢了。”

这首歌还没有听完，它的每一个音符都那样意义深刻，让我可以用数不清的文字去诠释，去珍惜。如果有一天，我不再那么温暖的时候，我彷徨的时候，让我在阳光下再听一遍这首歌吧。

# 晴空万里，我在路上

荣　娜

黎明深处，薄雾里的丛丛嫩叶打开湿漉漉的笑靥，以虔诚的姿态迎接阳光的莅临，背景单纯。潮润的心漫过一波波微笑，我遥望远方，仿佛听到来自灵魂深处的呼唤，开始了一段“心晴”的旅程，晴空万里，我在路上。

踏着轻快愉悦的步伐，我微笑地唱着生活的歌谣，未曾与谁结伴，但却并不感觉孤单，只因那些朝气蓬勃的身影一一从身旁掠过。或是低头沉思，或是满面笑容，或是目光坚定。我跟随他们的脚步走向了外语楼，带着一丝好奇，一丝坚定，几多迷茫，皱着眉头却又偷偷幸福着，只因共同欣赏着蝴蝶曼妙轻盈的舞姿，动人旋律下的飞转；共同拥有着破茧成蝶的梦想，期盼着破晓绽放绚烂一季的辉光。整齐的桌椅饱经沧桑地诉说着悠久的历史与神圣的使命，斑驳了岁月的痕迹。这一方宁静如一枝画笔，为彩绘的梦想勾勒出迷人的轮廓；如一瓣馨香，酣甜了对成功的守望；如一抹柔和而明媚的蓝色，将我的天空装饰得更加晴朗。于是，我继续前行，去寻找下一处动人的风光。

抬头仰望，嘴角勾起浅浅的微笑，看绚烂的阳光透过指缝投射进暖暖的心房，闭上双眼，轻轻呼吸，青草混合着泥土的芬芳在不经意间打开内心的光亮，唤醒了安静的灵魂。循着芬芳漫步，来到这片叫“泽园”的地方，感受着这青青草地上所有的欢声笑语和书声琅琅。或是席地而坐，低头品味书香；或是翩然而立，与同伴侃侃而谈；或是漫步于那幽然的鹅卵石小径；或于典雅凉亭之中谈论梦；或三三两两，蹦蹦跳跳，尽情挥洒青春的张扬。每一幅图画都是如此的美好，以晴空为背景，静静诉说着青春那多彩的流香，谱出动人的旋律。年轻的心有力地跳动着，将那些唯美的画面与欢乐的瞬间定格在心灵的天空，造就刹那的永恒，澄澈而明朗。

跟随自己的脚步，整理一下肩上的行囊，带着满满的收获继续向前。这是一片裸露着大片土地的操场——那个盛满青春回忆的第三田径场。明明是安静而狭长的记忆，却如此轻易地让人湿了眼眶。嘹亮的军歌，整齐的步伐，笔直的身影，那些汗水与泪水交织的曾经都不足以诉说那一场盛大的礼赞。曾经苦苦埋怨的黄沙漫天而今却成为那些温暖记忆里最动人的色彩，那是一种迷彩做底色、黄沙做颜料搭配而成的斑驳陆离；那是一首忍耐做乐谱、坚持做音符交响而成的英姿飒爽。再回首，所有的一切都随风飘逝，如此安静，仿佛不留一丝痕迹。但我站在时光的尽头，分明感受到那时的回忆如一瓶密封的红酒，随着岁月的流逝沉淀出更多的醇香。我始终相信，回忆若可做酒，往事便是一场宿醉，然后在醒来后，势必会在余倦中遭遇一场新的邂逅。于是，我期待着，期待着。

我继续着自己的旅程，不曾停下前进的脚步，前方是一条很长很长的道路。在这样一段旅程上，应该多一些欣赏的愉悦，少一些疲惫的抱怨；多一些坚持的韧性，少一些放弃的冲动。环顾四周，泉山以它秀丽的风景，带着几分独特的神秘跃进眼眶，凌乱的树枝在风中摇曳。我仿佛听到亘古的呼唤，绿色灵魂的落差。我想每一片叶子都有自己的梦想，每一片叶子都承受了雨滴的重量，树上斑驳的绿叶是老树残剩的灵魂，绿，终究不肯褪去。而那些卧进绿叶里的梦在每一个日出日落时静静守望，与奋斗的心灵共同苏醒。我幻想着这座神秘的山峰以一个长者的姿态俯瞰这条道路上涌动的人潮，注视着对面田径场上傲然奔跑的身影，偶尔遥望一下远方晴朗的天空，慈祥的面庞便浮现出欣慰的笑容。于是我也浅浅地笑了，义无反顾地淹没在这人潮中去追逐自己的梦想。

晴空万里，我在路上。穿过浪漫诗意的画眉潭，就这样远远注视着，看微风舞蹈着轻轻划过湖面时掀起的层层涟漪，阳光在那细小的水滴中闪烁，仿佛情人的眼眸，蕴藏着感人肺腑的泪光，悠然地流动，将“为你画眉”的情真意切演绎得淋漓尽致。我继续前行，看过了庄严肃穆的三座拱门，致敬了毛主席伟大的雕像，看缭绕的云烟在空中自由地飘逸，淡灰色的苍穹悄然覆盖整个大地，虽然寂寥，却意味深长地留下了一种等待。心情也在等待中更为晴朗，等待明天，等待希望，等待一切的爱。

晴空万里，我在路上，背着沉甸甸的行囊，细数肩上的期望，怀抱心中的梦想。那些来自旧时光里的期许以及一去不返的年华，我不怀念，也不曾丢弃。在四季的流转里，在那片晴朗的天空下，是我在一边奔跑，一边仰望。

# 罗曼蒂克下的湘大情怀

朱震宇

越来越炎热的夏天，又是一年毕业季。湘大的每个角落，开满盛夏的果实。

到处都是罗曼蒂克。

微风采撷着明月，时时可掇，如同一张透明的塑料薄膜，预备裹挟玉兔。微弱的月光下，漆黑包裹着夜的湘大。夜，所有的沉默与孤独都产生于这沉寂的黑夜。这里的白天是男孩和女孩们的狂欢，而到了这个时候，静寂如同一张大网，又像一阵涟漪，向整个世界扩散开去。

生如夏花，所有的姿态都站成永恒是在相机“咔嚓”的一瞬。四年就在那里面。还是夜。只是多了几盏昏暗的路灯，这路灯仿佛也沉入深深的黑暗里，忽明忽暗。光与暗，就这么奇妙地融合在一起。灯光撒在坑坑洼洼的路面，跳舞。天上的星辰也在跳舞。路上的人们，男孩和女孩们，心情跟着欢愉，跳舞。

柏油路上有人们的好心情。兴湘教学楼下新修了一条柏油路，车辆往来不再掀起泛红的尘土。办公楼下的草坪上休憩的人多了起来，有情侣，有朋友，有一个人，也有寂寞。寂寞如同可爱的洪水猛兽裹挟着每个人，把他们推向世界尽头。

图书馆里也有浪漫的罗曼史。4 月 23 日，世界图书日，女孩在读莎士比亚的爱情悲剧，男孩在读塞万提斯的堂吉诃德。这一天莎翁诞生，这一天塞万提斯离世。湘大用文字的方式记录着这份浪漫，男孩和女孩们用阅读的方式体会着这份罗曼蒂克。在湘大静寂的夜里。说到文字，《淮南子》中有记载："昔者仓颉作书，天雨粟，鬼夜哭……"能造成这份震撼的，除了造字的仓颉，或许只有莎翁和塞万提斯了吧。这又是一种罗曼蒂克。罗曼蒂克不是情侣间的小浪漫，是一种纯粹的浪漫，或者说是浪漫的纯粹。

天雨粟，鬼夜哭，思念漫太古。

太阳亮得发白了，把一切都照成了透明的颜色。太阳光绕着圆盘亮了一圈，在玻璃上留下光斑。篮球场变成了透明的颜色，草坪变成了透明的颜色，柏油路变成了透明的颜色，路只是因为人们走在上面而略显真实。透明的情愫无处不在。

人们走在路上，骄阳透彻。

# 如果有一天你离开现在的城市，你会怀念什么？

赵梦凡

是当初抛下一切奔赴这座城市的勇气，还是在这座城市里笑过怒过掉过的眼泪？是一个人，还是一种气味，或是我们追不回的青春？

爱上这座城市与离开这座城市，可能原因是同一个。

Top 1　自由

大学的背后是自由，就如同浮萍失去了最初的根。漂泊。我决定了来到这个地方，晚上是自己做饭还是出去吃，今天是读书还是见朋友，这便是我最喜欢这座城市的地方——我可以自己决定。时间久了，突然发现，原来摆脱一切束缚，并不是那样的快乐。它是如此多样如此包容，哪怕你是最奇怪的人，也没人会多看你一眼。

Top 2　爱情

这个城市孕育了我对爱情的无限憧憬，它是那样的纯洁美好。漫步于大学校园的香樟树下，坐在紫藤萝缠绕的石椅上，互相搀扶，走过最美好的大学四年……想起郭敬明的一本书中的一句话，“那个男孩，教会我成长；那个女孩，教会我爱”。那个男孩与那个女孩会是我这一生的财富。从未曾后悔来到这个城市，从未曾后悔遇见那个陪我一起哭一起笑的女孩，也从未曾后悔那样卑微地爱过那个男孩。

Top 3　学习

不仅仅是专业知识的学习，更多的是对生存能力的挑战。甚至于每每经历一件事情后，都要去学习，学习为人处世的不二法则，学习与人沟通的艺术，学习应对各种问题的能力，学习一切可以学习的东西。武装自己，起码让自己看起来不是那样的一无所知，不是那样的微不足道。

Top 4　泽园

所有的故事都发生在这里，我在这里没心没肺，泪水也洒在这里。

湘大的泽园承载了我太多太多的情绪，我时常觉得，阳光充斥下的泽园是极美的。此时，捧上一本书，沐浴在阳光下，淡淡咀嚼其中的韵味，是一种幸福；躺在草坪中，闭着双眼，静静地享受微风。我想很久以后的某一天，当我听到“泽园”这两个字，心都会颤抖起来。

Top 5　公交车

也许多年以后，我还会偶尔坐着公交车去某个地方，恐怕那时再也找不回这种纯真与青涩的味道了。

Top 6　勇气

当初我拎着一个拉杆箱，背着一个双肩包，来到了湘潭，来到了湘潭大学，兴奋地开始了我的大学生活，原来我对大学竟是如此的迫不及待。那时候，我告诉自己，我虽然一无所有，却面临一个故事的开始。如今看来，这是个非常精彩的故事，有勇气的人，才会有意想不到的精彩。

Top 7　216

梦开始的地方，也是我将生活四年之久的地方。

十个人的寝室，是那么温暖。从来不知道，当你快乐的时候，可以有这么多人陪你一起笑；当你悲伤的时候，可以有这么多人安慰你；当你无助的时候，可以有这么多人一起帮助你……

我们可以来一场说走就走的旅行，尽情释放青春；我们也可以为了某个人的生日，一起等到 12 点，只为那份真挚祝福；我们甚至在幸福时刻，十人一瓶啤酒，只为纪念那种喜悦。不知不觉，原来我们一起经历了这么多，度过了这么美妙的时光。

我陪你走过最美年华，
你陪我一起笑靥如花。

致我最最亲爱的闺蜜

千般不舍难敌声声唤归。我偶尔也会抱怨湘潭空气太差，交通不便，学校太小，物价太高，但当某一天将要离开，我一定会发现还是深爱湘潭的。

也可能我爱的不是一座城市，而是我的青春，而正是湘潭让它绽放，让我热烈地活着，免于默默凋零。终有一天想你到哭——湘潭。

# “逗比”寝室欢乐多

谢燕玲

世界这么大，能遇见不容易，基本原则就是你是什么样的人就会遇见什么样的人。208，集合了十个神经大条的女汉子型的“逗比”。我们逗，因而欢乐多。

寝室可以说是一个集体，更像是一个家庭。在寝室外，我们或许是能力出众的女强人，或是优秀的活动组织者，理智，严肃，有能力。在寝室内，我们是最为真实的自己，想哭便哭了，想笑就笑了。失恋了、伤心了、受了委屈，都没有什么过不去的，回了寝室还有九个逗比室友在，不一会儿就能笑出声来。我们有时傻有时机智，有时疯有时安静，有时文艺有时粗犷，可以很羞涩可以很豪放……在我们这里“逗比”是褒义词，我们一直承认我们都是“逗比”。

“三个臭皮匠，顶个诸葛亮。”俗语是这么说的。十个“逗比”加在一起便会摩擦出极大的创造力。上个学期，我们成了北苑女生寝室中唯一参赛寝室文化节的寝室，连第一步打扫卫生都觉得无比艰难，过程远没有我们想象的那么容易。但再难的处境，不是一个人去面对就没有那么难了。国画、女红、手工制作……每个人的特长尽得施展，于是乎中国地图、照片墙、梦想蓝图、梅花……就按我们想要的样子覆盖了原先单调的白。费尽心思制作宣传片，对情景剧的剧本改了又改，十个人一同“加班”的夜晚的确是痛并快乐的经历。现在说起北苑四栋208，还有人会开玩笑地来一句“贱人就是矫情”。的确208版的“甄嬛传”上演得很成功，十个“逗比”的创造力是相当可观的，我们创造了自己的不可能，而又有了最后名次上的锦上添花。

再不疯狂我们就要老了，庆幸有这样一些人可以一同走过疯狂的青春。大概女孩子天生爱说话，我们只要开“卧谈会”就可以谈到凌晨四点，没有像川端康成那样见到海棠花未眠，只是几次下来就没有人还保有秘密了。于是乎，“真心话大冒险”这个原本挺刺激的游戏到我们这就毫无乐趣了。碰到大家都有空的日子，我们也偶尔会疯到校外去。唱歌，火锅，烧烤……我们从伤感情歌唱到摇滚金曲，high到满世界都没有愁绪。晚上十一点，十个人手挽手走在几乎无人的校园，半醉半醒，一路高歌“扰民”。经过教室公寓，可以看到阳台上有出来围观的，哈哈，我们的第一反应竟是“看不清脸，没关系”。“我会牢牢记住你的脸，也会珍惜你给的思念，那些日子在我心中永远也不会抹去……”“如果不是你，我不会相信朋友比情人更死心塌地……”

也许多年后，我们再也“唱不出那样的歌曲，听到都会红着脸躲避”。没有人永远年轻但总有人正年轻着，我们常说有些事现在不做就再也不会做了，庆幸可以身处208，为我们的青春留下浓墨重彩的一笔。因为我们，所以有了208；因为208，我们有了那一段段逝去但不被忘却的熠熠生辉的时光。

“真的要被你蠢哭了，真是个逗比 。”“哪有，明明是你比较逗，脑壳有包。”“哈哈，我们都是逗比……”

# 我和“高数”：不得不说的故事

蒋佳孜

经常在电视剧中听到一句台词：恨得越深爱得也就越深。所以我一直坚信自己在深深痛恨某本书的同时也对她爱得无法自拔。现在，请听我诉说我与她之间的那些故事。

第一次和她见面是在大学开学领书的那个早晨，我从同学手中接过了她，从此她和我的故事便开始了。她的全名叫“高等数学——基本版”。她有很多的兄弟姐妹，但我目前只见到了她的姐姐“高等数学——加强版”。她们都穿着同样的白色衣服，有着相似的内涵。只是她的姐姐比她要更加聪明，内涵更有深度。我还听闻她有个堂兄叫“同济版——高等数学”，好像是她们家族中最聪明最有权威的。我的很多朋友都认识她的堂兄，也像我“爱”她一样“爱”着她的堂兄。

然后我们便开始相处。刚开始的时候，我一点也不懂她的心思。因为她总是时不时出几个难题给我，而我作为一个典型性偏科的文科生，对她的所作所为除了表示头疼根本一点办法也没有。于是我们的关系便忽远忽近，甚至有时候几天都没有联系。我有时候会想见她，但一想到她的那些难题和无法揣测的内心便迟疑了，就放下了要去找她的念头。很长一段时间我和她都是一种淡漠的关系，谁也没有勇气跨出第一步。

而我们彻底爆发战争甚至冷战的导火线是期中的高数考试。虽然临考前我拼命找她复习也一直和她沟通，但她似乎一点也不买我的账，搞得我心里也很焦虑。在考试进行的那段时间里，我的大脑处于完全空白的状态，心里想的全是她的身影，但幸运并没有眷顾我。我期中的高数考试挂科了，我的心情就更糟糕了，和她大吵了一架之后我们就很长一段时间没有说话。

后来我冷静地想了想之后觉得是自己的错，是自己没有花时间好好陪陪她。我为了换取她的回心转意，运用了一系列死缠烂打的手段。不管她出多大的难题，我都会花心思去解决，实在不会的，我便偷偷求助于理科生。时间一天天过去，我和她的感情也在慢慢好转。尤其是期末的高数考试，我一直在心里默念与她的点点滴滴。成绩出来，我和她都很满意，我在心里也深深地感谢她。

现在她还静静地待在我的书桌上，陪伴着我度过每一天。虽然她已经和她的姐姐交接了工作，但在我心里她一直有个独一无二的位置。

谨以此文纪念我和她一起生活的那些时光，顺便表达我对她的爱慕之情，她知道了一定会在心里偷笑的。

# 锦曦

宁 盼

窸窸窣窣的声音断断续续，听起来，应该是保洁阿姨在打扫公寓的大道了；经常在食堂边摆摊卖早餐的大叔正鼓捣着他的小三轮，发出清脆的鸣笛声；隔壁宿舍坚持早起晨读的同学起床拉亮了日光灯，白白的灯光穿过两层窗户直直地打了进来。

窗外已拂晓。

少年长舒一口气，翻了个身，继续他整整一夜的自我“反思”。是的，已经一整夜了。

进入大学已经两个月了，“时间过得好快啊！”他这样感叹着。他也许是想如同孔子那样挥袖而出一句“逝者如斯夫”的吧。换做高中那会儿，他肯定会这么干的。但现在，他不想去在意这些，他迫不及待地想要好好地规划自己的大学生活。他感觉自己的力量呼之欲出，他要好好谋划，舞出最精彩的青春。

还记得，从收到录取通知书的那一刻起，他就一直处于亢奋状态。他憧憬他的大学生活，他想象着同样朝气蓬勃的同窗，说带着各种地方口音的普通话的室友，各式各样的社团，像电视剧里面那般帅气潮流的大学校服，像中学食堂旁小摊上那般好吃的烤肠，不再板着脸在教室外面批评他早读迟到的班主任，还有，坐在篮球场看台上记单词的长发飘飘的女同学……

往近点，是父亲送他来学校时的情景。他本来是说要自己来学校的，他觉得这样比较符合他作为一个独立自主的大学生的身份。可父亲坚持说要一起来看看学校，感受一下他半辈子都梦寐以求去学习生活的大学校园。他只好妥协，他是不敢违背父亲意愿的。来到学校，办完入学手续后，他和父亲一起去购置了一些必需的生活用品。终于忙完了各种琐事，天边已经泛起了鱼肚白，父子俩出了宿舍楼，漫无目的地走在校园小道上，一前一后。傍晚的校园，抱着书的学长学姐穿梭而过，穿着迎新服的志愿者有说有笑地收拾着，父亲说起了来校之前和亲戚的闲谈，嘴角不自觉地上扬，他是为自己的儿子自豪的。儿子考上了重点大学，这让他在亲戚面前高大了不少。少年是明白的，自己所承担着的，是整个家庭的希望。他暗暗告诉自己，一定要在大学里好好地强大自己，用知识武装自己，用良好的行为修养装饰自己，用经验充实自己，让父亲欣慰的笑容永远挂在脸上。

天微微泛亮，依稀可捕捉到钻进屋里的丝丝光线。

少年开始回忆接下来的大学生活。父亲回家后，一切走上正轨。少年免不了有少许激动，他的大学生活终于来了。班委竞选，学生会招新，社团角逐，兼职应聘……这一切，都像新鲜出炉的烤肠那般诱人。他按捺不住了，迫不及待地领取了各种各样的报名表。

大学确实是不一样啊，充满了各种意想不到的惊喜和悲伤，也许这一秒你还在为各种不如意而悲伤难过，下一秒，你就在为突显的小惊喜而欢欣鼓舞。同时，大学处处有值得你去学习的地方，好好总结，每一次的经验教训都是化蝶前刻骨铭心的蜕变。

对于这一点，少年是有切身体会的。记得学生会招新那会儿，少年毫不犹豫地在竞聘部门一栏填上了他钟爱的体育部。自中学那会儿，他就热爱着体育运动，并在各种体育赛事中表现突出，虽然没有发展体育专业，但只要有机会接触与体育有关的活动，他都会好好把握。所以，他信心满满地准备着面试，揣测面试官可能会问他的问题，并对应组织了答案。面试当天，现场的气氛还是让他稍稍有点紧张，毕竟，这是他第一次面对这种严肃认真的场合。果不其然，面试的一些问题是他之前完全没有考虑过的，他单纯地认为，体育部的干事只需要在体育方面表现突出就够了。显然，他的面试表现不是很让人满意的，因为面试的学长只是再次确认了他的联系方式，说有消息再通知他。走在回宿舍的路上，看着同去竞聘结果却截然不同的室友，再看看灰头土脸的自己，他找不到合适的词语形容自己此时的心情。失落吗？悲伤吗？他甚至开始怀疑自己的能力。但是，古语有云，山重水复终究是会柳暗花明，阴霾的日子不会持续太久。几天后的一个晚上，一个学长来寝室找他，告诉他被录用的消息，并说了让他感动至今的几句话："体育部需要的是活动组织者，而不是参与者，也许你在这方面还有所欠缺，但是，只要你愿意学，学长是很乐意教你的哟。"

外面传来了国防生操练时嘹亮的口号声，隔着窗帘，少年也还是能准确判断出天亮了。此时，他正在罗列这两个月来他在体育部学到的东西，从活动策划案的书写到活动场地审批的申请，从工作方式到学习方法，从待人接物到处世原则……最重要的一点是，他在部门里感觉到了家庭般的温暖，部长就像兄长般关心教育他，节日里的声声问候更是让他心里涌起阵阵暖流。

天已经亮透了，少年翻了个身，他还不想起床。他开始在脑海里搜索，这两个月来，他在接受各种帮助的同时，有没有奉献出自己的光和热。记得开学不久，他在网上购置了一些物品，去取快递的时候，听到一个留学生和快递工作人员艰难地对话，仔细听过之后才明白，原来留学生由于不熟悉校园环境搞错了快递取点。当时自己傻愣地想都没想就说带她去找指定的快递取点。“我也是新生啊!”躺在床上他这样想着，一边回味当时帮留学生满校园打听快递取点时候的窘态，一边继续搜索。

对了，少年定了定神，大学里真的邂逅了坐在篮球场看台上记单词的长发飘飘的女同学。记得那天是数学小考公布成绩的日子，少年考得一塌糊涂，分数低得让人目不忍视。走在篮球场边，遇上了同样心境的她，他淡淡地向她打了个招呼，同时，注意到了她的异样。许是出于同班同学应该有的礼貌，他略显关心地追问了一句。相同的境遇总是能拉近两个人之间的距离。之后，相互鼓励，相互劝勉，一起早起晨读，一起自习，一起坐在篮球场看台记单词……“这个勉强能算上让别人感受到来自我的光和热，至少能算是互帮互助的!”少年心里想着，美滋滋的，收获了心中女神的友谊绝对是件令人心旷神怡的事情。

“叮叮叮……”闹钟响了，马上就到上课时间了，容不得少年多想，迟到不符合他作为一个奋进青年的一贯作风。他迅速将身体与床板分离，脑子仍然保持着之前的频率，他在心里坚定地设立了目标，包括末考雪耻、院里活动、部门事情细节以及正视与女同学的关系……

少年匆匆赶往上课教室，此时，阳光正好。

# 第二辑　乡音乡情

# 咫尺，天涯

杨李若兰

地图上咫尺的距离是她延伸到天涯无尽的思念与牵挂。

暖黄灯光下，外婆拿着那张泛黄的地图反复地看着，粗糙的手指在那陌生的城市上抚摸着。那被磨得褪色的区域在地图上显得那么突兀。

“外婆，那是什么地方啊?”我好奇而又不解。

“那是……那是你舅舅寻找梦想的地方。”外婆眼里一闪而过的骄傲被浓烈的思念所替代。

又是那个令我感到陌生却让外婆惦念的舅舅。

母亲走过来，无奈地看着外婆，“妈，睡觉吧！不早了!”

“是啊，不早了，不早了……”外婆将地图小心翼翼地叠整齐放回了抽屉。母亲叹了口气，搀扶着外婆回了房间。

外婆的身体一天不如一天，母亲的叹气声也越来越重，而那张地图出现的次数却越来越多。

“隔得这么近，他怎么就不回来呢?怎么就不回来呢?”这是我听到外婆说的最后的话。

思念与牵挂把那咫尺的距离无限地扩大，扩大……

近在咫尺的容颜是他一辈子的愧疚。舅舅回来那天，外婆早已下葬，只剩挂在墙上的黑白照片。舅舅站在照片前，难过、愧疚和自责浸红了他的眼眶。照片里的外婆慈祥的微笑，仿佛是为舅舅的回家感到欣慰。她，等这一天很久了。

“妈，我回来了。”他就那样直直地跪了下去，骨头碰撞地板的声音与舅舅沉稳平淡的声音混在一起，像一声沉闷的叹息。我仿佛看到外婆就站在舅舅的面前，微笑地看着他，嘘寒问暖话家常。

“我早该回来的！早该回来看你的！”舅舅的后悔和自责洒落一地。

我不记得那天舅舅到底哭了多久，也不记得他跪了多久，只是模糊地记得最后舅舅伸手在空中胡乱地抓着什么。

近在咫尺的容颜，却是远在天涯，他再也触碰不到了。蓦然回首，才默然长记，却早已咫尺天涯。

# 一季阳光

田美娟

太阳毒辣辣地炙烤着大地，仿佛要将人的一切都给毁灭。刚刚泼过水的地面转瞬间便已恢复原貌。父亲抖抖衣服，出门去了。

我翘首企盼着父亲归来的身影，汗水都开始吧嗒吧嗒地滑落下来。家里的小黄狗也躲进屋里，长长地吐着舌头。我徘徊着、转悠着，忽而望向门外，忽而跑到马路上东张西望。这样持续了很久，我不禁嘀咕着：这么热的天气，这么长的时间，早该回来了不是么？我如此徘徊着，直至热气逐渐散去。

那个熟悉的身影终于出现在路口处。我穿着拖鞋赶忙飞奔过去，拉着父亲就开始询问。好不容易等父亲坐下来，我便发现他的身体烫得可怕，就连额头上也布满了一颗颗白盐，整个袖子也是湿的。“爸，你怎么才回家啊？照理说搭车很快的啊？”我有点儿不悦地责问道。父亲摆摆手：“孩子，去给我拿点水来，有点儿渴了。今天是走路去，走路回来的。所以回来得有点晚了，我这就去做饭。”听了父亲的回答，我不禁发话：“爸，那么远的路干吗要走路去啊，来回一趟也只要十块钱的车费，再说了，太阳这么毒，待在家里都受不了，何况是出去了。”“孩子，十块钱可以省着嘛，这样每次省十块，都可以让你在学校吃点好的了，可不能亏待了我闺女啊。”顿时，我像吞了铅球似的，心情万般沉重。

我默默地把扎着的头发给放下来，让它垂到眼前以便遮住我红红的眼眶，然后深深吸了一口气，轻轻地起身，到厨房打了一盆水。把水放到父亲的面前，我轻轻地将那已经磨损的破烂不堪的解放鞋脱下来，顷刻间，那双苍老、布满青筋和厚茧的脚掌占据双眼。小心地将水洒到父亲的脚上，摸着那脚底冒出来的水泡，我沉默了，一遍又一遍，轻轻地、轻轻地擦拭着。紧接着，我的身体也变得木讷起来，眼泪大颗大颗地落进水盆里，慢慢地扩散开来，直至蔓延到我的心头……

夜幕渐渐地笼罩上树梢，心不在焉地咽完晚饭，我游离地回到了房间，开始与无知的深夜进行对话，一遍一遍，直到又一季阳光爬上床头。

# 父爱无言

温佳璐

中国式的爸爸是什么样的呢？是一家之长，严格教育孩子以身作则的典范？还是慈爱如脸上晕开的酒窝？不，我的爸爸不属于以上所列之类，他只是一个极其平凡普通的上班族。

我的爸爸，他是万千爸爸中极平凡普通的一个，有着黑色中夹杂些许银白的头发，因抽烟喝酒的关系身形瘦弱，牙齿微黄，老是抿着嘴，不善言谈。从我小时记忆起，身边很多同学的周记或者作文都是描写爸爸的。他们写他们的爸爸如何如何爱他们，给他们买好吃的，带他们去游乐场，我却很少写。因为在印象里，爸爸跟我的关系没有很亲密，不善言辞的他与不善言辞的我，对话仅仅限于"今天功课做了吗？""嗯……"之类。

爸爸小时候家里条件不好，加之贪玩又爱看小人书，读到初中就不读了，最后在当地念了职高。所以我爸爸的字写得不好看，像蛇一样扭倒在纸上。每到家庭作业需要家长签字时，我刚要把作业本递到我爸面前，他就摆摆手拒绝，叫我拿去给我妈签。

我几乎没怎么跟爸爸说过话、谈过心，所以往往妈妈不在一起时，跟爸爸两人独处最为尴尬。记得小学四年级一次晚自习下课回家，已是晚上 8 点，学校对面昏暗的路灯中，无声地站着来接我的爸爸。我背着书包，提着口袋向爸爸走去，他站在那儿，像与黑暗融为一体，无声无息。这种两人间无话的尴尬使我感到窘迫，我仓促地说："快走吧，好晚了。"

一路的沉默没有人去打破，我故意走得比我爸稍前一点，这样我就不用因与他并排却不知说什么而尴尬。回到家，我匆匆换上拖鞋就躲到卧室去，关上门。不是没有想过为什么和爸爸的关系不似其他同学家般亲密，只是始终没有答案。

稍稍长大一点，到了高二，学业渐渐紧张，每晚都学习到十二点。常常，爸爸总是轻轻推开我的屋门，问我要不要吃点什么。而那时我脾气不知怎么越来越差，我总是头也不抬姿势不变地回应他说："不吃。"然后就听到他悻悻退出房间关门的声音。后来高三，班主任在刚开学的一次家长会上强调：高三的学生一定要注意每天的均衡营养。爸爸从那时起就慢慢注意营养搭配，我从餐桌上每顿做的各种菜类就可见一斑。

某天中午回家，那段时间正是"舌尖上的中国"火爆的时候，电视上正放着摄制组某期去湖北嘉兴拍挖莲藕。其中所有的菜都是以莲藕为基础食材，我当时看着电视上的菜就呆了。

第二天中午回家，刚卸下书包，爸爸就招呼我去吃饭，语气中竟隐隐有一丝兴奋。我正纳闷着往厨房走，他就端出一碟冒着白乎乎热气的菜出来，还特神秘地故意侧着身不让我看见。当我走近餐桌，不由得叫出声来！原来是昨天在电视上我看到的那菜。那道菜做法精细，是把莲藕切片，再往莲藕洞里填肉末。本来是油炸藕片，爸爸为了我的健康，改造成蒸藕片，再往上浇糖汁。我看着他，心里明白做这道菜需要花费多长的时间。

往后几个月，爸爸就开始研究各种各样的高考食谱，上网搜索各种营养美食资料下载到电脑上，甚至把下周从早到夜宵的食谱都打印出来，贴在冰箱门上。之后冬至那一天，我随着爸妈去跟爸爸单位的同事吃羊肉火锅。吃饭的时候，坐我对桌的爸爸的同事夸我聪明，又说我真是有一个好爸爸。我看着他，默不作声。他又接着讲，每次下班都看见我爸爸急忙忙地冲出去，细问才知道又是去菜市场买菜，回家给女儿做好吃的。他说要是换作他就不可能有那耐心给孩子做，随便给点钱打发就得了。

我没有再说话，移开视线看到我爸脸上不知是喝酒升起的红晕，还是由于不好意思，他在那搔着头笑着。我又夹了一筷子菜，却没有心思再吃下去，开始回想起往事中被忽略的点滴。

爸爸从小酷爱小人书，年轻时就帮人拍东西，现在兼职婚庆摄像。这样一想，我的那些爱好——拍照和做饭似乎或多或少都从我爸那感染了一点。

家的楼下有菜市场，可是卖的菜不多且不新鲜，所以我爸每天晚上下班都得去三个公交车站以外的菜市场买菜，而中间耽误的时间又不能太长。我无法想象他平时走路是怎样地匆忙，下班回家前脚刚跨进夹门，后脚就伸进了厨房，随后就是厨房一阵锅碗瓢盆忙碌的声音。

他老实，不越规矩，他工作单位的叔叔说他十几年如一日的勤恳，但他也十几年如一日地没有跳槽。曾经我嫌他不善言辞，做事四平八稳。后来我才渐渐发现，我身上也带着爸爸的种种习性。直到现在，我也认为他不善言谈，与我交流的时间太少，不够亲密；认为他做事不够激情，不懂得冒险；认为他写字不够好看，不能为我讲出深奥的学识……但是，有一点能非常肯定的是：我爸爱我。

他的爱凝结于中国厨房的一掌一勺间，他的爱无言无声无息。

# 枪炮与玫瑰

朱震宇

谈到妈妈，每个人都有一个妈妈，这很自然。但是，即使是一母同胞的双胞胎，他们的心里也有一个不同于对方的妈妈，这很奇特。也许是十月怀胎后的第一声婴啼，彼此的声音便产生了共振，在这声颤抖中，便开始了独特的交集。今天风雨交加，明天阳光普照，这样的生活简单却无法描述，就像照片里的樱花，很美，可是要我指出哪里美，我找不到。我只能把你带到那棵樱花树下，自己去发现。

“妈，你怎么能看我的作文!”

“写得挺好的，老师能看，我为什么不能看?”

“老师是为了改作业，你这是侵犯我的隐私!”

“小屁孩有什么隐私!”

就这样，年幼而勇敢的我与妈妈展开了交战，“战火”喋喋不休。以前的我不同于现在的我，虽说现在的我挺厚脸皮的，可要是放到以前，老师把我的作文抄到黑板上当“范例”，那我会害羞好一阵子，更不用说作文被妈妈当面“窥探”。自此，我在书房门上贴着“进来请先敲门”的纸条，也算给年幼的心装上一道“安全门”。这就像当着妈妈的面打下了第一枪，带着些许的骄傲和年幼的稚嫩。“砰!”枪声正酣，生活开始丰富了。

“你英语怎么又只有五十分!”

“我语文不是有一百二十分嘛!”

“你要知道，在这个社会上，不懂英语是要吃亏……”

“好啦好啦，知道啦。真啰唆，我英语从初一就这么‘稳定’了你又不是不知道。”

高中的我似乎还没有摆脱青春期的莽撞，言语中充斥着倔强的味道，唇枪舌剑下常常把妈妈弄得遍体鳞伤。这一枪枪正中靶心，带着不羁，又是一个春秋，直到高考结束。

当然，争吵并不是生活的主旋律。虽然，我相信激烈的争辩，我不信无声的和谐。激烈的争论可以作为感情的催化剂，而这种碰撞所产生的火花是照亮生活的光华。不过，我要论证的是，我在生活中并没有上述所讲的那样叛逆，我可一直是“遵纪守法”的好儿子。这一点倒也无须证明，我可以保证。特别是在高考过后，我已经将家务活给包揽了，在这忙碌的身影背后，是我明白了，我因高考失利，即将从绩优股转为垃圾股，而长期投资带来的应收款项似乎要做坏账处理。

所以我只能“改过自新”并表示“重新做人”，主动揽起家务活表现了一个假期。高考的雾霾也逐渐从我的家庭慢慢被驱散。

只有一天，是属于我的“独立日”，我可以好吃懒做，也可以提出任何要求。在这一天，我成了焦点，我似乎拥有任何权力。换句话说，在这一天，“政策”允许我当一回公子哥。

这一天，我要离开小家，去读大学。

“妈，帮我整理衣服，要赶火车了。”

“谁叫你昨晚不整理。”

“妈，我要吃早饭我饿了。”

“等等，就好。”

“妈，帮我找找还有什么忘了带的。”

“好的。”

“妈——”

“嗯，又怎么了？”

“我爱你。”

“……”

枪炮轰鸣过后，献上一朵爱的玫瑰。

# 伴我

吴思节

“父母以为我们不会长大，他们错了，我以为父母不会变老，我也错了。”

——题记

最近又是连绵不断的春雨，刚上完下午的课，收到妈妈的短信，说最近天气多变，叫我多注意身体，不要感冒了。末了，才说我好久没给爸爸你打电话了，你有点吃醋了。心中一暖，原来你也有这么小孩子气的时候。想来这样的话也只能从妈妈的口中听到吧。

于是笑着翻出号码给你打过去，电话响了很久还没人接，我还以为你又忘把手机带身上了。就在我要挂断时，却听到你在电话那边喘着粗气说：“现在在干活，等我忙完了，晚上让你妈给你回电话过去。”我下意识地应了声好。

从小我们父女的关系就不好，有时候想亲近也亲近不起来。算命的曾说我跟你天生相克，这种东西我一向不信，可这话却是事实。

小时候比较调皮吧，所以我对你印象最深的就是你追着光着脚丫的我满大街打，从南边打到北边，而且罚我跪过搓衣板、头上顶过水、做过保证。所以小时候我特别怕你，每次要零花钱，我都只敢缠着妈妈要，生怕你一不高兴，就家法伺候。我甚至希望你也像村子里其他人一样，背井离乡去外地发财致富。当然，我那时候关注的肯定是这句话的前半部分——背井离乡，这样就再也不用担心你的铁血政策了。

我记得上高中的前一晚上，心里怀揣的并不是不舍，而是满满的激动。因为终于可以离开家了，终于可以不用再受你的监管了。一想到这，我就兴奋得睡不着。你看我没睡，进房间叮嘱我第一次离家不要忘带东西，然后就走了。

第二天一大早，妈妈帮我收拾好东西，准备陪我去学校了。你提着行李送我们到车站，我直接就上了车。你跟妈妈交代了几句，看了车窗里的我一眼，终究什么都没说。车开动了，我却连一次头也没回。一直想问，你当时在车站看着车离去时，究竟站了多久？

刚进高中，第一次过集体生活，总感觉不适应，于是天天跟妈妈煲电话，可是一直都没给你打过。后来过了这个适应期，便养成了每周给家里打两三个电话的习惯，可是基本一学期下来也没给你打过。有一天，突然想起你的生日快到了，于是犹豫再三决定给你打个电话。我记得当你听到是我的声音时，电话那边分明夹杂着几分喜悦，可刚说了两句话，你就把手机给了妈妈。我当时暗忖，早知道就直接发短信了。

以前，妈妈说，我们两个就是性格太像，都太犟了，暖心窝的话谁也说不出口，才会亲近不起来。也许真的是这样吧。

高考出成绩后，我一直把自己关在房间里。当天情绪还很平静，想着不就是没发挥好嘛。等晚上收拾东西时，看着那一沓沓试卷和做满标记的参考书，情绪就一下子决堤而出，眼泪止不住地往下流。我把试卷跟书扔得满屋都是，你听到我的哭声走进来，看了看凌乱的房间，叹着气说："不就是一次考试嘛，我们知道你努力了，不怪你，好好调整过来就行了。"

可是，接下来的一个星期，我照样整天待在房间里，把音乐声开到最大，累了就睡，醒了就对着窗外发呆，晚上失眠就拿着手机一遍又一遍地刷屏。妈妈跟奶奶生怕我闷出病来，想把我叫出去走走，我口头上应着好，却还是待在房间不动。最后，你终于看不下去了，冲到我房间，铁着脸叫我把衣服换了，跟你出去走走。其实当时我是真的不想出门，可是一看你那脸色，要是我不出去，肯定又会被你教训。从小一直存在的怕意让我乖乖地跟着你走出了门。

那是夏天的午后，热气已经慢慢消散了，田里的青蛙有节奏地叫唤着。光着膀子的男人，拿着蒲扇的女人，嬉戏打闹的孩子，三五成群。太阳落到了山尖上，白云泛出了红晕，你背着手走在前头，我跟在后边。你对着前方自言自语似的说："这次没考好，你要不甘心就去复读，要不想复读就给我打好精神去大学好好给我奋斗，不要天天躺在床上，让我想抽你的冲动都有了。你看，今年已经旱了这么久，估计水稻收成不会很大，但因为今年收成不好，就不种了吗？"我抬起头，看着你曾经年轻精瘦的体型已经有了中年人发福的态势，一头黑色短发不知什么时候冒出这么多白星点点。夕阳将你佝偻着背的影子拉得好长好长，停靠在我脚边，清风摆弄着你的衣角，蝉儿依旧上演着无人欣赏的独奏。那一刻，我才发现岁月已经在你身上留下了痕迹，昔日凌厉的目光变得深邃，你居然老了。这么多年，我一直以为你还像小时候那样，强大得像一座陡峭的山峰，而我永远也不会想到，有一天这座陡峭的山峰也会变得平缓，长满荒凉。你，居然老了。

有人说，当你坐上火车踏上离家的路时，家乡从此只有冬夏，再无春秋。何时开始，回家要以次数来计算了？而每一次回家，都变成了你的盛宴，他们的忙碌。曾经想逃离的地方成了你最想停靠的地方。

回顾这么多年，我才意识到，我亲爱的爸爸，亲爱的你，一直在我身边陪伴着我，以沉默的方式，以守护的方式。

因为，所有的深爱都是秘密。

# 夏夜

胡莉莎

南方的雨季总是缠绵，伴随着夏季的闷热。

窗外杨梅树叶轻轻地擦出声来，沙沙沙沙，娇柔而又细腻，如孩童的嘻嘻笑语。寝室的电风扇呜呜地转，只闻其声，未感其风。室内的闷热，让我毅然在午夜两点起身下床，室友们睡得正香，我轻手轻脚，不想打破室友们的甜美梦境。阳台上凉爽许多，对面的楼黑压压的，一片寂静，除了雨声。这午夜的宁静由我独享，只有淡淡黄黄的路灯灯光照进来。镜子里面，黑黑长发，面色柔美的我，甩甩头突然想到小时候的自己，也曾半夜爬起来，只是不是听雨，而是看月光。

儿时的夏季是在奶奶家度过的。南方小院种着百合、玫瑰和蔬菜瓜果，山丘上有高大的梧桐树，院后的竹林，池塘边的芭蕉，路边美而不知名的野花野草……热热的夏夜，奶奶会放置一张窄窄长长的竹榻在院里梨树下，月色如水，疏影交织。正如苏子诗中："庭下如积水空明，水中藻荇交横，盖竹柏影也。"清清的风，拂过头发和脸颊。躺着，望着深蓝色的天空，无数颗星星闪烁着，星空是自然的瑰宝。有时还有从山上飞来的萤火虫，奶奶用蒲扇拍着，为我驱蚊清凉，伴着有趣而神秘的乡村故事。谁家美丽的新娘子，关于大梧桐树的传说，住在树洞里成仙的狐妖，野百合幻化的仙女……也不乏一些恐怖的故事，说曾经老虎下山舌头一舔，家里老牛半边皮没了，小时候的我都听得趣意盎然，夏日的晚上乘着幻想的翅膀。

最快乐的时刻是奶奶端着扁圆竹盘子从堂屋里出来，轻轻放置在竹榻上，竹盘里有奶奶做的特色小菜或是新鲜煎糍粑。阳光下晒好的紫苏酸枣饼、李子皮、桃子肉、南瓜皮、苦瓜皮、红糖姜丝，用小罐子装好，晚上乘凉时，拿出来大家一起分享。那是儿时最美的味道，酸枣饼的酸甜，紫苏叶的奇香，桃子肉的甘甜，南瓜皮的黏牙，苦瓜皮的苦涩，姜丝的甜辣……从田地里收获来的新鲜食材，奶奶的双手与爱，通过阳光汇成美食。

乡下交通不便，但邻里和睦，对老人来说日子清净，对小孩子来说，乡村就是一块广大的天地。蜻蜓、蝴蝶、蟋蟀、蝈蝈……没有见不到的，只有想不到的。儿时便热爱探索自然世界，胆大不惧怕任何事物。五月里覆盆子熟透，漫山遍野地找那个小小的挂在刺刺树上的莓子，熟透的红宝石似的覆盆子在雨后阳光下耀耀生辉。儿时认定那就是最美的事物，不怕扎手和满树的毛虫灰，忙碌一下午只能摘一小杯子，还被蚊子叮满身包，刺划破皮肤留下一道道红印，那是不怕疼不怕痒的美味旅程。还有翻山历险，顺着牛道走，杵着半道上折的树枝，站在山丘顶，往下望，弯弯曲曲的小路，凸凸的大石块，密密麻麻的树丛，有着南方独特的秀丽之美。坡下有水荇和蒿草肆意疯长的小河，蜿蜒深邃，穿过大石块与树林之间，在田野间流淌。田野上，有金黄的稻子，夏日疯长的稻子正处于收获的时节，田野上有戴着草帽扎着汗巾的农夫，有几户人家的稻田才刚刚开始收割，远远的山脚下坐落着几户人家，晒着衣服和床单。阳光暖暖地晒，空气里有流水、土地、稻穗、树林混合的香气。从草丛里钻出一只猫，和我一道站在水边，我洗着刚刚摘下来的覆盆子，猫眯着眼睛慵懒地盯着我，又消失在草丛中，只留下潺潺水声和舌尖上酸甜的味道。

“啪!”灯亮了，室友揉揉眼睛站在阳台门口：“怎么了？不睡吗?”

回忆如同轻纱一般已散去，告别了童年的我，已经是大学生的我。

夏日复至，时光易逝。沙沙的雨还在下，奶奶不在了。我结交了不同的朋友，还在继续我的生活。心脏还在噗噗地跳动，我把发丝撩到耳后，细腻的触感，身体里血液流动。“抱抱!”我上前拥抱了室友。怎么了，夏夜？给了我快乐伤感和一丝生的力量。生命延续在时光里、夏日里、记忆里，生活给予我们希望与力量。人不能生活在回忆里，一直追一直跑才能不辜负自己的双腿，躁动的心会慢慢平静。

看看还睡眼惺忪的室友，带着呆萌的表情，我找到了答案，夏夜的明月细雨和微风早就告诉了我。人一辈子不能只默默接受，听从安排。最美的事物都是需要自行发现，然后去获得。大自然有着丰富的馈赠，所有的一切需要自己去追求和拼搏。

# 我的母亲

尹　强

记忆中，我和母亲的关系一直都不是很好。直到大学，这种情况才有所改变。

常人眼中，父亲总是严厉的，而母亲则是温柔的. 可是在我的家庭中，情况却恰恰相反，母亲严厉，父亲温和。因为这层原因，我与母亲的话总是不多，与父亲则是无话不说.

小学，我是在云南度过的。父母都是湖南人，千里迢迢跑到了云南做点小生意养家糊口。两人共同经营着一家小小的店铺，早出晚归，十分辛苦。但是好在生活状况得到了改善，这也算是辛勤付出的回报吧。

母亲对我的学习管得很严，不允许我在学习上有丝毫怠慢，否则，我将面临惩罚。母亲曾因我上课被老师点名批评而狠狠地骂了我一顿，也曾因为我语文只考了 80 分而当众将我打了一顿……久而久之，我对母亲产生了恐惧心理，无时无刻不在想着如何避开她。有时，我一个星期都不会到那个小小的店铺里见母亲一面。我宁愿一个人静静地待在家里看书或是画画。

那时我确实很恨自己的母亲。我甚至怀疑自己是否是她亲生的。也许，每一个涉世未深的孩子在遇到这样的情况时都会在心里想到这样一个很荒诞的问题。

整个小学时代，我和母亲似乎是处于一种类似“冷战”的状态。没有什么特别重要的事情，我绝对不会和母亲主动说话。而母亲亦是如此。我们母子二人在一起时，形同陌生人一般“互不搭理”。

这样的情况到了我读初中的时候出现了细微的变化。倒不是我和母亲的话多了起来，而是我意识到了母亲一直以来的用心良苦，她在以一种特别的方式爱着自己的孩子。那个时候，我也意识到自己错了。

小学毕业，原来的学校以我是寄读生为由拒绝了我在那继续上初中的要求。母亲想尽了一切办法在另外一个寄宿制中学帮我争取到了入学机会。

那天晚上，当她用一种喜悦的语调告诉我这个消息时，我的神情没有大的变化。我只是默默地点点头，然后继续看书。

“那你准备一下，明天我带你到学校报到。”面对着我很冷漠的态度，母亲依旧很高兴地说道。

对于母亲的举动，我感到很吃惊。但我没有多想，赶紧准备明天要用的东西。我一个人忙不过来，母亲便过来帮忙。

“以后读的是寄宿制学校，不能经常回家。自己在学校要注意身体，饭要吃饱，多吃点菜。另外学习上也不要放松……”母亲说了很多很多，可是我没有在意。也许，我习惯了对母亲的话充耳不闻。

整理完东西，我看到母亲的额头上渗出了汗珠。她很利索地用衣袖在额头上擦了擦。放下手的时候，她的衣袖在眼角边划过。

我愣了一会儿，然后准备上床睡觉。

那晚，我彻夜难眠，不仅是因我即将在新的学校就读而有点激动，也是因为我心里对母亲今天的举动产生了一种前所未有的特别的感觉。

第二天，母亲陪我到学校报到。从交学费到帮我整理床铺，她一刻都没有停过。当一切做完之后，时间接近两点，是一天中最热的时候。

叮嘱完我几句之后，母亲便和我告别，回家了。那时，我想让母亲晚点再走，太热了。可是，我终究没有说出口。那一句关心的话，对于多年来没有主动和母亲说过话的我来说，真是太难了。

我站在宿舍走廊上，眼睛注视着母亲那弱小的背影。在母亲消失在我的视线里的那一刻，我的眼睛莫名其妙地变得湿润了。那时的感觉，我如今依旧记得。也许就是在那一刻，我体会到了母爱，并为之感动。也是从那一刻开始，我对母亲的看法有了很大的改变。我对于过去几年间对母亲的不理不睬感到后悔。可以肯定，那一定深深伤害了母亲。

从那一天开始，我不再对母亲有任何的不满。我开始找各种机会和她聊天谈心。可是，这样美好的愿望终究不可能在短时间内实现。母亲和我之间的隔阂已形成了数年之久，难以在短时间内打破。我唯有等待，希望时间可以在我们母子之间筑起一道沟通的桥梁。这段时间注定是漫长的。如同前文所说，直到大学，我和母亲之间的交流才趋于正常化。

现在，我懂事了，我更加深刻地体会到母亲作为一个农村妇女望子成龙的殷切希望，也体会到母亲伴随着我成长的点点滴滴的辛酸。我并非一个善于表达内心情感的人，但是，不可否认，我深爱着自己的母亲。

尽管我现在和母亲相距千里之遥，可是，凭借着那道沟通心灵的桥梁，我感觉到，我们近在咫尺。

# 奶奶

邓文文

爷爷走得那么突然，奶奶也在一夜之间变成了另外一个人。精致了一辈子的她变得邋遢起来，头发懒得梳理，衣服随意搭着，皮鞋上布满了灰尘。这样子的奶奶竟然出门了，这在以前是无法想象的。

奶奶的娘家是当时我们那最有名望的家族。作为家里唯一的女儿，奶奶从小过着精致的生活，即使在社会最动荡的那些年，奶奶还是过着不错的日子。虽然不知道小姐出身的奶奶为何嫁给了当时还是穷小子的爷爷，但是奶奶却把她那精致的一切带到了我们这个世代为农的家庭。奶奶的三个小孩永远是村里最干净、最懂礼貌的，奶奶的家永远是村里最整洁、最一丝不苟的。等到孙辈们出生，奶奶便将她余生全部的精力投入到抚养孙子们这一伟大的使命中。而等到我，她唯一的孙女、最小的孙辈出生之后，奶奶世界的中心也就一直停靠在我的身上。这么多年，因为父母工作的关系，从小我待在奶奶身边的日子很多。农村的夜那时总是很黑很静，我怕黑，怕太安静，所以总是要紧紧地贴着奶奶睡。这时奶奶也会用她那细细的臂膀搂着我，嘴里哼着我听不清的歌谣，哄我入睡。这样的冬天会很舒适，可是夏天一到，搂着奶奶的那股热气让我实在难以忍受。我一方面不想放开奶奶，一方面又异常怕热，所以总想去打开风扇，尽情地吹吹。这时奶奶总会赶紧将风扇关掉，她认为小孩，尤其是小女孩吹风扇会很容易感冒。热气在不断向我涌来，我变得越来越焦躁不安，踢被子、解兜肚，有时还会冲奶奶发脾气。可她从来不会露出不耐烦的样子，也绝不会抽出那只一直垫在我身后的手。这时她会拿出那把在我的印象中一直就旧旧的蒲扇替我扇，扇扇我的额头，又扇扇我的后背，然后再用被子包好我的小肚子。老老的歌谣又一次在我的耳旁响起，舒适的风一直在温柔地抚摸着我每一寸肌肤，我慢慢进入梦乡，抓着奶奶的手好像一直没有放开。半夜感觉又有一股燥热向我扑来，我不耐烦地哼呀了几句，脚又胡乱踢了几下，这时那股舒适的风又会吹来，一直吹着，直到我的呼吸又变得平稳起来。在我的印象里，儿时的夏夜总是这样度过的。现在的我想起来还是很钦佩奶奶的反应能力，因为她总是会在第二天早饭时向爷爷汇报，昨晚我踢了几次被子，哼呀了几次。

高中之后，我开始住校。一个月四天的假期让我很少有机会在奶奶家留宿。尽管奶奶总是留我，总是想多给我做点好吃的，可爸妈总会说我要回去学习，要考大学，不能一直像个小孩一样被祖辈溺爱。奶奶总是无奈地放我回到爸爸妈妈的那个家，总会说，下次吧，下次我一定要和他们说说，让你在这住几天。长大后，夏天似乎越来越燥热了。爸妈知道我很怕热，在我房里先是装了风扇，后来又装了空调。空调冰凉的味道让我很是喜欢，可是吹了还不到半个月，我的身体就有点扛不住了，头总是晕晕沉沉的，大热天里，鼻涕却流个不停，整个生理系统都变得混乱起来。爸妈急忙带我去看医生，我被诊断为空调病。空调不能再吹了，可我又那么怕热，这下可把爸妈难住了。思前想后，想到我在奶奶家时两年都不会感冒一次，所以在这样燥热的夏天，我又回到了我那么熟悉的奶奶的家。后来的每次月假，我也是直奔奶奶家，然后等着爸妈来与我会合。

爷爷病危的消息来得那么突然。那是高三最后冲刺的阶段，我很努力，我想要我爱的所有人见证我人生的第一次蜕变。可是爷爷却在最后的关头放弃了。赶回家时，爷爷的意识已经模糊，握着我的手，却不知道我是谁。奶奶不在床边，那我的奶奶在哪？飞奔到离这间房最远的那间小屋子，我看到奶奶正端坐在屋子中央，眼睛游离地盯着窗外，毫无生气。我轻轻唤她一句，她才回过神来，没有哭嚎，没有歇斯底里，她只是慢慢地、慢慢地，说："他们怕我也倒了，不让我在那。"我迎过去，伏在她的膝盖上，大声哭了出来。她摸着我的头，拍着我的背，一如那时哄我入睡般安详、从容。爷爷走后，大大的老房子静得让人害怕。奶奶坚持要睡在爷爷最后睡的那张床上，坚持在吃饭时放一套整齐的碗筷在对面，坚持要爷爷陪她度过以后的分分秒秒。

高考后的时光，我想要多陪陪奶奶，却突然发现我不在她身边的这些日子，她变化好大。她老是忘东忘西，会把这个人的话错说成另一个人说的，不再一大早起床把自己收拾得整整齐齐，越来越喜欢睡懒觉，越来越不喜欢动，一坐下来就打瞌睡，很少出门，不愿上街，就那样邋邋遢遢地把自己关在那座老房子里。夜里靠在她身旁睡着，她还是会习惯性地拿起老蒲扇，可是摇不了几下，她的手就举不起了。"热，就开风扇吧。"她小声说。紧接着就会听到她沉沉的鼾声。这时，我会悄悄侧过身去，把蒲扇拿起来，扇扇，可是不到两分钟，手就酸了，扇不下去了。农村的夜还如多年以前那般黑，那般静，可我好像已经没那么害怕了。奶奶沉沉地睡在我身旁，就如我儿时沉沉地睡在奶奶身旁一样吧。不知道我在她身边时，她会不会睡得好一点，会不会不那么想要放弃。

如今可以陪她的时间似乎变得越来越少，我总是那么忙，忙到不知道自己到底在忙什么。已经很久没有睡在她的身旁，已经很久没有去感受那么黑、那么静的乡村的夜晚了。有时真的很想停下来、静下来，去陪陪寂寞而苍老的她，去看看孤独而漆黑的夜，去想想古老而深沉的情。

# 我的姥姥

王思雨

有这样一个女人，经历了七十载的风雨。命运赋予她很多苦难，她报以生活更多的坚强。她就是我的姥姥。

三岁之前以及小学的每个暑假，我都是在姥姥家度过的，记忆中的土炕、夜晚的蝉鸣和院子里那一片高高的杨树林，都是不能忘怀的美好。其中，最难忘的便是姥姥拉动风箱的那一声声“呱嗒，呱嗒，呱嗒”。

农村做饭的土灶旁都会有一个风箱，拉动风箱将火燃旺，火光就在那一拉、一合之间一灭、一亮。每天早上，天刚蒙蒙亮，姥姥就已经坐在土灶前拉起风箱。她胖胖的身子随着风箱的拉动前后摇晃，木凳也被压得吱吱作响。

“思雨，快起来吧，姥姥把饭做好了。”

“姥姥、姥姥，你再拉二十次风箱我就起来嘞，你慢点拉，我数着喽：一，二……”

“呱嗒，呱嗒，呱嗒……”每天早上，我都会伴着一声声“呱嗒”声起床，开始调皮的一天。

傍晚，姥姥再次拉动起风箱，无论玩得多疯，只要姥姥的风箱声响起，我都会飞奔回家。

因为我知道，姥姥在等着我，做好了香喷喷的饭等我。一声声

"呱嗒，呱嗒"中浸满了姥姥对我的爱。

姥姥出生在上个世纪，家里共有兄弟姊妹八人，她是老大。也许正是因为出生在那样一个年代，作为老大，她要挑起家里的重担。我还记得小时候问她："姥姥、姥姥，为什么你弟弟妹妹都长得很高，而你却这么矮呢？""小时候吃不饱，干活又多，被压得不长个儿呗。"直到今天，我才读懂这句话，哪里是扁担压着她，是生活的重担，是作为长姐的责任重重地压在她当时弱小的肩膀上。

姥姥的祖籍在吉林。她说，闹饥荒那年，她的父母带着她还有刚出生不久的二妹从关外进关。一路上满眼尽是尸体，饿死的、累死的。为了减轻负担，也为了活命，她的母亲决定抛弃二妹。姥姥拼了命地阻挠，她说她会去找吃的，她说她会少吃一点。

姥姥的父亲是一个开明的人，把八个孩子都送到了学校，她也不例外。兄弟姊妹中有五个考上了大学，两个读到了初高中。除了她。还记得那个夏天的晚上，我和她躺在炕上，她轻轻地为我摇着蒲扇。"姥姥，你上过学吗？""上过，姥姥喜欢上学。但是到了二年级就不上了。当时每次都要偷着去学校，被发现就会被你太姥姥打。其实我喜欢上学，我喜欢上学……"我不知道当时她说这句话时眼前浮现出了怎样的场景。也许只是一块黑板，也许只是一支铅笔。

姥姥的父亲因病早早地就去世了，照顾整个家庭的担子几乎全都落在了她的身上。就像所有农村的女人，为了分担家里的负担，她早早地出嫁了。嫁人的标准只有一个：身强体壮，能帮家里干活。就这样，她嫁给了姥爷。其实如果换作是我，我一定会觉得那不是真爱。但是回头看他们走过的这么多年，什么是真爱，也许只有时间才能揭晓答案。嫁了人，生了娃，姥姥拉扯着五个孩子长大。虽然没有文化，但五个孩子的名字都是她取的。虽然没有文化，但她省吃俭用送每一个孩子上学读书。

儿子女儿们长大了，结婚了，生娃了。带大了儿子女儿的她又带大了孩子的孩子。在我最难带、最让人费心的时候，是她在我身边。小时候的我体弱多病，甚至在刚出生的时候很多人都认为我不能养活。因为父母都有工作，小时候的我早早地断了奶，被送到了姥姥的身边。每天晚上我都会哭个不停，只有躺在姥姥的臂弯里我才能安然入睡。如果当时不是她对我细心地呵护，我不知道自己是否能像现在这样健健康康地活在这个世界上。

操劳了半辈子，儿女都已成家立业，突如其来的一个噩耗让本应享受天伦之乐的她再一次受了苦。而这一次，竟持续到了现在。那是我 3 岁的时候，那时候的我刚刚离开她回到父母身边不久。我只记得当父母抱着我赶到姥姥家的时候，我看到姥爷裹着被子一动不动地躺在炕上，眼中透出一种恐惧和绝望。那一年，本来身体十分硬朗的姥爷突然患了脑血栓。本是村里的种地能手，突然之间不会说话、不会走路了，换作谁，一时都无法接受。但我从来没有想到，姥姥会如此坚强。得病之后，姥爷内心满是恐惧和烦躁，他无法接受自己不能说话甚至不能正常地咀嚼东西。他开始越来越暴躁，不断地摔东西，大声吼叫，甚至绝食。他摔了东西，姥姥给他捡起来，再摔，再捡；他不能咀嚼东西，姥姥把饭嚼碎了喂给他；他吼，姥姥就那么安静地听着，不生气。从姥爷患病到现在，已经过去了十几年。依姥爷患病的严重程度，他根本活不到现在。但世界上总是会有奇迹发生，十几年过去了，姥爷不但可以走路，腿脚也越来越灵活了；不但可以张嘴说话，清晰度也越来越好了。几乎所有见过姥爷的人都会说一句：您气色真好！我知道，这一切的一切都是姥姥十几年如一日的悉心照料所换来的。

姥姥经常对儿女们说这样一句话：我呀，一定要死在你爸后面，省得我走了，把你爸自己留下，你们还得照顾他，太麻烦了。该怎么说呢，我真的觉得这句话里包含了太多太多。这样简简单单的一句话倾尽了她这一生所有的爱。

都说好人有好报，但是姥姥为别人活了一辈子，自己却没享过什么福。外孙外孙女中，姥姥最爱的是我。当然，我也很爱很爱她。也许真的是老了，这几年她的身体每况愈下。这几年我越来越害怕，害怕突然有一天她会离我而去。我只希望她能健健康康地——等我毕业工作后用我的第一份工资给她买东西；看到我结婚；看到我很幸福。

虽然她的个子矮矮的，身材胖胖的，但她在我心里就像一棵大树，用尽自己的一生去荫蔽身边每一个她爱的人和爱她的人。年过花甲，看过花开花落，走过千山万水，现在的她就像是秋天的枫树，映着晚霞，枫叶红透，一生的付出都化作了血一样的红挂满枝头。

她，我的姥姥！

# 人间愉快

刘鸣杰

外公自幼长在乡间，泥土的烙印在童年被狠狠打下，像是文身，包裹联结着他的每一次呼吸。可他的心却不然，拥有着驰骋天下、抓住身边任何乐事的能力。

我素来喜欢乡野气息，它们是无拘无碍、不那么驯熟的。外公生于斯长于斯，自然就沾染上了那么一点痞气，可他又好些风雅之事，比如读诗，比如与乡间亲友奏乐而歌、他在一旁拉拉二胡。家人给他取个诨名“雅痞”。外公初听时拈须大笑，用久事农桑的大手拍拍大腿：“哈哈，这个好啊！这个妙！”

的确是称得上“雅”字。田塍篱角边外公搭了一座棚屋，用最朴实的木料和乡间流传多年的老式手法，也就比给土地公烧香的地方大了一块巴掌，用来堆放农具。可外公还给这小屋取了个名字，叫“不关心斋”，说是出自唐朝大诗人王维的一句“晚年唯好静，万事不关心”。取了名还不算，外公“奔走呼号”，将这名字在小村庄里传了个遍。

有人揶揄他：“你这不关心斋是不是真的不关心啊？那把你家这些不被关心的种子啊、锄头啊送到我家去算了。”外公不恼不恨，笑眯眯地摇了摇头：“此‘不关心’非彼‘不关心’也。”一脸高深玄机。吊足我和那个小伙子的胃口后，他才缓缓说道：“不关心名利钱财，关心快乐胸怀。不关心收成几亩，关心花事几开。不关心鸡毛蒜皮，关心家国平安。”小伙子听得愣住，反应过来后连连点头。望着那人离开时尊敬的样子，幼时的我若有所思，外公笑着弹了下我的脑袋：“学着点儿，丫头！”

一日兴起，我跑去问外公怎么就选择了一辈子留在乡间，怎么说也是才多艺多，办起板报、打起快板、拉起二胡来也是毫不含糊、有板有眼的。外公领我来到“不关心斋”。“看这乡间景色如何？”他轻声问。我那时不假思索地答：“乡下美是美，但比不得城里好玩有趣。”然后他在小斋里翻翻找找，递给我一张报纸，要我读上面的一篇文章。我狐疑地接过，惊讶地发现文章下署着他的大名。

“……我仍然选择了乡村，选择了这种不一定物质富裕却可令我精神富足的生活。我有一个斋子。斋子外面是天，是山。天是澄澈澈的一片，山是青郁郁的连环。山外还有山。远方的大地淡成一袅青烟，忽焉似有，再顾若无。我不去管大地的莽莽苍苍有意无意地牵扯我的胸怀。我回望这个斋子，脸上仍然能对它微笑。这就是我的选择，我的生活，我的快乐。”

读毕，那种难以言表的心绪与情思至今仍萦绕在我的心头。我好像感觉到了一种质朴的、传承千年的东西。它涌动在我的血脉里，镂刻于我的灵魂中。

长大成人后，我发现许多人想生活得愉快，可他们面容悲苦，裹着层层心事行走于生活之路上，然后我便会想起我的外公。

我已发现人生道路崎岖修远，可我有一种信仰，能对现在的生活微笑，便是人间愉快，愉快人间。

# 酒心

饶　超

年逾古稀的外祖父是一个酒鬼。

他最喜欢喝的酒是白酒，那种用谷物酿造的酒精含量高达五十度的白酒。

不用我说的是，他每天喝进腹中的酒要比他每天喝的水还要多。他手里时时刻刻都捧着一只酒杯。听他说，那只酒杯是他辞掉书记职位时自己掏钱买的，已经陪他度过了二十几年。那是一只不起眼的酒杯，高不及一寸，大小跟十岁小孩的拳头差不多，握在手里毫不费劲。杯身是玻璃制成的，玻璃是透明的，玻璃上头有一小块凹凸不平的地儿，如果现在用一只黑色的铅笔和一张白色的薄纸临摹那儿，呈现在白纸上的仍是一只成形的蝴蝶。这只比我的岁数还大的酒杯，虽然每天都会被用来盛酒，但依然被保存得很好，好到你可以清楚地看到印在它的红色塑料杯盖上的几个正楷字。

外祖父从早到晚都会喝酒，但他喝得烂醉如泥的情形却不常见。每每外祖母阻拦他喝酒，他都会说，我只是闲来无事时喝酒罢了，不喝上一点儿酒就像得了怪病似的，浑身发痒，更痛苦的是越挠越痒，愈发不舒服了。

这样的“怪病”伴随了外祖父二三十年的光景了。他睡前便会把酒杯放置在他右手边的床头柜上，早晨他一睁开眼，顺手就可以拿起酒杯，啜几小口酒。用正餐时，酒杯被放在一张四方的木质餐桌上。他背对着西方坐着，四五十年前是他的女儿坐在他左手边，后来女儿结婚生下小孩，坐在他左手边的便是他的大外孙了，到现在，那个位置只属于他的酒友了。就餐格局就这样随着时间的推移更改着，但是他喝酒的习惯却日复一日被他坚持下来了，从未中断过一天，哪怕是得了重病他也吵着嚷着要喝酒，瞒着家里人把茶杯里的白开水替换成白酒。

后来，饭桌似乎成了外祖父展示他的酒量的舞台。不出意外，他的碗里只会有半碗米饭，那半碗饭都是外祖母吃饭前特地给他盛好的酥软的米饭，因为他牙口不好，吃不了生硬的米饭。开动筷子之后，他一边用筷子翻动食物，一边跟酒友炫耀他玻璃酒杯中的白酒，“这酒好，几十年的泸州老窖哩，我女婿送的，我平时都舍不得拿出来喝呢”。这样的说辞，我活了不到二十年起码听了不下五百遍。介绍完酒之后，他开始数落外祖母来，指责外祖母的厨艺，说这小白菜太咸，怪那凉拌黄瓜里放多了醋太酸，嫌那鸡肉没有炖烂。奇怪的是，他一边数落食物，还一边给酒友夹菜。要是酒友碗里的饭菜堆成了一座小山包，他就拿起酒杯开始自顾自地喝闷酒，不尝一点儿饭菜，像个小孩子一样。等到我们的小腹被米饭菜肴填满，把碗筷送往厨房，满足地离席，他又开始吃那些剩下来的残羹冷炙，吃一小口饭，再抿一小口酒，如此反复。无论外祖母如何劝诫他，他也当做耳边风一样，一只耳朵进，另一只耳朵出。要不是外祖母来收拾碗筷，他还不肯停下来呢。外祖母跟了他一辈子，对他的这一习性早已了如指掌，也就不再责备他了，毕竟活在酒里的人有的就是固执的性格，要的就是一份洒脱。

要是你问我外祖父，什么时间喝酒最畅快，和谁喝酒最舒坦，喝什么酒最过瘾，他保准会告诉你，在寒冬的深夜里坐在一堆烧得旺盛的柴火前喝酒是最美妙的；和谁喝都无所谓，酒的品质也不必挑剔，哪怕是一个人寂寞地喝着一瓶十几块钱的邵阳老酒，那也是不可多得的风流韵事。

一墙之外，雪纷纷扬扬地飘落，白得刺眼，把天掩映得黑黝黝的。风肆意地朝着屋顶歇斯底里地怒吼，屋顶上的裂开了的碎瓦片不时被风拖动，摩擦着一旁的瓦片，发出“吱吱”的声音；密不透风的水泥墙内，燃烧得如火如荼的火炉发出耀眼的金黄色的光芒，给白壁镀上了一层黄金。那墙壁上有一抹黑灰色的影子。那影子摇摇晃晃的，似乎在跟随着火炉里的火苗跳跃，跳起曼妙的舞蹈来。那正是我外祖父的影子。他佝偻着背，一只手握着陪伴了二十载的酒杯，另外一只手悬空放在火炉上取暖。旺盛的火苗狂野地舔着铁锅的锅底，铁锅内炖着飘香四溢的新鲜牛肉汤，喝醉了的他看着这周遭的一切，举起酒杯，顺手就往自己的喉咙里面灌了一口白酒。浓烈的酒呀，让舌头发麻，让喉管生疼，可是就是痛快。醉醺醺的他打酒嗝了，满足呀，心里也暖得冒热气呀。

酒的品质不取决于它的制造原料和酿造工艺，也不取决于盛装的器具，而是取决于喝酒的心境。若是浅斟慢酌直至深夜，达到微醉或者半醉半醒的状态，再徐徐地睡去，酒才能被人赋予其高贵的品质；若是喝得酩酊大醉，酒就像泥土、粪便一样不值半毛钱了，哪怕是埋藏在地窖里百年的茅台酒。

# 梨花香

王　蓉

我站在院子里，微风袭来，浓郁的花香扑面而来。漫天的梨花随风起舞，缓缓地落在我的头上、肩上、手掌上，并随着风飘进我的心里，打开尘封的记忆，耳畔又回响起日夜都陪伴在梦中的话语：“囡囡，今年的梨花开得真好，小馋猫，你又有好吃的了。”

从记事起，院子一角就有一棵大梨树，每年的三月份左右，枝头就盛开着一簇簇洁白的小花朵儿，香香的，还可以做成甜甜的梨花糖，这是我最爱吃的零食了。爷爷每次看到站在梨树下仰着头流口水的小人儿，总会忍不住轻笑道：“小馋猫，又想吃糖了？不过今年梨花开得真好，你又有得吃了。”等到梨花全开的时候就可以做梨花糖了，爷爷先在树下放一个箩筐，然后拿着一根粗长的木棍轻轻地敲打着树枝，顿时洁白无瑕的梨花瓣纷纷扬扬地飘落下来，散发着迷人的清香。这时的我都会站在花瓣雨中转圈欢呼着：“爷爷，你快看，这像不像下雪了！”搜集好的梨花瓣经过挑选、清洗、晾晒、腌制就做成了香甜的梨花糖了。每次揭开盖的时候，满屋子都会弥漫着梨花的清香，而我也会忍不住用还没洗的小脏手一饱口福。

就这样，梨花香陪伴着我度过整个童年。当初的小人儿也变成了大姑娘，但唯一不变的是：“爷爷，今年的梨花什么时候开呀？

我都等不及了。”“囡囡，你现在是大姑娘了，怎么还这么馋嘴，小心被人笑话。不过再有一个月梨花就全都开了，会给你留着呢。”

长大了，就要去外面读书了。离家百里，最想念的还是那种家的味道，仿佛做梦都可以闻到。每次打电话回家时都会问：“家里今年做梨花糖了吗？好想吃喔。”得到的答案都是：“做了，做了，爷爷给你做了好多呢，你可以分给同学们吃。”于是每年的三月我都能收到一罐家的味道，每次分给同学吃时，她们都会忍不住赞叹，我都会骄傲地说：“这可是我爷爷给我做的喔，每年只能吃到一次，是我从小到大最爱的味道。”

时光就这么在梨花香中缓缓流逝，我也开始进入忙得天昏地暗的高三生活，没时间吃饭，但还是永远挂念梨花的味道。可渐渐地，我发现爷爷接电话的次数越来越少，忍不住问爸爸，爸爸总说爷爷去活动中心下棋了。但我还是会按时收到爷爷寄来的梨花糖。终于有一次打电话回去是爷爷接的，听着电话那头孱弱喘息的声音，我着急地询问，但爷爷却解释说：“爷爷这是支气管的老毛病又犯了，天气一变化就这样，没什么大问题，吃点药就好了。囡囡呀，快考试了吧？现在学习是不是很紧张？你也不要有什么压力，咱们尽力就行了。今年的梨花开得很好呢，我给你做了你最爱吃的梨花糖，你考完回来就可以吃了。”

考试终于结束了，可以回家吃到日思夜想的梨花糖了，爷爷肯定又像往常一样站在门口等着我呢。和他说很多次了，不用在门口等我的，但爷爷就是不听。想到这里，我不由得加快步伐，可不能让爷爷在门外久等着，爷爷这几天老毛病又犯了，可不能又着凉了。

出乎我的意料，爷爷没有站在门口，只有过往的路人用奇异的眼神看着我。走进了院子，看着满院的白布，看着众人红肿的双眼，看着手里细心包裹着的梨花糖，再看着镜框里日夜思念的脸，我似乎懂了，“这是你爷爷最后给你做的梨花糖，爷爷当时已经是晚期了，但他却说：‘家里的梨花快开了吧，囡囡这个小馋猫最爱吃我做的梨花糖了，我要回去做好梨花糖，等着我的囡囡回来吃……’可是他还是没能等到……”什么我都听不到了，我只知道，我的世界开始在这一刻坍塌……

一阵凉风吹来，吹散了浓郁的花香，但它却没有吹散我浓郁的思念。今年的梨花开得格外繁盛，爷爷，囡囡又想吃你做的梨花糖了。

# 我的老师

谢 娆

“师者，所以传道授业解惑也。”年少不更事，阅历浅，那些历经风雨的中年智者就或无意或有心地成了岔路的指引者。自由无畏的灵魂，独立的思想，幽默机智的言语，广博的学识，严谨的教学态度，一字一句，一点一滴，都能让后生们受益匪浅。

中国人取名“文革”的不在少数，我的初中数学老师文革就成长在这样一个年代。他严厉，挥动的三角板能不定时拍向某同学的屁股；他善于引导，兴之所至，就粉笔一挥，流畅地写“悟”；他不屈从压制，从不曲意奉承；他风趣幽默，语言鞭辟入里。印象尤为深刻的是：他说我们“不懂装懂，懵懵懂懂，其实不懂，变成古董”。初三时还有同学试图做一本他的语录。他或许不知道这事，就如不知道他曾经的言行影响了多少学生的生活态度。文革虽是数学老师，却能从他身上看到一个文人，一个居于闹市、心远地自偏的文人的影子。

我适应新环境的能力很差。来往的生面孔，等待新建的人际关系，全新的一切像一团旧布堵在心口，压抑着活泼的天性。本以为又要归于死气沉沉，而石老头这个老顽童的出现，就像开了另一个世界的窗，告诉我心若总是沉重，就没法轻嗅初开的蔷薇。他教我们生物，近五十岁的年纪，走起路来欢快时连跑带奔，在校园里经常能看到他扭着腰追前面的老师。他常年在黑外套里穿一件棉纶长袖，头发油糟糟的，架一副不锈钢高度近视眼镜。厚镜片有一个坏处，就是你没法和他的眼神进行交流。比如你刚从桌底下的小说里回过神，正打算望一眼老师，这时最惊悚的是，他正看着你，而你看见的只是他眼缝中泛着的贼亮的光。不过，即使被抓住了，你也不用担心他会跟班主任一样扭你进政教处；相反，也许你们讨论的将是某某科幻作家新出的书怎样怎样。和理科男生一样，他喜欢打游戏，在办公室用电脑时就玩网游，手机在手时则玩格斗。据他自己说，他年轻时还用过工厂里的机器炒花生吃。他虽是个顽童，然而上课很有激情。历史老师跟我们调侃，一遇上隔壁班是石老头的课，自己就得和他喊嗓子。

说起历史老师，也就是朱爷，实在不能不好好介绍介绍。有同学很崇拜他，认为他洞明世事，只要一出马，妖精鬼怪通通逃不了他的金睛火眼。也有同学对他表示不屑，觉得他胡天海地，过于世故，充其量是个妇女之友，少了些男子气概。在我眼里，正是有了一批跟这个一米六多的胖老师一样的公民，这个社会才没有失去活力。他活跃在社会和教室之间，把学校里纯粹的思想传播给社会，又将社会上的经验带入课堂。一个完整的人应当接受得了黑暗和光明的同时存在。朱爷讲历史融古通今，妙趣横生，由古代的门阀制度讲开到《红与黑》，再到现代婚姻观中的门当户对，一个急转又能扯回魏晋风骨的历史背景。朱爷说到底是一个纯粹的人，真性情的人。钓鱼岛事件发生时，他与我们打趣说，若是你们还分不清做一件事情意义的有无，沦为政客们的棋子，学历史也就没有用。可我们也知道这个站在讲台上说不要逃课去游行的老师，通宵看抗战电视剧后第二天进了诊所，眼睛因过多流泪红肿了需要消炎。

人不存些记忆，一生一眼就望到了头。有这些老师们参与的中学回忆极其美妙。母校在我们离开后有了大的变动，那些老师们呢？他们过得如何？

# 我的老师 March

朱俊怡

偶尔我会想起他，那个留着地中海式头发，清瘦，已经步入中年但魅力十足的先生。那位先生姓陈，我们叫他陈老师。陈老师是我高中时代的地理老师，是一位有人气、有性格、有激情的老师，他给我留下了深深的印象。

陈老师有很帅气的英文名：March，意为前进，同时也是生机勃发的三月之意。他一直要我们如此称呼他，显得年轻，似乎和我们没有代沟的感觉。代沟我是不清楚有没有，但 March 这响亮的大名却响彻了整个学校。他教过的学生似乎没有讨厌他的，都觉得他令人崇敬。我想除了他课上得精彩之外还有一个很重要的原因，那就是他不但有帅气的名字，也有帅气的外表。并不是说他的容貌如何俊美，而是接近半百的他没有衰老颓败的气色，依旧穿着整齐精致的西服，笔挺修长，神色宁静，显得十分有绅士风度。而比起那些二三十岁的年轻人来说，他又显得沉着，更有一种特别的风采。年轻而洋气的称呼和风度极佳的气质，让他上课时更有一种迷人的磁场；况且他的课并不无趣，他很有见地的思考和耐心的讲解也与他的外在美十分相称，十分引人入胜。因此在他的课堂上，叫好声、惊呼声、掌声都不足为奇。学园报刊上多次提出老师要内外兼修，如同陈老师一样。我们是喜欢他的，也为我们喜欢他而为他带来的高人气感到一些自豪——这可是我们的老师啊。而内外兼修、气质美好的陈老师似乎觉得这也是理所当然，并不特别觉得开心。

陈老师有奇特的性格和令人惊异的行为，显得特立独行，但还是十分令人憧憬的。他说他年轻时修炼过气功，因此悟到了很多的道理。他说这话的时候神色自如，我们却自然是吃了一惊，难道他的仙风道骨之气，竟是他修炼气功得来？他只是一笑而过。而当我们静不下心浮躁不安之时，他却十分平静地说道："你们要静下心，排除杂念，你们可以试试打坐，我曾经打坐了一天一夜，感觉之后人平静了许多，以后也变得心静一些。"我们是觉得好笑又有些惊奇，笑的是打坐这么古老奇怪的行为，惊奇的是陈老师的耐性与坚持，似乎在这看似笑话的言论中也明白了些什么，打坐也好，学习也好，静心、耐心、坚持都不可或缺。他还给我们看过水的形态、意识的作用的短片，叫我们发挥意识的作用。其中似乎有些伪科学的成分，但我们印象深刻，却也不会完全不相信。这也让我们更多地发挥了主观能动性。即使客观无法改变，但主观上的确要积极了许多。我怀着敬佩的目光看他，觉得他是一位不问世事、有仙风道骨的高人。但他却不这么认为，他觉得自己是个愤青。

陈老师对教学和社会都很有激情，偶尔的言论听上去十分激进。他会自我调侃他从前是个愤青。他批判过中国曾经不合理的制度，似乎是有些愤青的影子，但他侃侃而谈，有条理有见地，并不是网络上一些头脑充血的人的样子。我们偶尔听见他说，也不觉得哪里无理，也有不少同学与他展开过讨论。我只是惊叹，再怎么不食人间烟火的人，也是要关注现实的，将自己关在自己的独立空间是不可能的。所以说陈老师真是内外兼修！

陈老师其实也只是一名平凡的老师，他也只和我相处过两年，我们并没有说过太多次话，但他的确教会了我很多事情，我想我不会忘记他，那位留着地中海式头发，清瘦，即使已经迈进中年却依然风度翩翩、诲人不倦、魅力十足的先生。

# 往事并不如烟

洪潇帆

四年级的时候从树上掏下一对鸟，其中一只第二天就死了，我把另一只慢慢养大，后来就有了感情。它刚能飞起来，我就有巨大的成就感，觉得它是我的，是我的鸟。可我依旧在它的脚上缠着一道线，一道不足十米的线，它就在这十米以内的天空里飞着。后来，有一天它突然就飞走了。我以为它再也不会飞回来，它得到了它的自由。第二天傍晚，我看见它停在我的跟前，看了看我接着就飞到我的肩上。我捧着它，它是我的宝贝。后来有一天，它被母亲摔死了。我把它埋在屋后，那天刚好下着雨。

又后来在野外捉到一只灰兔，很小，我把它放在竹子编织的篮子里，它就一直用它的鼻子拱，后来它的鼻子断了，可我依旧没有放归它，觉得它就是我的。我并没有丝毫的同情，霸道地占有着它。我开始把它放在床上和我一起睡，可它并不理解我的用心，始终躲避着我。后来，它趁我不注意跑了出去。我也同样地以为它再也不会回来，毕竟它只是我收养的动物。那一次，它还是回来了。我看见它蹲在墙角，如往常的样子。我抱起它，凑近它的脸。可后来，它就莫名其妙地消失了。夜晚，我总是怀疑，被风吹动的草声就是它回来的信号；甚至一些陌生的声音，我都以为是它的叫声。可它再也没有出现。后来，我才知道，它没有离开我，只是父亲把它送了出去。我庆幸没有再听到它死的消息，即便它命途未卜，可依旧是有希望的。

初三那年，我的狗就死在我的身边，它的头上全是血。我看着它全身抽搐，在死亡面前最后挣扎。后来，我知道，对所有的生命，因为热爱，所以出彩；也正因为热爱，所以慈悲。

记得家乡后院里那间小屋，陈年木质的大床在潮湿阴暗里早就开始腐烂，我于是常常去打开小屋的窗户，好让外面的新鲜空气和阳光透进来。但是我善意的举动并没有阻止或减缓它的老去。木床就像是已到晚年的人，死亡是一种应召，更是趋势。我改变不了，所以只能顺应。而我总是一个人站在那里。木质的窗棂在岁月的风吹雨打中脱落了朱漆，木头由于浸水又脱水，早已是臃肿的样子。而那玻璃也已少了几块，至于那几根钢筋，我不忍再提起，或许，不多年，它们就消失了，变成一撮不知所终的铁屑。然而我依旧喜欢站在那儿，站在那儿看狭小的世界。窗户外面是一棵柿子树，十几米远处是邻居家的围墙，于是我的目光总是在这十几米之内游荡，还有透过窗子看低矮的天空。然而我依旧喜欢站在那儿。柿子树这几年长得已经很大，茂密的枝叶开始挡住我向外看的视线，我的眼前绿茵茵一片。但我依然能够从茂密枝叶间的缝隙看向外面，我的视线在十几米内和低矮的天空之间游荡，世界总是这么的狭小，我也只能看得到这么狭小的世界。我的心在低沉的抑郁中悲哀而又感伤。树荫开始在我的心里爬延和生长，它们的生命力是如此的强盛，就像所有树木一样，不断地占据着泥土往上长。而我只有这空虚的大地和不切实际的未来，我只能看见树影和十几米内及低矮的天空。而那十几米和低矮的天空随着我的长大渐渐地变小。

去年，干旱肆虐过家乡的土地，在去母校的路上，乘车经过的马路，成片的树正在或已死去，秋天未来，就叶飞于地，让无意的人莫名地动情并心酸。在最不应该的季节里，心痛也因于此，让人不想说出话来，叨扰柔弱不堪的生命。看着随车子奔驰的尘土，我想到的也是生命，无依无附的生命，就像我们活着或早就死去的自己。窗外的世界，使我想象起以前的日子，或平凡或快乐的，抑或悲伤的。然而时间过去，也正如所经历的光阴，在干旱中夜以继日地进行着生命的涅槃。也许生命和生命之间有小到微尘的关联，小到我们从没有细心去察觉以致当作可有可无般忽略，无端地蹉跎着本就蹉跎的岁月。我们漫不经心随风而过，或只是会在最失落的时候不经意地想起。

前年初冬，外婆过世。死亡总是这等的平凡。外婆的墓是在山腰上，正对面是叠起的群山，背后是更为无际的山岚，外婆至死也没能被埋在老家。从医院接回外婆的那天，有绵绵阴沉的冬雨，窗外就是迷离的长江，而江水继续，我也相信生命继续。在那个时刻，我抬头看已近十二月的重庆，烟雾霾霾，是悲伤、希望和迷惘。我想起云山之间的那株紫色的花椒树，也正如前几日深夜月色下的一排排高大树木一样，立在天光云影下，等待岁月的变迁和剥离，有一天沧海桑田，直至被时间夺取生命。有一天来到了这个世上，经历过悲哀痛苦，继后隐没在烛灯惨淡的昏光中，被两三人闲谈——我理想诗意的死亡，也不过此，生命何须伟大。有一堆土冢，某年，我们也是会以同样的方式走进去。荒土埋去，而后的某个时刻，任人凭吊。

大一下学期开学，母亲在我的强烈反对中还是把我送到了车站。那天中午我们走得很早，到的时候离最先走的车发车还有一个多小时，而我又不得不先上车占位，我便下意识地要母亲先回去。母亲说让她再等等。于是她就真的在等，一直等到车子驶出了站台。母亲一直站在我座位旁边的车窗下面。那天母亲穿的是黑色的羽绒服，新春的冷风吹着她帽子上棕黄色的毛，也把母亲的脸打得通红。母亲就这样一直在车外跟我说话。我没有看母亲脸上的表情，已近末期的年味甚嚣尘上，母亲独自立在那儿，分外的寂寥。而我知道母亲眼里的泪水。世间所有的离别无非有两种形式，要么是笑对着笑，要么是泪及泪，而前者多是在笑容下面隐藏着的悲伤。所以离别多是痛苦的。

初三那年，因为贪玩摔断手臂。那夜，在狭小的医院里，当剧烈的疼痛蔓延全身的时候，父亲看着我眼睛里的泪水，对我说不要哭，我一哭他就哭了。那一次，医院被冷漠所笼罩的昏黄灯下我没有哭，迎面相对的是父亲通红的眼睛以及憔悴的面容，他矮小深沉地望着我。回来的路上，窗外是城市夜夜不息的灯火，车内，我躺在父亲的腿上，我们都无语。那夜，正如几年后我时时回想起的 16 年前的那夜，我和父亲去重庆的路上，轮船之外，是深黑色的江水和幽暗的铁索上的灯塔，夜色低垂，混沌的天空看不见丝毫颜色，永远绝望孤独的黑，在以笑为哭的岁月里故作深沉。父亲抱着我，他把头埋在我的头发里对我说着让我一辈子都会回想的话。迎面冷瑟的江风打在我们脸上，前面的路正如江风般冷瑟，而我的确不知道。

这几年，人漂泊在外，为生活而辗转，为明天的幸福奔波，就像在那些年里，为家庭的完整而许下的遥远承诺。我们看到那些曾经似乎渺茫的希望渐渐来临，却又同时悲哀地发现我们彼此间人为的隔膜，不禁断想宁愿回到那些悲哀的年岁，最起码不必日夜漂泊。可我们终究是回不到过去的。岁月给予我们苍老，在人世上使我们微妙地改变着。有一天我们会知道，过去的那些年里的某个时刻，我们下定决心告诉自己未来，并以具体来描述，也就在那一刻，注定了我们今天的样子。

昨夜，又梦见你，一样的苍老卑微，焦急等待在我会出现的地方，可我还在躲藏，怕被你发现。我在为自己的任性做最后的抵抗，越来越像个孩子，而不是像个男人一样去面对。昨天，看见你给我打电话，可我还是没有接，关机，等到了相信你已睡去的夜里才有勇气拿起电话。大概我们的孤独与生俱来，就像那无数相似痛苦的过往，喜欢用躲避隐藏所有可以说出来的话，只是现在是我换成了你。你给予我太阳的恩泽、雨露的温润，成为一个生命中唯一的土壤。当昂首被焦灼的阳光射得眩晕，那种恍惚的感觉一如隔世苍凉，是生命里最脆弱的神经。我时常想象你老去的样子，该是怎样平静，而几十载过后，于我，也定当以你的样子同样老去。那是最孤寂的岁月，平庸的青年时代以及更为平庸的老年时代。也唯有童年和少年不朽。

今年三月，我坐在去远方的火车上，看到叠起的山峰和远处零星坐落的村庄，生命在理想的季节里向上，就默然觉得欣慰。凡是生命也多是如此，总是在向上的。

夜晚，我游荡在陌生城市的街道，听着车站时而响起的汽笛，默默注视着漠然前行的路人。在街的转角，一株高耸的梧桐树苍凉地立在街巷的风中，混乱的灯光从树叶之间倾下，照在脸上。我突然感到一种似曾相识的归属感，就像是曾在生命的某个时刻我来过这儿，亲眼目睹过眼前所有的场景。它确乎是出现过的，正如多年前独自走在回家的夜路上，莫名地想起小时候在夜晚跟着父母从田野里归来的样子，那人、那萤、那景以及那夜……所有关于过往和未来的记忆在某个时刻叠加出现在面前，不仅仅是一幅幅简单画面的重写，而且在那一刻，一瞬间重新流淌，你甚至可以闻到从另一个空间里飘来的淡淡花香气。

那刻，生命不再博大深沉。

# 家乡的鸡蛋蒜

李　伟

刚从湖南回来的第二天应该会好好地睡个懒觉，但今天却出奇地早醒了。可能是这种熟悉的味道由厨房传到我的卧室，油烟机没有抽走，淡雅留香。说到留香，可能会见笑了，因为蒜的味道确实不太好，尤其吃完蒜造成的口臭，让说话都有了自卑感。

鸡蛋蒜，顾名思义，鸡蛋和蒜做成，渊源考究起来太长，姑且不用去管，这道小菜充斥的是家的味道。我姥姥喜欢用腌制的咸鸡蛋来做，而我妈妈喜欢用没有腌制过的，其实原理及口味从一定程度上来说都是一样的。制作方法也尤其简单，将鸡蛋煮熟后与大蒜一同在蒜缸里捣烂，成为泥状，再辅以其他佐料增加口味，如果加入一点火腿也是未尝不可的。方法简单，但味道却是那么爽口。尤其对我来说，这道菜的意义绝非口味上那么简单，当我比较小的时候，我在我姥姥家度过大半童年。那时冬天的时令菜大概只有萝卜和白菜，而我幼年时对于这两种蔬菜无太大好感，所以鸡蛋蒜也算是唯一的知音相伴我的早餐、中餐，乃至于晚餐。现在的我还能回忆起来晚饭时端着一碗面条，就着鸡蛋蒜，在我姥姥家那台比我年龄还大的黑白电视机前看《哪吒闹海》，那时总是忘了吃饭，看着申公豹倒霉的样子总是笑得前仰后翻。我姥姥总是看到我莫名地在那里傻笑，就认为我傻，拿着小脚老太太的风格教育我一番，可是这都已经成为回忆，连那台电视机最后也不知道去了哪里。

这种故事伴随着鸡蛋蒜的味道一直被我记着，我根本不敢忘记，也忘记不了。从此以后，这道菜就在我妈妈这里得到传承，它已经承载了太多太多。

随着各种大棚蔬菜技术的普及，任何时候吃到各种菜都已经不再稀奇。从一定程度上来说，人们对于这道菜的需求和要求都减少了很多，也许真的，再过许多年后，这道菜也将退出舞台，但我相信和我一起长大的同龄人对它都有不一样的感觉。也许几十年过去，我们吃着一道普通的菜，却难以下咽，因为泪水会在眼里打转。

大学时，对于家乡饭菜的主要依恋存在于鼎鼎有名的羊肉汤上，忽略了鸡蛋蒜的存在，今天品尝下来，可能鸡蛋蒜更是我的思念。我不知道我妈早晨做它的时候，是故意还是偶然，但却让我这个品尝的人吃出了家的味道。

# 蛙　鸣

谢扬真

进学校（高中母校）大门不远，便是一方池塘，这池塘中间用一道弯弯的石梁隔成上下两部分，从旁边的小山上看，这一方池塘像极了太极的双鱼。上面的半塘时常蓄满水，下面的倒有大半是干涸的，只因为沾了上面的光，有些地方常漾着浅浅的一掬水，大片碧草如茵。就在这一方池塘的四周，散落着许多的石头，它们或蹲，或站，或坐，或卧，神态绝不相似，团团地把这方池塘围住，自有一番天然的情趣。就在这石头中间，种着几株柳树，三两棵桃树，一株南方苹果树，几丛灌木卧在其间，风姿绰约。

日日走过这方池塘，也不觉得它有什么好处，只是一方普通的池塘罢了，跟其他池塘没什么两样。

那天，吃过午饭后，到外面的公寓去，路过这方池塘，总感觉有些不太对头。太阳依然温暖，校门外马路上依然车来车往，跟往日没什么两样啊。可心里还是有些惶惑，脚步不由得慢了起来，眼睛四处瞅瞅，垂柳在微风中荡漾，桃花两三朵开在枝头，池塘边的草绿得闪你的眼，春意浓浓拥你入怀。

春天什么时候来的？我居然没有向春天问好？我正懊丧着自己对春姑娘的唐突，耳际传来几声蛙鸣，是蛙鸣，是春天的蛙鸣，触动了心中最柔软的地方。伫立在池塘边，寻找蛙的踪影，浅紫的泥地，嫩绿的细草，淡墨的水藻，都漾在一池春水里，这一方池塘俨然一幅洇湿了的中国画，在石罅里、绿草上，隐约有蛙的影迹，“咕哇”“咕哇”，蛙们在奏它们的乐曲。我的思绪随着这热闹的协奏曲在飞。

最熟悉的是那蛙鸣，春社前后，田间地头的青蛙活跃起来，它们或忽然从草丛中跳出来，生生地吓你一大跳，或在春夜里唱它们古老的情歌。蛙们开口之后，其他虫儿也不甘寂寞地呼应着，大地一下子便有了勃勃的生机。几场雨后，水沟里，山塘边，河汊旁，到处都是蝌蚪，小孩子用网兜去捞，不大一会儿就可捞上一大盆，拿回家给鸡鸭们改善伙食。盛夏的中午，拿一根系有麻绳的竹棍，带上网兜，摘一片芋叶覆在头上，来到稻田边，抓一只小青蛙，把它绑在麻绳上，全神贯注地等着青蛙上钩，浑然不顾头上热辣辣的太阳。看看战利品差不多了，像凯旋的将士雄赳赳气昂昂地回家。小的青蛙犒赏了鸡鸭，大的呢就留着，等煮晚饭的时候，将拾掇好的青蛙撒上盐，放好姜，放在瓷碗里蒸，用来改善生活。

小时候常常一个人去外婆家。见到大外孙来了，外婆满心欢喜，早早地叫两个舅舅去摸螺蛳，掏泥鳅。我那时淘气，跟外婆打声招呼后，便溜出去跟年纪相仿的旁属的老表、舅舅，甚至一两个小外公混在了一起，摘黄瓜、掰包谷、挖红薯……什么事儿都干。不一会儿，那些舅妈、外婆们就到外婆那里去告状了，她们自己的孩子都很无辜，错的全是大姐姐、大女仔的儿子——我这个大外孙。外婆一例的是向她们赔不是，可她从来也不骂我打我。

在外婆做的所有的好菜中，我最喜欢的是“腊蛤蟆”。那时候，两个舅舅二十多岁，精力旺，盛夏夜，雷阵雨后，他们便起床，带上篾篓，到凌晨时分回来，篾篓里是一色的虎纹蛙。外婆起床后，将它们收拾干净，摊在一张竹垫上，放在灶火上烘。到晚饭时分，又香又脆的“腊蛤蟆”烘制好了，抓几只下来，剁成一小块一小块的，放在锅里炒，起锅时拌上辣酱，那滋味馋得人直流口水。

那时，晚饭后，大人小孩，一手拿着小板凳，一手摇着蒲扇，趿拉着鞋，一村的人或在晒谷坪上，或在大樟树下，或在翠竹丛旁，团坐在一起。姑嫂们趁着月色纳鞋底；男人们从他们的塑料袋里掏出切碎的旱烟叶往烟斗里塞，不一会儿四周便有了一明一暗的火星；孩子们欢闹一阵后便倚在爸妈的怀里数天上的星星。伴着田间地头的蛙鸣虫唱，老人们便开始讲古，薛刚反唐啦，武松打虎啦，气死兀术笑死牛皋啦，许多许多的故事从他们嘴里蹦出，只听得你目瞪口呆，直疑心他们就是传说中的文曲星。只是后来才知道，他们识不得几个大字，更不用说看得懂长篇大论了。他们的故事只是口耳相传、道听途说得来的，后来在大学教室里，听教授们的说课，全没有村头老人们的讲古精彩。

最喜欢的是邻村的两个参加过抗美援朝的老兵，在月朗星稀的夏夜，他俩一人手拿渔鼓，一人携了凤凰琴，踏着月色，从青石板路上迤逦而来。听到渔鼓和琴声，村里人早就备好了竹椅、条凳等着。他们一坐下，便有人递上旱烟，倒好井水，吸完一袋烟，用井水漱漱口，清一清嗓子，手一拍一按，渔鼓和凤凰琴便有了抑扬的旋律。他们就那样自弹自唱了起来。曲调或高亢或低沉，或清越或喑哑，或明朗或萧瑟……姑嫂们停了手中的活计，男人们的烟斗里没有了闪烁的火星，孩子们早停了喧闹，月亮在轻纱似的云中缥缈。这时，只有阵阵蛙鸣和着他们的节拍，只有稻香抚着他们的心扉，只有清风伴着他们的声音。一场下来，耳际只留下“打渔鼓，唱道情……”苍凉的声音。等你回过神来，在蛙鸣虫唱中，在清风明月下，他们留给你的只是淡淡的背影。

这是快十多年前的旧事了。舅舅四十多了，他们很久没有摸螺蛳、掏泥鳅了；我再也尝不到外婆的饭菜了；当年的姑嫂们也做了奶奶；男人们都五六十了；孩子们也都有了自己的孩子；老兵的渔鼓凤凰琴早已是绝响。现在虎纹蛙都成国家二级保护动物，很快就要成为一级保护的对象了，只是这蛙鸣依然阵阵入你的耳来。

在时间的流逝中，我们失去了童年，在这一阵阵蛙鸣中，我们还能找到童年？

# 三峡凡人

韩　俊

5月26日6时40分，又地震了，不知是大家已经习惯了还是因为这次震级低点，朋友圈异乎寻常的安静，两个月前那阵慌乱与焦灼似乎是再也见不到了。

那天这片沉静的土地突然震动的时候，才刚刚进入新的一天不到半小时，很多人还陷在深深的睡梦里。月光朗照着江面，虽是深夜，却仍有船在缓慢地行进，有汽笛在拖着长长的尾音鸣响，船尾激起一排排小小的水花，顷刻间又落下去。这样的画面每年每月在库区重复着上演。但今夜不同，江水与夜空构成的画布被一把锋利的刀划开一道大口子。地震了，小镇开始骚动，开始吵嚷，地震了！

我在上午起床后得到消息，还是得亏朋友告诉我，让我快打电话回家问问。电话那头传来母亲略显急促的声音，像被人追着刚跑了二百米，“昨晚晃得好厉害呢，床头柜呀镜子呀……我听到杯子碎的时候就立马坐起来，‘砰’的一声，‘砰’……”母亲的声音随着几口重重的粗气而渐渐慢下来，又开始自顾自地说，“怎么会地震呢，哎，还好没有事情……”我宽慰了母亲几句，教她如果下次再地震，要赶快和爸爸到楼下叫醒爷爷奶奶往空旷的地方去。“不行的，哪里来得及，你爷爷奶奶昨晚任我叫门都没醒呢！我也懒得跑了，人跑不过天的。”我真不知道四十来岁的她哪里来的这一套思想，正准备跟她辩驳，她又开口了，“真要又地震，千万别回家，出了什么事你也解决不了，千万别回来听到没……”我抽抽嘴角干笑一下：“你说什么呢?”“是啊，别回来，万一出事了就去找政府，去银行把钱取出来把书读完，然后自己好好生活。”我一时不知该说什么，母亲这种匪夷所思的“搞笑”竟然让我觉得心头一酸，“想多了好吧，库区都是花岗岩，安全得很，大地震不存在”。我装作不屑地回复她，让她不要再一脑子荒谬的想法。“说是让你听着，大不了就待在湖南，不要回来。”她有些恼了。

母亲最后的一句“待在湖南”，让当时的我一下子愣了。虽然没有扛锄头面朝黄土，母亲却一直是满脑子中国农民式的安土重迁的思想，她喜爱自己生活的土地胜过任何地方，不爱出门旅游，更没有想过要到别处定居生活。小时候她总跟我说，哪里也没有家乡好，依靠长江天气温和，中游既干净也没有灾害。她刚刚定居城镇时最喜欢的就是乘着小船在碧绿的江水中伴着清凉的江风飘它几个小时，再回到山里的老家去看舅舅姨妈们。我永远没法忘记她指着江心的小洲说那里就是我们移民前的老家时，眼里所含有的那份深情。母亲对我的要求从不苛刻，能填饱肚子的工作、安定少坎坷的生活、能够时常陪在她身边，就是她所能想到的最完美。小时候觉得母亲是在拴住我的翅膀，总是不希望我走远，可是现在想来那又怎样呢？这个时代只让她有一个孩子，需要陪伴的时候总还得有人陪吧，每年的江水涨退、小洲隐现，总不能让她总是空手遥指而没有人应和。她心里的那杆秤，就同于一个最平凡母亲的掂量，永远无可厚非。以前总笑她落后腐朽，但今天她突然开窍了，却又让我如此难受。她的开窍不是主动地想通了什么，而是被一场地震给强行改变了，她站在保全我的安危的立场上放弃了她的原则，哪怕这次是她无知地想多了，却让我怎么也无法对她说出“无知”两个字。她不介意一场地震让自己被埋在瓦砾下，却介意我因此不能好好生活，这瓦砾于我是臆想，于她却异常真实。我的喉咙像被突然掐住了一样提不上气来，以前我们争辩过那么多次却无疾而终的话题如今有了答案，“待在湖南，别回来”。她不知道，这种时候，想想江边那双深情的眼，我再也不想走远了。

地震后的小镇安稳了短短的两天，地震又来了，这次晚了四分钟，零时二十四分。

朋友说她给家里的外婆打电话，老人说她那晚在七楼的阳台上站了一夜。三月末的夜里仍然冷，快八十岁的老人从地震开始的那刻一直站到了天亮，站到了太阳升起的时候。老人不愿意跑，跑也跑不过，她就想在阳台上站站，对面是孙女孙儿们曾经念书的中学，背后是老伴生前上班的单位。不论当年移民的时候是多么不情愿地来到这里，但毕竟这里的七楼还可以看到长江，还可以遥想。凌晨的风多凉啊！就像长江水底一样凉，她当年的家现在就在长江水里泡着。站在这里，凉风嗖嗖，就觉得像是回去了，回到了老归州。归州，名字取得多么好啊，归，迟早是要归的。

不是每个人面对地震时都像朋友的外婆一样坦然，30 日晚的小镇，乱成了一锅粥。有私家车的，几乎都拖家带口出来“逃难”了。在朋友圈看到的图片上，去凤凰山的路被挤得水泄不通，小镇难得的一次晚上亮如白昼，大家都在往这个山区城市为数不多的平坦地界挤。

背后就是屈原祠，现在屈大夫铜像的脚下也挤满了人，不过再也没有人拿着竹简为他朗诵《天问》、《橘颂》了，大家迷茫又惶恐地聚在一起，甚至不知道自己还能否过下一个端午，还能否在江边为龙舟赛呐喊助威。

听母亲说，第二场地震来了之后，很多人都已经没有回家睡觉了，都是开着车在广场上一待就是一整夜，有的还带着未满岁的孩子。“没必要，不会有强地震的。”我反复这样安慰母亲，可事实上谁也不敢保证。说那些人愚蠢也好傻也罢，他们都是普普通通的人，在随时可能到来的灾难面前，谁都有争取自己生命的权利，活着，多么好呢！

一个朋友为舒缓沉重的气氛，发了几张图给大家看。

一个裹着被子的人驾着摩托车向平坦的广场疾驰而去，橘黄的路灯打在这个人的身上，由于裹着被子也看不清他是胖是瘦、是高是矮。他略略弓着背，似乎铆足了力在开车，虽然看不很清楚，我却似乎感受到了那双有力的手青筋暴起。他应该刚从被子里被惊醒吧，连衣服都没来得及穿，就裹上被子出门了。确实是应该裹上呀！三月末的深夜，太凉了，又驾着摩托车，真是太凉了。

没法好好安睡的还有那些即将走向考场的学生们。看着图片上那么多熟悉或陌生的脑袋在原本应该空旷的操场上耷拉着，顿时有些心疼，第二天还要上一整天的课呢，现在却只能坐在操场上吹江风。我们的高中临江而建，只是地势高些，在操场上便可以看到三峡大坝。傍晚大坝上会亮起串串橘灯，在黑暗中将大坝宏伟的轮廓凸现出来。在大坝上游有很多来来往往的轮船，其中有一艘船从来都不会动，那上面住着的是为大坝站岗放哨的战士们。很多学生总爱在晚自习的课间从阳台上向下望，望灯光下粼粼的江面，望天边斑斓的晚霞或者明亮的星月，望由轮廓分明到渐渐模糊的群山……也会望望这艘船，听着被长长拉响的汽笛声，猜想上面的兵哥哥们正在做些什么。但今天，是没有人再有心情管这些了吧，大家在操场上无助地坐着，觉得冷，觉得困，觉得迷茫……船上的汽笛依然会响，甚至在这个特殊的日子拉得更长，但应该不再有人关心了吧，至少在这群呆坐着的孩子中间。

在倚靠着休息的学生中间，有这样一位秃头的中年男人背着手弓着腰站着，图片上的他，虽然看不很清，却依然是半年前那副样子。记得去年中日钓鱼岛危机的时候，大家都满心愤慨地关注新闻，课间都宁愿不休息不做习题也要打开电视关注几分钟时事，当听到双方可能交战的谣传的时候，又纷纷陷入了恐惧与担忧，特别是当窗外传来飞机的轰鸣声与长长的警报声的时候，每个人都没办法认真听课而担心自己要和大坝一起被炸成粉末。在得知那是军区演习之后，我们自己都觉得曾经的想法无比荒谬，但我们的确都曾经无比地忧心自己的生死。在满腔热血地忧心国家命运的同时，每一个人都同时在失去理智地害怕着可能的无妄之灾。但就是这个秃头的爱背着手的老师，在教师会议的时候保证万一出了事情他愿意第一个掩护全校的同学先转移，他的保证发言后是几声爽朗的笑声，可是当时更多人选择竖起拇指称赞他真男人而不是把这当做玩笑。没人可以未卜先知，那段时间大家的确都曾无知又真实地害怕过。

清冷的江风从江面向满是师生的操场袭来，他仍然站在所有人的最中间，不足一米八的瘦瘦的身板却充满了能量。记得或不记得半年前那个笑言的人都注视着他，似乎觉得这样便能使这个不安的夜晚变得安稳。就算自欺欺人又何妨呢？心里安稳了便可以挨过这个漫长的夜晚。

时隔近两个月，第三场地震来了，这次不再是在深夜，而是在天大亮的时候微微一震。小镇上的人大概都熟悉了这种感觉，没有惊恐，没有绝望，没有咒骂，就像同寝的四川朋友开玩笑说的，他们四川现在有好多人地震了都要先打完一圈麻将再跑。

一切恢复正常，没有人知道走过的时间会不会回头再轮回一次。眼看五月走到了尽头，每个人又都循规蹈矩地过回了属于自己的生活，也没人再会去深究曾经的横祸是天灾还是人祸。对于那些学生，高考倒计时掰着十个手指头数也嫌多了；对于小镇上的更多人来说，江边的看台已经准备好，一年一度热闹的端午又来了：屈大夫的铜像依然在阳光下熠熠生辉，在正准备下水的五彩龙舟的东北方，巍峨宏伟的大坝仍然屹立。这里几乎每个人都能来一两句的招魂曲又将被唱起，“三闾哟，大夫哦……你的呀魂魄哟，不可向东方口嚁……”

# 背篓里的贵州

封　宁

宋祖英当年的一曲《小背篓》，让我们知道在山寨，背篓兼职孩子们的摇篮，装载过无尽的母爱和孩子们无数的美梦。所以在遵义遇到一个背着婴儿的中年男子，并不觉得新奇，大家只纷纷用相机捕捉那小模特天真可爱的表情；而在贵阳的清晨，小雨后的街道上，可看到背着背篓的行人，他们匆忙的脚步和湿润的身影，让你很难猜到他或她背负的重量。或许背篓才适合贵州的山地，适合崎岖险峻的山道。而在这繁华的都市里，依然用它在装载砂石，这是习惯，还是不给街道小巷添堵？背篓与背负者的肩膀同宽，再狭窄的小巷，也不会因此堵塞，这或许是劳动中积累的智慧或“贵阳特色”。

这繁华的市场，熙熙攘攘的人群，真实的贵阳市井不仅是甲秀楼的灯火，不仅是苗家酸汤鱼的香气或小坪地里抽陀螺的鞭声。我不购物，空着手都疲惫。几个背着空背篓的人轻声地问可能的雇主：“要背货吗？”即使被拒绝，他们脸上也很平静，让你看不到失望和失落，还是继续寻找新的工作机会；背着货的，哪怕累到拄着棍子，也不粗野地喝开无意间拦道的行人，背篓的空或满左右他们的表情和快乐。没有背篓的穿行，你可能会感觉到阻滞和拥挤，背篓的丰满不是脚力们自己的私事，它将沉重背走，将货品接卸。尽管已是汽车、人力车的时代，大市场的物流却仍然必须有他们的辛勤劳动来做生动的细节；背篓如江河中的一朵浪花，掀起行人身边的一缕风，让你看到山区人对生活的追求。和山城重庆的棒棒军又不一样，敞口尖底的背篓是每日吟风唱月的贵州人的山歌，它自成篇章或段落，并不无聊地重复。

背篓是贵州的诗，让我无法忘记。背篓的印象，也不再是那首简单的民歌；它是一个审美的符号，也是一个生活的印迹，没有被丢掉和遗弃的传统。可能是因为它的轻便和实用，在靠包装和炒作才能叫价的时代，它原生态地继续着贵州的故事。正是听到它的讲述和歌唱，我才暂时忘记在异乡的浮躁，才愿意静下来，享受贵阳的雨。我觉得生命也是一种无形的背篓，不止是在这里装载波波糖、牛肉干，更装载着黄果树瀑布的雄奇俊美和遵义城里的壮丽传奇。在贵州的所有见闻和感动，让行走的疲惫被丢弃到九霄云外。

# 乡土

陈　远

收拾起行装，整理好心情，将自已、行囊托付给缓缓驶向血色夕阳中的列车，将目光寄寓在山水间，佛塔之间那道风幡将心灵放飞，在窗户、房顶、山巅、远方跳跃。零星点点的花草，肥壮的牛羊，牧民的长鞭，绿油油的田野山峦渐变成小黑点缀进夕阳中。鸟雀倦飞而归巢，农民荷锄掩柴扉，而我家在何处？身处异乡。

村镇的袅袅炊烟，带着千家万户的温情，携带着人间情暖，直上云霄。归家之感随着丝丝缕缕炊烟一起腾升。

于右任的《望大陆》中“葬我于高山之上兮，望我故乡；故乡不可见兮”，只有痛苦。余光中的《乡愁》，“乡愁是一方矮矮的坟墓，我在外头，母亲在里头。而现在乡愁是一湾浅浅的海峡，我在这头，大陆在那头”，文人骚客满腹愁苦又为哪般？用艾青的话回答：因为我对这片土地爱得深沉。感谢离别，让我意识到对故土的浓浓眷念。

是否曾陶醉于湘西一隅——凤凰古镇远离尘嚣，民风淳朴，倾心于翠翠与傩送凄美的爱情故事？

是否曾赞叹陶渊明笔下，桃花源阡陌交通，鸡犬相闻，黄发垂髫，怡然自居？

而我却庆幸生在如桃花源般又似古朴清丽的凤凰小镇的芷江。

㵲水河是故乡母亲的手臂，轻拍着他的乳儿入睡，时而低吟童谣，时而抚摸乳儿。河水中的淤泥年复一年地沉淀，古镇的历史也在平静水波中积淀。白水码头的繁华已成为记忆，刻在建筑它的每一块青石板上，还有藏在裂缝中的青苔上。福建商人进行贸易的客栈已被列为文化遗址。风雨沧桑中走过的侗家桥热闹非凡，跨立于两岸，连接河东西的是一把不朽的锁，锁住了江水，锁住了尘封的记忆。

受降遗址见证了故乡母亲饱经战火硝烟的惨痛，明清遗留的四合院民居依旧为人们提供栖息地。方方的屋宇，方方的天井，日出而作日落而归的循环。弯弯曲曲的小巷已到尽头。巷口的黄梅在冬日里摇晃稀疏的身影，飘忽不定的香气道出了历史的气息。

码头荡起的水波，银晃晃地照在浣衣女的脸上，水中倒映着他们美丽的脸庞、乌黑的发髻；嘴角浅浅一笑，水波荡漾开去。水光照着吊脚楼下编织竹篓的阿公阿婆，他们熟练地摆弄着手中的竹条。水光照着携手的情侣，风中洒落着笑的音符，爱情的篇章等你来添上新的色彩。

三毛曾说：不是我对故国不热爱，而是它已深深爱上你。故乡也是如此。

往事无痕，荡起层层涟漪，激起回忆的暗涌。

秋叶无情，舞动翩翩金蝶，斩断心中的愁肠。

秋声寂寂。

金灿如火的秋叶在风中燃烧，伴着瑟瑟秋韵，奋力舞动，最后的一支舞（为生命而歌）便化作一片枯叶蝶，或静静拥入皲裂大地的怀抱，碾作成泥，更护花；或飘于清瘦流水，悠悠划过外婆桥；或化作儿童手中的风车，撒下风铃，慰藉寂静秋。落叶是否能像鸿雁青鸟，千里寄语，落在母亲肩上，默默注视，看有多少白发代替了青丝，有多少皱纹深嵌于棕黄脸颊，听她低声呼唤我的小名。

离开才知道对父母的爱有几分，唯有姣姣明月知我心，又上楼阁。

冬有冬的来意，寒冷像花。我情愿化成一片落叶，让风吹雨打，到处飘零，或流云一朵，与蓝天和大地再没有些许牵连。

# 陕南之南

王　倩

相传，我们的祖先是羌民。

而我所知的不过是已经黄了、黑了、黯淡了的泥土下面埋藏着的无名的骸骨。秦岭阻挡了长城的风沙烈马。风一季一季地吹过，这里的绿疯狂地、肆意地生长着。某天的黄昏仿佛在天际看见了石磨豆，火塘里的火翩翩起舞，鼎锅里的炊米冒着气儿……

第一个走出大山的浪子是汉水，潇洒地走了。在祖先的睡梦中，它悄然离去，一路下了平川，穿过了陌生的村庄，绕过了陌生的城市，奔向了浩浩荡荡的长江。后来，绿色成了一种疯狂的侵略，有了经验的浪子多了起来，胸膛里的心脏及脉搏里的血液在这四面封闭的秦巴山坳无从跳动与流淌，所以习惯地带走了食物、布匹，一双赤脚踏着“千层底”消失在茶马古道的尽头。

一切踪迹终究在风尘里被埋没。载满了尘土的神案和与神案同样沉默的羊头，冰冷的火塘，磨损了的石磨……都沉睡了。

终于有一天，千山万水外的浪子穿着西装，操着流利的汉语，带着汉族儿媳妇回到了秦巴山区。他的档案里隆重地写着“汉族”，顺着汉水，浪子脚下踏着被风磨平了的坟场，浪子就这样踩着祖先的骸骨，一步步走向山里……

这些都是故事了。

然而，现实是羊头被高挂在广告牌上，朝着南方，一切死亡了的残尸骸骨，如今躺在玻璃橱窗里，他们死亡之后却不能安息。

如今我往南方去的时候，羊头在身后一点点变小，而脚下祖先的遗骨总是夺去我这半个浪子的梦乡。

# 梦里花开知多少

张璐璐

每年三月中下旬，是槐花开放的时节，也是小时候的我和小伙伴们最开心的时候。因为这时我们就可以正大光明地爬树、上房，在平时，这些可都是“地下活动”呢。

我家东屋门前原来有两棵大槐树，槐花开时我们就从它们身上摘槐花。不过像我这样身手不敏捷的孩子是爬不上树的，但我可以爬上东屋，从屋顶上把槐花摘下来。有时也要靠工具——自制的竹竿。一根长竹竿，在它的一头绑上铁钩子，一个简易的长钩子就做好了。但是我的力气比较小，只能把钩子伸向那些比较细的枝杈，左右拧几圈，一大串一大串的槐花便落了下来，我的头上、篮子里、地上都是。

如果征得家长同意，我还可以和小伙伴们一起出去摘，那我们就自由多了，天地也大了。我家南边有一段旧河道，我们称这里为“南河滩”，因为漳河曾流经这里。据爸爸说，他爷爷以前经常在夏天的时候在河里端着碗吃饭，既凉快又没有蚊子。但到我们这一代，别说游泳了，一滴水都没有了。现在里面杂草丛生，间有低矮的灌木，河道旁边长着一排高大的榆树和槐树。这里的槐树要比家里的高些，我的长钩子也够不到了。这时都是男孩子利索地爬上去把带着槐花的树枝扔下来，女孩子在树下面捡，然后把槐花捋下来装进准备好的篮子或袋子里。

孩子们把槐花弄回家后，妈妈们就忙起来了。她们先要把槐花里面的树枝和树叶拣出来，然后把花洗干净，稍稍滤水后趁着湿劲儿把白面揉进去，这样就可以上锅蒸了。和蒸馒头一样，一口锅，两层笼屉，每层上面都放着一块笼布，上面铺上槐花，然后就盖上盖子开蒸了。在蒸的同时也该准备调料了，我家吃的时候一般会放蒜汁，所以这个时候我是心甘情愿地去剥蒜的。想想锅里的美味，胃里的馋虫都要流口水了。幸亏槐花比较好熟，要不了多久就蒸好了，不然我真要馋死了。开锅的时候味道最浓，槐花的清香伴着水蒸气翻腾着飘出窗外，和屋外的槐花香味都混在一起了。

妈妈把蒸好的槐花先盛到盆子里，等不烫了再盛到碗里给孩子吃。但其实，熊孩子们早已偷吃了好几筷子了，也不怕烫。妈妈一边嗔怪孩子贪嘴，一边把蒜汁调进槐花里。孩子才听不进责怪呢，只顾捧着碗吃槐花了，虽然平时这些孩子连蔬菜都不吃。

在我上六年级的时候，家里盖房子，那两棵槐树因“妨碍”建设而被砍掉了。从那时起，院子里再也没有开出过槐花，我的童年，也结束了。

小学毕业后，我去县城读初中，初中毕业继续在县城读高中，一直寄宿，初中半个月回家一次，高中一个月回家一次。槐花的花期也就半个月，我总是错过。谁知道，一错过，就是好几年。

高二下学期的五一假期放得有些早，才赶上了槐花开放。回家的路上便闻到了槐花的味道——一如既往的清香。刚到家我就和妹妹迫不及待地出去摘槐花了，还是在南河滩，童年的大本营。河滩旁边有一处破旧的房子，房子的主人都在外打工，后来在更大的一片庄基地上盖了新房，这里的房子也就荒了。记得小时候我经常来这家玩，他家的女儿和我年龄相近，后来听说她在结婚当天逃婚，现在仍无音讯。

院子的墙很低，我们很容易就进到院子里，院子里面有几棵槐树，长得都不高，但花开得茂盛。不需要爬树，不需要工具，我们轻而易举地就摘了很多槐花。这次没有以前的小伙伴了，这个时候他们都不在家的。他们中有的和我一样在外求学，更多的是外出打工，过完年就走，到年底再回来，年复一年。

我把摘好的槐花送给奶奶时，她正在念佛经，这是她每天下午的必修课。我和妹妹就先在外面把槐花捋下来准备清洗。不多时，奶奶念完经，出来和我们一起洗槐花。她看到我把混进槐花的槐树叶挑了出来，便制止道："还挺嫩嘞，留着吧，能吃。"说着又把掉在外面的槐花一朵一朵捡进盆里来洗。她又说："这要在老辈子啊，早就被抢光了，那时候人饿得慌，连树皮都吃，更别说树叶子了。"

"休说鲈鱼堪脍，尽西风，季鹰归未？"高中时读这句话，觉得张翰胸无大志，现在终于可以体味张翰的苦楚了。在这个群莺乱飞、杂花生树的三月，你兀自开放，在枝丫，在唇边，在筷头。

梦里花开，我多想一梦不醒，沉醉于你的清香；时光飞逝，我多想穿越时光，重温童年的点滴。

即使回到家乡，重温旧事，故乡，也是无论如何回不去的。因为，童年才是每个人的故乡。

槐花，我的童年有你，我的故乡有你。如果有些事，我没有说，你别以为我是忘了，有些事不能说，不能想，却又不能忘。

**附：《槐花恋曲》**

儿走湘水嘴尖馋，贪念槐花味道甘。
姥姥听闻搁碗筷，拾篮带凳去林间。
棵棵树下多观看，哪朵鲜来哪朵甜。
满载而归淘数遍，蒸熟存放待儿还！

# 不见繁华

崔力文

今年里天空总是阴着脸，自开学以来竟然断断续续下了两三个月的雨。每自细细碎碎的雨浇灌下来，石板都长了青苔，空气里也似有一股潮味儿。湘潭虽然算不上江南水乡但到底也是在江南，树木很是葱郁，配合着没有散去的水雾，终日朦朦胧胧，像笼上了一层蝉翼，很有些缥缈欲仙的美感。

这景色倒叫我想起了家，想起了小时候，还有那一天的细雨。

家原本建在郊区，进城里方便，又不像城里那样多高楼大厦，鳞次栉比。那时有江南式的方格小田，有水蛇样晶亮透明、漾着柔顺绿草的护田小溪，碧绿的河边上长着一树高的金银花，满树都是银灿灿的，隔了老远也能闻到花香，笨笨的螺丝一动不动地待在水里只等着被我们捉去钓龙虾。童年总是欢乐而美好的，虽然它终究会离我们远去。后来，城市要进行规划，城市面积也要扩大，我家也在规划区。大家都说要搬迁了，会建设城市，我家也像现在的拆迁户一样房子被征收，人们都舍不得老家但觉得这是一件很伟大的事情，当新的城市从原本的家上建设起来是很让人自豪的。新修的家还未修好，临时的住地和老家相隔不远，有时也跑去看看，希望亲眼见证宽阔的道路、高耸密集的楼房缓缓建成。

眼看着家被拆掉，花坛被夷平，原本的住地变得平坦，和田地连成一片。再后来，挖土机来了，藏在房子地基下面的泥被翻了出来，到处都是坑坑洼洼，泥浆遍地。

又是一天，我没有寻到玩伴，一个人跑去了老家基地。这没有什么，我去的是农田，离家不远但是机器还没有开到那里去，所以也算得上是铁铲下幸存的处女地了。我小心地沿着本就不宽的田埂走到自家农田，整个人好像变成了蒲公英，又轻又软，不禁感叹一句：“真漂亮，还好，这里还没有大变样。”但突然想到它们不久以后就不复存在，心里突然生出一种压抑郑重的感觉：或许，今天会是我最后一次仔仔细细地看它们。

春天已经到来，没有翻耕的田里长满了细嫩娇柔的绿草，一根根像小针一样直插在田里。没有人管理，田里掬着一汪水，真是像玉一般柔和清亮，看着就让人舒心。我心情好极了，拔了根草，扯掉草穗，反过来放到嘴里轻轻吹了起来，一曲断断续续没有曲调的音乐洋溢着。往前走是一片种了白杨树的田，棵棵弯曲，那是以前的人为了有更多的补偿费而种下的，现在没有人管理，像调皮的孩子做着各式的动作。还有一块田，被挖成了浅浅的池塘，原有的主人为了获得更多的补偿款而引进了南美螺，大大小小的南美螺到处都是，还有一团团白白的颗粒物，黏在枯枝烂叶上。这些外来的小家伙生长迅速，又肥又难看，捉来钓龙虾却是最好的。抓一只起来，看着它笨笨地收回触角，一身粗糙的肥肉却怎么也收不回壳里，我嫌恶地把它扔回水里。

再往前走，还是一块稻田。当然，因为拆迁，这块田也早就荒废了，里面铺了一层杨树叶。走得累了，我索性蹲下来观察树叶，因为再过不久就看不到了。树叶很黄很枯，像老树皮，一点也不像长在树上那样娇嫩水润、盈盈可爱。泡着树叶的水也是暗淡的黄黑色，衬得水里的一切都黑黑黄黄，死气沉沉。我看得很郁闷，总觉得难以感到以前的欢乐。那种动植物蓬勃生长的绚烂景色不见了，看看周围，感觉十分陌生，草也还在，泥土也是，但，为什么我会觉得压抑哀伤呢？

我站起来看看周围，不远处从别处运来的黄泥土分外刺眼，各种车辆来来往往，声音轰鸣刺耳。我很是生气，感觉它们嚣张又霸道地占领了原本和谐的一切。一滴一滴的细雨不经意地落了下来，我觉得有点凉，不仅身上，心里也是。城市会变得热闹繁华，会有高楼大厦，会有宽街大道，现在的一切都会为城市建设而让步，现在的一切就让它们永远留在我的记忆里吧。

雨还在下，我准备回家，也感到困惑，家，已经拆了啊。繁华，还没有到来啊。

# 故乡小屋

金　玲

前不久，五一放假回家，最有收获的是我去了故乡的老屋看望了我的爷爷奶奶。那天万里晴空，已有些时日未回老屋，勤劳的奶奶把简朴老式的房子打扫得干干净净，虽说没有城里房子那么干净舒适又方便，但给我的感觉很美好。并且，最让我觉得高兴而又心旷神怡的是故乡老屋那柔和而又清凉的风，让人在这个炎热的五一感到舒心与轻松。

窗外，白云朵朵，太阳温和得让人昏昏欲睡，淡淡的花香和着泥土的气息飘窗而入，这故乡的时光，载我沿着孤单的影子靠近你，那盛满记忆的老屋。

在重重叠叠的时光里，我走远，又走近。

为什么对老屋的空气有特别的印象呢？就好比别人说你黑，但是没有自己的黑怎能衬托别人的白呢？任何东西只有比较才有差别。大学开学，我来到了现在就读的大学——湘潭大学。说实话，对自己的大学我还是挺满意的，学校的绿化环境也不错，但每次回到家里总有一种特别的感觉，那清新的空气让我心旷神怡，让我真正体会到有些人老了想相伴田园的心情。

我是一个触景生情的人，站在泥泞的老屋前，各种画面涌上心头。时光煮雨，我们在时间里行走、成长，如今我们搬出去了，留下爷爷奶奶，老屋也清癯消瘦，像凋零的花瓣一样纷纷飘落，像个迟暮的老人，留下零落的记忆、破旧如砂的年华、无微不至的关爱，还留下无尽的思念与回忆。

夕阳下，风如佛手，轻柔地摩挲路边的草木，所有隐藏在树叶间的蝉鸣连成一片，“日夕凉风至，闻蝉但益悲”，潮湿的目光追寻着老屋的泥土、瓦砾、灰烬，思绪渐渐游离，奔赴遥远的时空，那割舍不断的纠葛、无法言表的痛隐隐留在心中，剜去了半个心似的。一蹙眉，一抬手，一院树，一缕夕阳，似乎又让我抚摸到了那凄清的孤寂。想起小时候多么渴望城市的房子，现在依然渴望，却没有那么强烈。城里虽好，可老屋给人的感觉总是最沁人心脾的，一个转身，多少韶华成伤，早已随一缕缕炊烟被湮没在无形的尘埃中了。

我终于明白，老屋的那一头，承接了另一个世界。

现在，有许多地方已毫无遮拦地被城市的触角侵入，它搅动着村庄古朴的神经。村庄繁衍生息所依托的土地已经荡然无存，许多地方被现代化的车轮碾得体无完肤，消失在水泥钢筋下。炊烟升起的村庄被所谓的街市的喧嚣声淹没，整个乡村被连根拔起，成了一种空间漂浮物。这次回乡又听说要建马路，我不禁又开始感慨。不过让我觉得庆幸的是，在城市化蔓延的时代，至少我的故乡还保留着它的本性与淳朴，至少有时间我可以回到这里，看看我的童年，那些美味与乐事，那些传统与文化，在猝不及防的乡村空心化中，还在努力地坚持着它本来的面貌。我在想，大概每一个从乡村走向都市的人，都有一个如梦如幻的村庄的记忆，也有一个关于“老屋”的深深情结，因为他们不仅仅包裹着我们的童年、少年甚至青年时光，还成为我们这些在外地求学的人生命的根系。

我在想，等我老了，我也要回到我的故乡，我心灵的故乡。

# 看龙舟

徐　坤

翻一翻日历，五月初五。

在湘北湖区，端午节划龙舟算不得一件稀奇事。作为在湖区土生土长的人，长到 20 多岁却未曾看过龙舟，着实是一大憾事。所以这个端午我下决心回家来填补这个遗憾。

五月初四的雨下得很大，我在夜幕中赶到了家。雾水夹杂着稻香弥漫在这个湖区村庄，熟悉的味道涌上心头，忘却了尘世，只有大自然的空灵。可惜，不是人人都能享受到这样的美好。在外地工作的缘故，家里人和村庄里面的外出者回来过节的并不多。加上天气的因素，我颇为明日的龙舟赛揪心。

晚上，我就向家人们透露了我的计划。“看龙舟啊，小时候我们经常去看，就在那个沙头河边，那人山人海，不晓得有多开心了，你要是明天去看，那里大概还有。”妈妈接过我的话茬。“那有么子看手？你爷爷年轻的时候经常划，还划过头桨了。”奶奶似乎对我的计划颇为不屑。虽是如此，我却暗暗吃惊，如此多的故事就在身边，我却还莫名地到远处盲目寻找，真有种“众里寻他千百度，蓦然回首，那人却在灯火阑珊处”之感。可惜爷爷划的龙舟赛如今怕是看不到了。

无论如何，明天我是要去看龙舟赛的，为此，我特地询问了权威人士——爷爷，关于龙舟赛的情况。龙舟赛一般是下午两点左右开赛，有下水仪式，热闹非凡，地点以前是到处都有，如今却不知还剩几处。“唉!”突然我听到了爷爷的一声叹息，划龙舟时的一头乌发如今已变苍白，曾经的豪情与这片土地的历史都埋没在了这声叹息里，用什么来祭奠逝去的不可挽回的时间？仅仅是叹息而已。明日这龙舟赛我是去定了的。

幸运的是，我约好了两位友人，这样，我的心是踏实了。一位姓李，绰号“李赖子”；一位姓王，绰号“王满哥”。因是方便，故大家都同意在沙头看龙船，我和这李赖子隔得较近，商量我俩先会合。就这样，我满怀着期待以及对这片熟悉而又陌生的大地上曾经发生过的龙舟赛的好奇，在竹子的吱呀声里，幸福而又有点忐忑地等待着明天第一缕曙光的到来。在这个夜晚，一种要做成一件大事的责任感和兴奋环绕着我的心。这能算个什么事？只不过是一场龙舟赛而已。这为什么就不能算作事儿？这承载了千年文化的龙舟赛，如今是那么容易能看到的么？如今还像以前那样辉煌么？以后的龙舟赛又不比如今了，或者是以后还有龙舟赛么？我又可以看到么？兴奋啊，担忧啊，就这样……

早上六点多，听到一阵窸窸窣窣的声音，我断定是爷爷奶奶在摘艾草、菖蒲了。机会难得，我赶忙翻转身，想同爷爷奶奶一起去采摘这些东西。一直以来我都未曾亲手去布置过它们，如果不能认识、采摘菖蒲、艾草，端午还能叫做端午么？只可惜，待我走出房门时，两边门柱上早已挂上了两条散发着清香的绿色植物，多少年来，它像战士一样守卫着普通的百姓们，寄托着人们驱邪避魔、一保平安的美好又单纯的愿望，而如今我站在它的面前，竟还不能够辨认出它来，不知道它是作何感想啊，是愤怒了，还是只能叹息？

似乎是天公作美，通红的阳光被栗树的叶子切割，洒在躲在树下劳作的人的脊梁上。树上，鸟儿在叽叽喳喳地叫；树下，母亲在挑选着从鱼塘刚打上来的鱼虾，父亲在扒拉着黄鳝。伴随着清晨的微风，池塘边的这场景不就是活生生的一幅画么？现在我不就是在画里么？而且还是真实的画。美好的事物往往只在一瞬间，缺乏的只是发现他们的眼睛，他们就在身边，而我还去远方寻找！乡村的时光流淌得很细很慢，早上的时间大可用来准备中午的正餐，乡村里的人们就是这样享受着他们的时光。而我却感觉到有些无聊，这样便使我加大了对下午的期许。

午餐的丰盛自然不必说，这样的日子里，酒是必不可少的，不由分说地喝了三杯，头脑是有点热了。酒的特效就是使我想去看龙舟的愿望愈加的强烈，待到饭饱，我便迫不及待地联系那位李赖子，估计他也正是酒酣，一直未接听我的电话。不管其他，我便独自带着相机率先到了约定地点。又一番电话过去，总算是接了，不料那李赖子说他知道一处地方有船可看，比沙头更近，便不想前来了。这真是犹如一晴天霹雳，如此被放了鸽子，难说好受，这李赖子也真是赖，难怪得了个这样的绰号。可若要因为此事便放弃看龙舟，那岂不更加难受？所幸，还有一位王满哥在那里，我便又独自上车赶到了沙头，此时已经下午 1 点多，心想时间还充裕，可以感受龙舟赛前的下水仪式。

下了车，这可把我愣坏了。到桥头一看，既无锣鼓喧鸣，也无鞭炮震天，只有冷冷清清几只像被人家遗弃了的小船破烂地趴在岸边。此时的我也仿佛这几只小船一般，好似一瓢冰水泼在了我的脊梁背上，冷得发颤，脸上和头发上面的汗就像冰溜子一样扎在脑袋上。一想到耗了时间又没看到龙船的苦楚，从肠子到脑袋顶上一路都是青色的，酒只怕也醒了一大半。我暗自抱怨：这屈原投江之地，竟然连个龙船都没有得看，过的是什么端午节；又抱怨起电视里的广告尽是骗人的，抱怨起人家说的话都是骗人的来了。

正苦恼时，王满哥打电话来问我到了没有，我一下却不知如何回答他，只得老老实实告诉他这里没有龙船看，让他也不要做无用功了。不料，那王满哥却把我扎扎实实地痛骂了一顿，原来我走错了地方。他告诉我他已经到了，并给我指了路。我虽明里委屈却暗里庆幸，总算是有龙舟可看，现在我是只要求有龙舟看就行了，对于其他的我已不那么在乎了。人不就是这样的么？在陷入困境时，只要有改变现状的机会，可能都会去尝试，而全然忘了当初的预想是什么了。

不到20分钟，我到了王满哥所说的地点。到桥上，看到的只是一堆堆黄沙死一般地瘫在河边，无声无息，哪里来的热闹？不过这世上的事情也真是说不清道不明，那李赖子乘车赶到这又与我会合了，说是那边的船小，没看头。我暗自窃笑：这家伙明明没看到船，却愣说是船太小，如今还不是要同我来看？只是可惜，难道看个龙船赛真的是如此困难？这时王满哥催我为何还没到，急切得很。我把情况与他说了，他苦笑一声，说是过会儿来接我俩。顿时我又喜上眉梢。

一见面，王满哥又是一顿噼里啪啦的胡骂，我应付着一两句，暗笑他哪来这么多的精力骂人。

世事还真是难料，谁能够知道下一秒会发生什么？倘若真有能通古今、卜未来的大师在，为何他又会甘于流落街头算卦为生？你说这个事情是福，可下一秒转变了环境便又是祸，福福祸祸，又怎么算得清楚？可过程不就在那儿么！始终是要经历的，开始是一个点，结果也是一个点，过程却是一条线。

在还没见到龙船之时，我们便听到鞭炮轰鸣，锣鼓震天，喊声隆隆，煞有王熙凤“未见其人，先闻其声”之意，这夹杂着炽烈阳光火一般的热情已经烧烤到我了。

吆喝声，大人呼喊小孩的声音，鞭炮声，小贩的叫卖声，唏嘘声，女人的抱怨声，划船后生的号子声，越来越近了，近了。窄窄的两条堤上已经布满了车群、人群和旗群组成的长龙，像是一堵围墙，竭力保护着围墙里面的一切。我们在围墙的外围下了车，我赶紧拿起相机对准江中的那六只小龙。

想必是错过下水仪式了，龙舟赛已经开始了，六条小龙快速地移动。不到一分钟，三条小龙就脱颖而出。看那鼓手，面对着桨手和舵手，昂首半坐在龙头上，气宇轩昂，总揽全局，无不有大将之风，鼓声密密麻麻犹如雨点般，人群也随着这鼓声欢呼，呐喊；看那桨手，几十名桨手分列两行，有秩有序坐列龙身，手和桨一同挥舞又落下，汗水和江水杂在一起洗涤着凝重的脸庞，随着鼓声的节奏，他们的频率也逐渐地加快，头却总是低着；看那舵手，全身站立，手里把着龙舵，时左时右，掌握着龙船的方向，后面划出一道晶莹的弧线，那是他们骄傲的战果。如此庞大的阵容要获得胜利是不容许任何一个环节出错的，谁都不想当那只马掌上缺了的螺丝。可惊，可敬！千百年来的龙舟依然在江中游荡，龙舟上面的汉子依然在江中呼号，每条船就像是娱戏江河的海底蛟龙，腾云驾雾的飞天神龙，给人以力量，给人以希望，可爱的人哪！在龙船之后还跟着公家的海事船以及一些自家渔船，这些船在江中仿佛也威武了许多。

岸上的围墙也随着这龙船的前进而前进，甚至于奔跑了起来，甚至于快要飞起来了。龙船每到一处，人们像迎接凯旋的英雄一般，烟花、爆竹、鞭炮燃放不止，人们的欢呼声也不止，有的是来支持自家的龙船的，有的是来看热闹的，有的却是别有目的的。我也跟着奔跑，呼喊起来了，我也是这围墙中的一员了。不到多时，胜利的龙舟便辗转回游，其他龙船也陆续回游，围墙又集拢了来。骚动过后，像是遇到了惩罚一样，渐趋又有一些抱怨、妇女叫唤孩子、卖冰棒之类的声音了。

太阳炙烤着这片土地，在接下来的一个多小时内，龙船只是在江中懒散地划过来划过去，失去了呼风唤雨的神力。有人在龙船划过来的时候大叫："比赛哦，赛啊。"引起一阵骚动；有人爱来议论：估计是划得没劲了，想当年我划龙船的时候……又有人在扯起高调的议论来：这个龙船莫不是来骗花炮来放的？老是不划，要是中间丢一千块钱，看他划不划！几个人附和一下，抱怨声也消失在风里了。两位同伴不知是因为烈日的炙烤还是因为喝了酒，脸上略显窘态，总之看起来不舒服。而对于我，能看到龙舟已经是万福了，还能有其他什么奢望？终于在龙船悠闲地划来划去两个小时后，一条龙和另外一条龙缠上了，骚动自然是要起的。好事者是这样评论的：你看，那后面一条咬他的尾巴，像是不服气，要再来赛一场呢；你看你看，两条船碰头了，鼓手站了起来，这是在相互打招呼，以免打起来，马上这两只船要赛一场了，一只已经掉头了。的确，一条船已经掉头向上游游去，但令人气恼的是另外一只船却向下游使劲划来，好事者的预言被证明是无力的期望。待这只往下游的龙船回来的时候，其他的五只船却不知什么时候已经消失在人们的视线里了。

"啊，这就划完了么？"六只小船消失在江的上游，人群也消失了，围墙也一点点地消失了，围墙里的一切又是什么？一切也都消失了！

回到家，我对这次能看到龙舟赛是非常满意的，我迫不及待地把拍到的视频交给父亲看，想要弥补一下他的遗憾："哟，龙船是在这里划的呀，人这么少？这划龙船的这么不给劲啊，划得这样慢，只有六只船，船是老船啊……唉！”

父亲叹息一声，我诧异无比，只是把嘴张得浑圆。

后来李赖子和王满哥告诉我，这次的龙船太不给力了，以后再也不想看这样的龙船了，我们去划都不会是这个样子。我也只是苦笑了一声。

苦笑么？叹息么？第一次看龙舟就要成为最后一次了么？也许真的如那人所说，往江里放一千块钱就好些了？我、李赖子、王满哥们是否真的会拿起那片船桨？可是我知道，父亲母亲所看的龙舟赛我是再也看不到的了，也许我应该看的是在城市里花钱买门票的龙船赛了？那样的龙舟赛真是属于我的吗？属于我们的吗？

# 第三辑　爱情絮语

# 青石板上老酒街

欧阳永旭

这是一条古老的街道，老一辈的人也不知道它什么时候就存在了。时光悠悠，老街依旧，一代代人走过老街，走过青石板，走过上一代人走过的路，去往他乡，去往远方。

这条街上住着一位会酿酒的老人，老人姓焦。焦老伯不知来自何方，但在这永和镇也算是小有名气。他酿的桂花酒是镇上一绝，每年桂树花开，他家后院的那棵桂树的花香就会充盈整个后院，而焦老伯用鲜桂花浸成桂花露加入白酒中酿成的桂花酒的酒香，则会在整条老街萦绕，过往的人闻到酒香都会像闻到花香一样情不自禁地停下脚步想要寻找香味从何处飘来，寻觅无果后只得继续上路。

每年桂花绽放时，不仅宣告了镇上小孩欢乐时光的来临，也唤醒了老一辈人腹中的酒虫。“带径锄绿野，留露酿黄花”，就连庄稼汉也喜欢在劳作后抿几口桂花酒来舒缓疲惫。因为焦老伯酿酒的技术高超，加之这条老街终年都弥漫着淡淡的酒香，所以镇上的人都习惯把这条街叫做“老酒街”。

小时候，我和秀秀经常在老酒街上玩耍，那时候悠长的午后时光完全是小镇孩子的游乐时间，各家各户的孩子吃完午饭后都会把碗一放，不约而同地来到老酒街，有自己一个人来的，也有牵着弟弟妹妹来的，更多的还是三五成群奔过来的，连领子上的饭粒都还没有抹去。

若是晴天，孩子们多会玩放风筝、打弹子之类的游戏。那时候，我是放风筝的能手，每次放飞时我会先从地上拾起一些枯草或小纸片撒向空中，以此来辨明风向和估量风力大小，然后用拇指和食指轻轻捏好风筝的骨架，逆风开始小跑，慢慢加速，直到风力够了，扯线的手腕一抖，小巧轻盈的风筝就乘风直上，打着滚儿到了半空，那娴熟的控绳技术让观望的伙伴们都鼓掌叫好。风大时，我会松开按着绳子的拇指，让线轴转得飞快，半空中的风筝随之飞得更高了，仿佛要冲上云端，挣破细线的束缚。

遇见雨天，男孩子就会在酒坊前的空地上打弹子，对于没有见过珍珠和宝石的孩子来说，那一颗颗或晶莹或斑驳的玻璃弹子就是他们眼中最宝贵的东西。大家围在一起，比试谁的弹珠最多最好看，若是有看上的，二话不说直接来场比赛，赢了的可以拿走，输了的人就得任胜者从自己的弹珠中选出他最中意的那颗。往往是赢了的笑弯了嘴，而输了的暗自咬牙，心想着下次一定要连本带利地让对方吐出来。一对对漆黑的眼球中闪烁着各色弹珠的光芒，眨都不眨一下，生怕一不留神用错了力度连一颗珠子都没撞到，那样的话可是很容易败北的。女孩子对这些不感兴趣，聚在屋檐下看雨珠掉落在瓦上，然后顺着飞檐在空中划过一道优美的弧线落在青石板上，清脆声悦耳动听，混合着弹珠撞击时发出来的声响和那些欢笑声、哀叹声一起，弹奏出了一首抑扬顿挫的乐曲。秀秀最爱和小蛮站在檐下玩“翻花绳”，简简单单的几根花绳，在秀秀手中就像被赋予了灵性，挑起，回勾，穿插，下拉，一个心形就翻出来了，跟不上节奏的小蛮只能一个劲儿地喊着“秀秀姐，慢点，再慢点，我还没看清呢”。

又是一个艳阳天，我陪着秀秀去学堂给二叔送饭，回来的路上经过老酒街，两个人不约而同地停下了脚步，闭上眼，时光倒退，画面重现，二人脸上都露出满足而又陶醉的微笑。我偷偷牵起秀秀的左手，两个人的心跳同时开始加速。见玉手没有挣脱的意思，我心中窃喜，十指相扣慢慢走在青石板上。正值中午，人并不多，彼此两个人的脚步声和心跳声能听得清清楚楚。

“秀秀，还记得小时候玩丢手绢的时候你总是把手绢丢在我的身后么？”

“当然记得啊，谁叫你每次捉迷藏的时候都悄悄偷看，害得我老是第一个被找出来。”

“嘿嘿，我那是关注你嘛，我可不想转身后就找不到你了，所以才会偷看的啊，而且你每次都藏在焦老伯的酒缸后面，实在很容易被发现呀。”我摆了摆手，一副无奈的表情。

“胡说，偷看就是偷看，还找这么多借口，哼。”那只握着的手始终没有松开。

“好啦好啦，算我不对，我给你赔礼道歉。对了，那时候玩累了你都会在地上赖着不肯走，要我背你回家，他们都笑我是在背媳妇。来，媳妇儿，上来吧！”我说完快步走到秀秀身前，半蹲着，双手向后张开。

“谁是你媳妇儿啊，尽瞎说，只知道占我便宜。”口上是这样说，秀秀还是弯下腰把双手穿过我宽大的肩膀，搂紧了腰，把脑袋贴在我结实的背上。

“玩过家家的时候你可不是这么说的喔，哈哈，媳妇儿坐稳咯，起！”少年背着少女．慢慢走在青石板上。

这时从街角跑来一群小孩，围着我一个劲地问：“背媳妇儿，重不重？背媳妇儿，重不重？”这时少女的耳垂变得红彤彤的，脸贴得更紧了，看不见红成了什么样。

小孩儿问完后忽地散开，又绕着我们玩起了“丢手绢”。“丢手绢，丢手绢，我会放在哪?”熟悉的问句从身边传来，我们怔住了，之后对视一眼，从对方的眼中读出了询问，也读出了怀念，最后重重点头，加入到了这群孩子中间……

时间走得飞快，太阳快下山了，孩子们恋恋不舍地告别伙伴回家吃饭，我牵着秀秀走在夕阳下，影子被拉得很长很长，同儿时一般。

青石板上老酒街，他牵着她的笑容，那时候时光悠悠，岁月重重。

再回到那条古街，老树还郁郁葱葱，只是那花鸟依旧，人有不同。

还记得你的笑容，为我绽放的时候，你丢的手绢总会在我身后。

# 我坐在你旁边，给你写信

樊赛男

我坐在你旁边，给你写信。

离分班还有一个星期。对生物极度厌恶的我早就在分科意向表上工工整整地写下文科两个字。虽然不愿承认，但文、理科的高考录取比例终究是不平等的。老师曾找我谈过话，语重心长的都是理科的好处和高考的现实，但看着一言不发的倔强的我，他最终还是叹气摇头，放弃了劝说。那天走出办公室时，我猛地抬头，阳光耀眼得让我流出了眼泪。擦了擦眼睛，我走回座位看着你微笑，你正在思考一道数学题，习惯性地皱眉。我突然想起开学典礼那天，你坐在我身后，奏国歌起立时，你的头不偏不倚撞到我的后脑勺。我回过头看你，你皱着眉头说对不起。现在，我竟想，如果可以，愿以后的日子总有微风吹开你紧皱的眉。其实我曾期冀过，擅长文科的你会选择文科。大概这便是年轻仅剩的好处，我真的以为喜欢才是最重要的。你似乎对我说过的吧，但我早就不记得抑或是选择性地忘记了关于你选择理科的理由。我只是记得那天本来要给你的巧克力在口袋里放了好久，最后融化了。你问："老师找你干吗?"我只是笑着问你为什么喜欢柠檬味的阿尔卑斯糖。

我坐在你旁边，给你写信。

现在是数学课。突然便因为一个涂鸦失了神。那是你的笔迹，画的是一个棒棒糖，旁边还写着“香蕉味”。上周你借过我的数学书，大概是那个时候留下的吧。我转过头看你，或许是感受到了吧，你也转过头看着我。我想你笑起来真是好看，可是字为什么会这么丑呢。你说了什么，我一句也没有听清，只是强忍着快要夺眶而出的泪水，真的好难受。突然记起上个学期，你一直盯着气喘吁吁差点迟到的我。我一脸嫌弃地问你干吗，你冒出一句：“怎么还不打开你的抽屉？”我怀疑你居心不良，没好气地问你：“我干吗要打开抽屉？”你急了，说：“我语文作业本忘在你抽屉里了。”我半信半疑，一边嘀咕“你的语文作业本怎么会在我的抽屉里”，一边打开抽屉。然后，只见两个阿尔卑斯糖静静地躺在里面。我开心地看向你，你得意地笑了。朝阳正好懒懒地投射到你校服的衣领上，美好得不像话。我已经不记得那两颗阿尔卑斯糖是什么味道了，只记得那天我告诉你，我只喜欢香蕉味的阿尔卑斯糖。可我的随口一提你却记住了。后来，你总爱扯着我的辫子得意地说：“还是柠檬味的阿尔卑斯糖好吃吧。”嗯，柠檬味的阿尔卑斯糖的确比香蕉味的好吃。可是，我突然有点害怕了，害怕分科之后，我再也不敢吃阿尔卑斯糖了。

我坐在你旁边，给你写信。

最近我们总是吵架。你不懂，我只是怕画地为牢。午休的时候，你的校服掉在地上，我下意识地去捡，在半途还是收回了手。你有点惊讶，捡起校服，说了一句：“都是因为你。”我冷冷地回应一句：“你反正什么都怪我，都是因为我。”你愣了一会儿，说：“要不是你午睡要用我的校服盖，我根本就不会带来。”我沉默了，硬是忍住了眼泪。是的，你都记得。你是值日生，中午不睡觉要管纪律，我怕吵，每次你到讲堂管纪律，我总会拿你的校服盖住脑袋。我想我真是矫情，不就是分科么，又不是不在一个学校，总是有机会见面的。应该留下更多美好回忆的，可我还是忍不住要小性子，跟你吵架。晚上，你叫我出来散步。像往常一样，你一个耳机，我一个耳机，你让我听陈奕迅的《兄妹》，多可惜，我没有听清歌词。我叫你听陈奕迅的《白色球鞋》，因为我知道，无论多久的以后，我都会记得这是一个有美丽星星的夜晚，我跟着你的白色球鞋，每一步都踏着幸福，不去担心所有可能。你讲蹩脚的鬼故事，被吓到的我在你身后追着你打。有没有月亮呢？没有吧。就像我一直以为你会是我生命中最亮的月光，然而却忘了，月光终究冰凉。

我坐在你旁边，给你写信。

分班茶话会。我们俩是主持人。我从闺蜜那借来了心仪已久的裙子。帮你化妆时，你说我很漂亮。那种感觉像是往小河里丢了一颗小石子，泛开圈圈涟漪。到“看纸条猜同学”的游戏环节时，我念道：我不知道地球上怎么还有这种生物存在……同学们异口同声地念出我的名字。我红了脸却看见你在教室门口偷笑。我知道，那是你写的。有时，我会想，你应该是那种倔强的孩子，棱角分明。明明对一个人很好，还要说出不在意的语言。你也应该是那种心思很重的孩子，表面嘻嘻哈哈，文字里却有太多深沉的东西。我想我一定是透过对你的欣赏喜欢上了你。可我却毫无办法，对于我们可能会越走越远的将来。茶话会结束的时候，你跑过来给了我两颗阿尔卑斯糖，我想这大概是最好的结尾了。放学的时候，你不知道，我跟在你身后，大概十米的距离。我轻声说：再见，我的少年。飞机经过时，我刚好抬头看天，我许愿说：愿有微风吹开你紧皱的眉。

# 蛊惑

张艳萍

悬崖上开着一朵无名的花，有一天，我从它旁边经过。只是经过，那不经意的一瞥，足以让我感念一生。

美丽的校园，蓝蓝的天空，呆呆的我做着呆呆的梦。朋友说，我的呆达到一种境界，所以什么都蛊惑不了我。我默默地接受了这个定论，继续着呆板的校园生活。

那是明媚的午后，阳光慵懒地照在我身上。下节课就是体育课，我不着急，还在走廊上发呆。忽然觉得是时候去操场了，我一转身，看到了他——那个高个子，平头，小眼睛，身着T恤的阳光小伙。他好像在办公室焦急地找什么，也许是之前打了球，也许是跑到三楼太急促，他粗粗地喘着气，额上也冒出了细细的汗珠。看着看着，我竟停下了去上体育课的脚步。他忽然回过头，看见呆呆的我。也许当时那副样子真的搞笑，我笑了，眼睛弯成月牙儿。我感觉眼前立即明亮起来。我有点不知所措，他微笑着跟我打招呼。他说再见，同学，我先走一步。

他已经走出很远，我还在原地，呆呆的，好像一直没回过神来。就像被蛊惑的人，失魂落魄。

此后，我总盼望着我们能再次相遇。经验总结，他好像是楼下班的课代表，恰好我们老师在他们班任课。所以他经常上来找老师。为了能更接近更清楚地看到他，我偷偷换了一组一号靠窗又靠门的位置。只要他从窗前经过，我都能尽情地看着他，又不容易被人发现。我就这样偷偷地进行着。

朋友说我比以前更呆了，像中了邪一样。我没有说话。我明白我已经被谁蛊惑。就因为那一瞥，我爱上了幻想，幻想着他。令我惊奇又奇怪的是，每当我深深地想起他时，他就会很默契地进入我的视线。我以为那是缘分，可是结局告诉我，那是错觉。因为，最后的最后，我还是没能幻想个什么东西出来。我还是我，他还是他，我们还是我们。

可我还是选择继续傻下去。听说长头发的女生看起来太呆板，不引人注意，于是，我剪掉了一直舍不得剪的留了三年的长发，只为变得更漂亮，让他能多看我一眼。听说心灵手巧的女生更可爱，所以我学会了织围巾，我织了一条长长的围巾，织进想念，织进爱情。

时间就像流沙，让人止不住地想抓住，却最终只能眼睁睁地看着它从指间滑落。爱情也像流沙，抓住过，也从未抓住过。离高考只有99天，我的心不听话了，它支使我去做我想做却不敢做的事。我找不到理由去对他说。于是，我买了一千张小方格纸，一千张红色小方格纸，一千份小秘密，化成一千只小纸鹤，装进了小瓶子里。最终，我鼓起勇气，连同那条长围巾一起给了他。我分明记得他当时那惊诧的样子。我说不管怎么样，请你一定要收下。说完我就跑开了。

后悬崖上开着一朵无名的花，我从它旁边经过。只是经过。那不经意的一瞥，足以让我想念一生。后来啊，我明白了，其实下蛊的不是他，是我自己。可我就是心甘情愿，愿意被蛊惑，被他蛊惑，从那一瞥开始，就注定，一辈子，受他蛊惑。

# 爱的号码牌

叶军舒

我遇见谁，会有怎样的对白
我等的人，他在多远的未来
我听见风，来自地铁和人海
我排着队，拿着爱的号码牌……

每次听孙燕姿的《遇见》，总有一种屏住呼吸的悸动，那温柔暖暖的词句和悠扬淡淡的旋律如淙淙的泉水流淌过心扉，它对爱情的向往恰如其分地勾勒出我内心的独白。每当看到身边的人慢慢都有了相守的他（她），心里总会涌现一丝丝的惆怅。可是我相信，爱情是需要缘分和等待的，我就是那举着号码牌的千千万万人中的一个，在时间的无涯的荒野里，一定会有一个人在远方静静地等待着我。每每想到这里，我就会觉得很安心。

读过那么多爱情故事，我总在想，爱情到底是什么。在福临与乌云珠的爱情里，我看到了刻骨铭心的激越，“来去间悲辛无尽，飘零处刹那芳华”，这是对他们一生最精确不过的概述。纵然是无奈的悲剧，他们亦曾轰轰烈烈过，就如同耀眼的流星划过幽暗的天际，那片刻的光芒，足以让人铭记终生，独留给后人不尽的慨叹和唏嘘；余华说，以绝望为希望，乃是人间最值得信赖的希望。在《罗马假日》中，我看到了爱情绵延不断的希望，公主心里知道与记者的爱情是绝望的，她爱他，但她绝不可能属于他，他也爱她，但他也绝不可能拥有她，但在那短暂的人生一瞬里，她一心一意地投入进去，不求天长地久，但求风风火火。绝望的爱情让人悲哀，让人迷恋，正如一片碎瓷，在阳光下折射出夺目的光泽，反倒比一件完美的瓷器更有摇曳人心的魅力。而与这恰恰相反的，便是徐志摩与林徽因的爱情。林徽因是爱徐志摩的，这一点我深信不疑，可她宁愿在未知的大风大浪来临之前选择了逃离，往后的日子，她与梁思成携手至终，虽没了惊心动魄的爱恋，却在平凡的生活中啜饮着宁静的甘露。这样的爱情带来的感动，亦是一份暖暖的幸福，在他们的爱情里，我看到了洗尽铅华后的平实和淡然。《神雕侠侣》里，李莫愁是人见人恨的女魔头，可我却分明读懂了她黯然神伤的痴情，情到尽头业已为障，李莫愁误入情障，走入歧途，越陷越深，终于不可自拔。但是我想，若能自拔，也就不算真爱了，摧肝裂胆，爱情的疯狂也尽于此，一旦华丽逝去，又有多少人愿意在它面前驻足呢。

我想山茶的心中是不屑于这种赞美的，它知道谁才是真正对它好。而姥姥不同，她不会忘记定期给山茶浇水、修剪花枝，时而在它面前喃喃自语，仿佛在向山茶诉说自己的心事，时而久久呆立着，仿佛在倾听山茶的细语。我猜不透姥姥在想什么。其实在那好长的一段时间里，爸妈走得很远，我又天天要上学，整日陪伴姥姥的也不过是这棵山茶，这棵寂寞的山茶。

花一年一年地开过，花下的人已不知何时离去，小床边空空落落，再也没有人去倾听山茶的细语，没有人再跟它呢喃。我也只是在极少极少的时候，一个人坐在小床边，回想那年的花蜜，回想我最甜的蜜。

我想山茶是有思想、有记忆的，它在这个家这么多年，它见证了所有的幸与不幸，它会和我一起在心里的某个地方深深牵挂着那个深爱我们的人，让我们至少有个机会去怀念、去祭奠我们最爱的人。它是有爱的，那么它的生长、开花、凋谢，绝不仅仅是生命的轮回，更是一种爱与责任。姥姥从未离开过，就像这山茶一样。

旧的叶子从枝头落下，寂静的屋子里可以听见叶落的声音，新的叶子正在缓缓地生长。

来年，山茶依旧灿烂。

# 美人如花隔云端

刘 倮

如果手里捏着属于自己的泥土，看见青禾在晴空下、微风里缓缓生长，算计着一年的收获，那份踏实的心情，才是余生最好的答案。

——三毛

听父辈讲起他们那一代的故事，颇有些意味深长的久远，不过20多年的间隔，一个个片段串起的仿佛是一张张泛黄的老照片，伴随着阳光与尘埃的气息扑鼻而来。而爸爸妈妈，总是成为他们高中同学聚会必谈的话题——高二一次编排座位，内向的爸爸和文静的妈妈偶然成为前后桌。虽然两人很少讲过话，但一次放学后，爸爸见妈妈家较远便主动承担起“车夫”这个重任。十七八岁，情窦初开的年纪，两颗年轻而悸动的心渐渐靠拢在一起，十年后结婚、生子，一直延续到了现在。爸妈的老同学总是拿两人当初的“早恋”开涮：“老刘呀，想当初你一辆凤凰破单车就把我们美丽文静的语文课代表骗到手了，真是的！”“对呀，班主任那时高三找你们谈话无数次也没有拆散你们，情比金坚哈！”大家你一言我一语地咀嚼着年轻时的美好回忆。这时爸爸就侃侃而谈（我是完全没有看出他内向）跟着打哈哈，妈妈则微醺地红着脸用余光瞟着大家。尽管这种饭局是轮不到我这种小辈插嘴的，但殊不知，我已经充当了一个记录者的角色，且听我娓娓道来。

我想我选择湘潭这座老旧的城市上大学，冥冥之中是有殊由的。24 年前，因谈恋爱影响学业，高考双双落榜的父母毅然选择复读。最后妈妈被轻工纺织学校（湖南工程学院前身）录取，而爸爸则去了长沙的财政经济学院，他们开始了长达三年多的异地恋。我小时候曾窥探过妈妈藏在床头柜的日记和书信，厚厚的一摞，满满的都是从复读到大学毕业父母之间的相思与祈愿。我一直坚信自己是个浪漫主义者，但他们的爱情带给我的感动绝不逊色于我读过的任何一本言情小说。妈妈往往在自己创作的诗篇后用铅笔淡淡地描绘一幅幅清新的素描画，或是夕阳下的少女在海边等待着归帆，余晖倒映着她美丽的倩影；或是荷塘里零星的星光，让我仿佛听到了静谧中安详的蛙鸣，戛然而止的末页下是一支早春发的红豆枝，小字标注着：愿君多采撷，此物最相思。沈从文先生曾给他的妻子写信道：我行过许多地方的桥，看过许多次数的云，喝过许多种类的酒，却只爱过一个正当最好年龄的人。情不知所起，一往而深。这大概是爱情最初的模样了。只是，再美好的爱情往往都伴随着波折。大一的时候，年轻的妈妈曾仰慕过校文学社的社长，也许是文人相惜，也许是知己相投。但爸爸从妈妈的信中得知后也从未气馁，只是静静等待。不过，陪伴的确是最长情的告白，爸爸的坚持感动了妈妈，君若磐石，妾当蒲柳。用妈妈的话说，这一感动就是几十年。

信盒里还保存着他们年轻时的美好，定格在最年轻可爱的那一瞬间。雨湖公园，岳麓山顶，珠圆玉润的少女，风度翩翩的少年，那都是繁华沧桑里恍如一瞬的佳期似梦，那都是明眸秋水里光阴流转的世事变迁。韶华把他们的头发挑染成银色，却没有阻碍他们相濡以沫的心。她还保留着隆冬织给他的第一条大红色围巾——将心萦系一条丝，便“巧织云罗，渐思到别来，簪花无色，素锦重难托”。最美不过如此，不困于心，不乱于情，不念过往，不畏将来。

年轻时的爱情就像冬日暖阳，仿佛能融化北冥长眠的大雪，只是那时的蒹葭伊人到现在不过是生活中的主妇。妈妈系着围裙在厨房笑意盈盈，爸爸端坐在客厅悠闲地品着铁观音。这还是那个因为偶像三毛自杀逝去而在被窝痛哭一夜的少女吗？任时光老去，你我依旧相顾成双，与子偕臧。

# 小城忆

孙睿

我开始明白，流浪是生命的另一种形态。而这一路上途经的或繁华或荒凉的城池，亦不过是给了我片刻的归依，它们是我岁月长河的背景，是一个故事开始的楔子，是一场相遇终结的后记。

流浪的人，没有故乡。而我只是过客，不是归人。

## 我对时光说再见，对你说永远

终于到了十二月。终于起初渴盼的归期渐近，终于又要启程，一个人，看一路上陌生城市交替的风景。只不过终究有些什么不同于往日。曾经故事里这城蔓草丛生，今时它自在我心上落地生根，枝丫纠缠不清；曾经抵达时难舍旧城，而今却是脉脉无语，袖盈离情。

我想这大概都是因了你，那唇齿间，被我呢喃成诗的姓名。其实不畏惧湖湘年末的清寒，只要阳光够暖。总是不爱北苑背光的阴冷，总想在慵懒的午后抑或醉人的迟暮中，把自己也浸透在阳光的流纹里，借三分温热，抵我七分萧索。世界都静默。然后能有谁牵过我的手，无关性别，无关年龄，甚至无关爱与不爱，只一句"可否一起"，我都会毫不犹豫地走下去——流浪，何必远方。不畏路险，只要你愿在我身旁。

于是，在这南方之城的异域，幸好，遇见你，让我的悲喜都开始有意义。

总还念念不忘这个夏天，第一次叫你“学姐”时你满脸的黑线。相隔千里万里的屏幕两端，我小心在虚无中揣测描摹你的眉眼。第一个相识的人要多有缘，你对我就有多亲切。我想四年时光的字里行间，你的名字会是最美的字眼。

总还是会记起，那时问我是不是多愁善感的你。不曾谋面时的记忆逐渐清晰，一程山水，一程你的关心。我跨越半个中国，携了满身风尘，走出车站就看到等在阳光中的你，我还记得那天的温度，看着汗水浸湿你的衣襟，心疼不已。

曾经说，“在湘大的那天会是最美的遇见”，终于一语成谶。八月的尾巴上，你路过时光，自然牵过我的手，向前走。这是初见，却如重逢。

大学的故事太过恢宏，而开头处的那些纤末碎屑对你都是太微不足道的回忆。可我能遇见你，已用尽力气，三生有幸，怎不珍惜？所以幸好，在湘大遇见你，在这年盛夏，冲淡了上一场人走茶凉的别离。当我归去，思念也可以在相隔千里万里的某一隅，蔓延肆意。

所以岁月风平，我只能同它话别于唇齿间。而你于我此生不换，我拈一笺盟誓，可否与你约定永远？

你若相惜，我必不离。

终于，北上的列车就要分扯出我们的距离。终于，再不能想起你时便跑去看你。终于，你我之间再不是校园通勤车或六路公交车的能力可企及——可我依然会等你，等再一次一眼初春，再一次樱花垂密。

南城旧梦，苔色无光。此间种种，从未遗忘。

回想当初，
那时我一定也一直在训练自己迈步
如果有一天能够走得更稳更远了
就去见他吧

——《言叶之庭》

湘潭的雨停了的时候，我换下还留有手洗过的余香的大衣，有风吹来，卷起带花的衣襟，岁月安稳。

重新踏足这片异域时，便是漫天萧瑟的雨。我只身单薄，站在十字交织的街头，连一方可遮蔽的天地都没有。手机屏幕上相隔不远的你发“说说”抱怨不近人情的天气，字句间是和我一样的无助。

我曾以为分隔两地，本不会再有交集，可终究是天意，风雨阴晴，我们总还是在一起的。

三月，应该不是南国梅雨时节，大概连意义上的雨季都不是。可这场雨却就这样，不急不缓，淅淅沥沥，绵绵无尽期。而我斜倚着墙，看窗棱上有雨坠落，碎成五瓣的落英。然后一个人终于承认，你曾是我的信仰与勇气。

我是同你说过的，我从来不怕失去任何人，可唯独不能失去你——如果你还记得，可还会忆起当时我目光的灼灼与坚定。辞别故乡的前夕，我握着电话同你从深夜聊到天际泛白。我说我是个说谎的坏孩子，可鼻子没有变长是因为从来都不愿欺瞒你。我说大学从来都不是命运的分水岭，你要去的地方就是我的归宿，就算不尽如人意，可阴差阳错，是不是也是上天的注定。我说以后没有你在我身边我该怎么办呢，走散的人那么多，可我最舍不得你。写到这里时，泪又开始不争气，像那晚一样，凭我怎样努力都停不下的零落，打湿膝头那只你送的乌龟玩具，晕开一片月光的清冷。而此时此刻，若你了然，还会不会笑着说我不独立，然后又一脸无措地说有些人不怕距离的分隔。

“千山万水，永不相离。生老病死，永不相弃。”

时至今日，再说出这句盟誓时，我还是会记得，那年你生日我对你说这话时眉眼间的笃定。可如今山水几重，再说起时，你的轮廓已作了时光画卷里的一笔水墨，轻轻浅浅，模糊不清。

等待，是太过深情而显无情的。我们总是以对誓言的忠诚与时间对峙，又在无穷的光阴消磨里削平思念的峰棱，节节败退，溃不成军。

关于我们的疏远，我总很任性地认为，是我握太紧，而你不珍惜。后来淡定地想过，却又觉得是你太过优秀，而我要的太完美又太唯一。我患得患失地在你从未断绝的新旧朋友间提防斡旋，有些疲惫，却不想放弃。我总是无数次地告诉自己，那么多年的陪伴终究不易。我在等，未知的某日，会峰回路转、柳暗花明。我们最终的走失是在冬季某个我们都不会遗忘的日子，说好的约定，你失信了，言语间满是对不起，而我假装没关系，和朋友狂欢肆意，几近崩溃。没有人问及，我们也不再提起。

后来你看过《前任攻略》，在“动态”里说“我喜欢的只是被你喜欢的感觉，而不是你”，我想，或许我也只是习惯了守护你的感觉，而不再是为你。

我只是还在等，等一个郑重的告别，等一场大雨，洗白所有的记忆，然后把它们交付岁月，晾晒成我们再也回不去的过去。那里我和你，各自珍重，流年安好。

有人说，世上没有两片相同的叶子。可相似的，却该是无穷无尽。在南方以南，遇见一个少年，他说他很少悲伤，他的眉目间有与你相似的阳光，他和我说“都要好好的”——那曾是我们诀别时最轻薄又最深情的寄语，他很像你。可我望着他时，却不似从前遇到的人，只觉他身上分分寸寸都是你的影子。所以他像你，却又是他自己。这样一个人，我想我应该也是喜欢的，或许若干年后，他于我，也会如从前我待你般珍惜。

他不是第二个你，复制的爱，对你、对他、对我三个人都太不公平。我承认你终于成为我心头的那颗朱砂痣，鲜红如血，随我呼吸的消长而起伏不定，或许，亦要待我此生枯尽，才能真正地与你相忘。可又能怎样，我们中间隔了千山万水的错过与拉锯，我们都再不是曾经一无所有又毫无顾忌的少年，如今的你，是我只可远观的原风景。

而他，是我此后年华里的莺飞草长、草木葱绿。

也许我薄幸。

可你以为我还能等多久。雨季过去的时候，所有的执念与崩溃就该一起放晴。

我想我终于也已分不清，你是友情，还是错过的爱情。

## 我希望，你是我独家的记忆

着手写这些文字的时候，是凌晨两点的深夜里，有风掠过岁月的声音。故事落笔，窸窣不已地蚕食回忆，而你在我的对面酣睡入眠。

一瞬间，有你参与的那些过往席卷而来，汹涌如洪水猛兽。白日里伪装好的笑容，终于在一个人的夜里破碎如屑，我知道，那么放不开你，又怎么可能一滴泪没有。

我们的故事是怎样的起始，早已记不清，明明是一南一北的遥远距离，怎么三言两语就可以变得那么默契。那时我在北方之北，你在南方以南，你说我们有约，相信到达湘大的那天会是我们最美的初见。

拉拽着行李站在东门前审视湘大时，是八月的尾巴——前途未知，一路风尘，灼灼如火。你与我素未谋面，初到异域，隔了千重时光、万里距离，你却径直朝我走来，说，一眼就认出了你。

于浮生的千万张面孔里，只一眼，不多不少，不偏不倚，我便知了你是我要等的那个人，我们是要多有缘，或是有多熟悉。

那时我们怎么就都喜欢上了《独家记忆》？已是无迹可寻。我只记得，十二月的那个夜里，三个姑娘抱着 KTV 的麦，把好好一曲情歌唱得很热烈，那个西方的节日我们在一起过得好像春节。回去的路上，你凑过来笑着问我喜欢歌里的哪一节，我低声呢喃过，你吵着说："大声点儿，我听不见。"我不理你，抬起头，浩渺的一条星河裁剪了天边，它们和回忆一起，枕着时光，深睡浅眠。

你曾说很想像我，有明确的目标，然后执拗地走下去。可我们终究还是不一样，分岔路口，你选择了最接近梦想的那条路义无反顾，而我却抽身止步，看着你走远，是连再见都来不及说的离别。

我总还记得，那时握紧申请表时的犹豫，办公室外，是湘潭绵绵无期的雨。最初一人撑伞漫无目的地走到雨湿了满地，到后来双人成行再不会有孤独与忧郁。那曾经我们信誓旦旦说好要一起奔赴更好未来的约定，在现实的温柔面前崩塌殆尽。

某一刻，我只是想起了和我说"我们是最好的朋友"的少年，我只是怀念起很多个夜晚不会中断的"晚安"，我只是有些执念那个我说"幸好遇见"的容颜，我只是已经习惯年月的倾轧碾覆里都有他们共我悲欢。

于是那扇没敲开的门前，我转身，离去，很决绝。我早就知道会有这一天，只是过去的日子里，我不曾想过谁走谁留。你开始带着欣喜打理前后，我笑着祝福你此后所有。我试着淡漠，我想你大概不会知道，我有多舍不得。

那时答应你的每天陪你跑步我还没有做到呢，那时说好要给你讲我的故事你是不是都不记得了，那时说大学四年我们要一起“相依为命”了，现在的我们是不是只能自己照顾好自己了。可曾经说好的要“一起”，分明还毫发无伤地提醒我记起，曾经无法扼制时躲在你肩上哭过的痕迹还那么清晰，曾经在病中朦胧看见你覆上我额头的手的感觉还温热，可曾经说下的四年为期终于要失信。

每个人都有选择未来的权利，所有的因缘际会最终都会屈从于命中注定，我们都不敢以以后的人生为注博弈，就算是一场九天十地的完满，可我们终究输不起——我知道。但我只是还没有准备好看你离去，然后只留给我不长不短半年时光可待追忆。如果这是我们的结局，我希望你满意。

或许有一天，再看不见曾拈花为誓的少年，而彼年岁月忽已晚，我们还会站在八月的尾巴上，一起看一场不得不走的分别，看一段故事的完结。也许那时，我们也会笑着纪念，纪念此去经年，那时我们在一起的每一天我都记在心里面。

其实湘潭十二月的那个能看到星星的夜里，我说——

“真好，我喜欢你，是我独家的，记忆。”

# 这一刻坐拥晚霞

滕　悦

宇失恋了。和女友交往时间不算长，他却觉得像是用尽了一生的力气。那样漫长又笃信的一段追寻，疯魔一般欣喜地得到，拼命融进某个人的生命，多少艰辛不可告人，却躲不过最终失去的宿命。

真的，刚开始时他真的不能承认。不是不愿，是根本不能。太痛了。心思啊，未来啊，甚至宿命他都赌上了，今生今世只爱美，爱她所有惊魂夺魄的美，爱她带来的所有瑰丽雄壮的梦想，有关穿越世界的旅行，有关被世界温柔相待。在他深深陷入自卑绝望泥淖的痛苦心田中，她一直是他荒年中丰盛的晚餐，是回家的路碑。然而现在，他像在黑漆漆的夜晚，孤身站在轮船的甲板上，突然被人从背后推了一把，径直坠入海中，只发出一点轻微的声音，他在冰冷的水中慢慢沉下去，看着船上的灯火和看不清脸的熟睡的人渐渐远去，没有呼救，因为绝望是那么坚决又必然。他该怎么呼救呢？他能呼救吗？美梦中沉睡的昔日爱人怎能领会他此刻彻骨的寒意呢？冷酷世界像数以亿计的细小冰锥刺进每个毛孔，发出海啸一般的狰狞笑声，让心血冰封，呼吸黏滞，往日那如金色阳光下海浪追逐泡沫的幸福笑声，如沙滩上的脚印一般地消失了，留下他面对深海永恒的死寂黑暗。

他走在路上念着“可是我竟是终于失去你了”，一步一步像是走向毁灭。可是他不能停下来，一旦停下学习、工作或思考，他的思绪便全部集中到那个小小的人儿上，那个他倾注心血并给过他重若千钧的感觉的人身上。他冲动得像《汉尼拔》里汉尼拔一样，要断了这牵绊，干脆挥刀断手，证明自己的深爱，又要决绝地为自由和尊严离开。可是纵使他为她断手又怎样呢，徒增笑耳。一切早已无可挽回，无可挽回啊！

看来他真的已经卑微至此了，可是各位看官啊，请理解一个不谙世事的少年迸发的热情与随之而来的深深绝望吧，纯真的爱情梦想值得追寻。

失去了爱情，他还有学业，还有未来，重要的是，系里有一个出国留学的机会，如果得到了，他就可以证明自己，证明自己离开她照样过得风生水起。笔者以为，这种“橱窗人”心理固然可笑，却不难理解，且不失为一个将痛苦转移升华的机会。

于是，宇开始埋进专业领域钻研，每次想到她便恶狠狠地做题，像要把成堆的草稿纸吃掉，他是一个一旦开始就勇往直前的人，像曾经对她的执着一样。他不厌其烦地向同学求教，他天天追在老师屁股后面跑，如强迫症患者，惹得他人闻之色变，暗中嫉恨议论。只有他会偶尔苦笑，越努力向上追逐阳光的人，或许越是为了努力摆脱生命里的阴影吧。

日复一日的高强度学习，让时间过得很快，他也在来去图书馆的穿梭中学会了独自欣赏园圃中的花，或细碎雅致或蓬勃鲜艳，参差多态的妩媚妖娆抚慰了他破碎的心，越来越坚定的脚步让他对自己更加有信心。他感觉即使隔着万水千山，也听到了美国遥遥向他发出的召唤，他要在这嘹亮的歌吟中再次击响青春，撕裂封锁的岁月，使这些被锁得太久的梦想完成一次高傲的飞翔。

终于，院里组织了极其严格的考试，他险些被庄严肃穆的氛围吓到，试题果然严谨又新意迭出，基础题他自认为滴水不漏，而做加试题目时他像遇到了鬼打墙，一圈圈绕来绕去，正如宋人诗言"正入万山圈子里，一山放过一山拦"，急得他满手沁汗，险些浸湿答题卡，又慌忙拿纸巾小心地擦拭，生怕阅卷机器不能准确阅卷，误了他呕心沥血做出的答案。

终于结束了。他吐了一口气，又觉得似吐未吐，难受得很，似有一股力量牵引，一定要去看看试卷的归属。显然，为了赌一口气，为了将来在前女友面前的昂首骄傲，他深深埋下头耕耘。宇像曾经对待她一样，花尽心血去努力，他真的不敢想象失败了会怎样。穷尽所有的人是最强大同时也是最脆弱的，因为除了无止境的付出和非王即寇的结果，他一无所有。

他知道试题将运到哪里，他出于某种隐秘的心理跟踪了过去，连续多天在那间办公室门口假装路过。终于，他等到了一次机会，他甚至有些怀疑这么多天他是不是就为了这个机会——门开着，至关重要的试题就在里面，或许还没有批阅，或许他还可以溜进去改几个错题，或许就那么几分之差他就可以从竞争者中胜出，拿到通往美国的门票，或许这件事情真的很轻松……可是为什么他觉得脸上一阵阵发烫呢，过往一幕幕在飞速回放，被放逐的悲痛，无目的地游荡，重获目标的充实，咬牙切齿的自我证明，抽丝剥茧般忘记那些荒年里大片大片的花朵，那永志不忘的瞬间……

他笑了。

经历了那么多，他怎能不懂得，爱过了就够了，没人能凭爱意将一人私有。出国也是，尽力了就够了，何必昧着良心自毁清誉。真正的爱永远使人向上，绝不会因爱因骄傲而使人格蒙羞。失去后经历的一切，早已证明自己是个骄傲又优秀的青年。他从过去的爱中汲取痛苦的力量，早已引导自己走向正直明亮的康庄大道。

他毅然放弃了那个可鄙的想法，转身离开。他突然明白，所有的事情不是必定要一个结果的，很多事情在过程中自有意义。爱情，学业，甚至生命，在过程中自有意义，何必为了世俗的结局作茧自缚。佛说，放下执念，即得解脱。他已经得到了很多，不是吗，比如成熟隐忍，比如坦然与诚信。我们有理由相信，更磊落洒脱的性格必然使这位坚毅的青年走上光荣的荆棘路。

原来有些事经历时百般艰难，某天蓦然回首，竟已飞渡千山。他走向阳台，这一刻坐拥晚霞，原来清明自处也不太差。

# 第四辑　感悟人生

# 只想做个好人

段忆慧

刚刚来教室的途中，在北苑铁门口，有个乞讨的老人，一位老太太，不是特别的枯瘦，却是真的衣衫褴褛。她坐在地上，每当有人经过就低一下头，动作机械而麻木。我拽了拽同伴的衣袖，悄悄地对她说："我不知道这个老人是否真的可怜，但我知道她脸皮应该是挺厚的。"话刚出口，便觉得不妥当，慌忙改口："这位老人可真是看破了红尘，放下了荣辱。"

我今天演讲的主题是"真善美"。个人觉得这真是个"坑爹"的主题。上周从写作课老师的口中听到这三个字后，我脑子里蹭地一下就蹦出来三个字，那就是"假大空"。今天如果拉过来感动中国十大人物来给同学们讲，他们可能能讲几个小时，最后还把大家都感动哭，就怕你们带的纸巾不够。可今天如果让我这样一个小人物站在这里讲，就不免会有假大空之嫌。因为有人可能会问我："你自己做到了真善美吗?"两分钟之前，我拿手机屏幕照了照自己，我没有整过容，在外表上做到了真，我没有矫揉造作，内涵上也做到了真；说到善，我不敢自夸是个多么善良的人，可起码没有人说过我恶；至于说美不美，这就不能过多地苛责爹妈给的基因了吧。

我这样子理解真善美，确实有点肤浅又好笑。其实第一次接触这个词，应该和法轮功有关。小时候从法轮功工作者在大街小巷的墙角和电线杆上贴的小广告上见到了这个词，并且我们的“神功”修炼者还在大肆宣扬这个词。稍大一点后，我知道了这是一个很好的词，总结一下来说，也就是一个“好”字。但真善美也不过是乌托邦。人性本善却也人性本恶，人们都有劣根性，例如每个人都会有嫉妒心。高谈阔论大展蓝图是领导的责任，而普通工人要做的就是勤勤恳恳工作，弘扬真善美，我们每个人要做的就是做个好人，做个有点小善良的人。

上周六妈妈给我打电话，末了，我像往常一样问我爸呢。她说，你爸出去打工了，去修地铁了。搁了电话，我心里开始越来越酸，很不能相信自己的爸爸也出去当了一名农民工。我不知道在座的各位有没有过这样的想法，自己的爸爸，在自己心中一直是很伟大的，可有一天你却会发现，他为了生活，活得心酸而卑微。供给一名大学生很不容易，能把我们送到这里来读书的父母都是很伟大的父母。如果我连对他们的心疼都没有，如果我没有想过要好好学习将来报答他们，我不知道我还是不是一个好人，但肯定我不是一个好孩子。高中作文有一句被我们引用烂了的话，那就是，百善孝为先。

在北苑的铁门口处，经常有献血车。我想献血，却怕疼，因此犹犹豫豫了好多天。上周有一天撑到了，是真的撑到了，脑子一热我就跑去献血。验血型的时候我就在想，我要是熊猫血该有多好啊，那我就多献它几百毫升。那一刻我还挺自豪的，我觉得我还是有点小善良的。虽然最后我不是熊猫血，并且我也没献成血，只因为医生姐姐嫌我跑不了八百米并且不吃新盖中盖的话就没法一口气不带喘地上五楼。

其实我们一路上学到现在，可以说是生活在桃花源，没有过多地接触过世间的人情冷暖。从小爸爸妈妈就告诉我们，“不要和陌生人说话”，“在外面不要随便相信别人”，等等。我记得我第一次坐火车出远门，因为是一个人，因为下了火车不知道该怎么走，因为很无助，所以在火车上我一直哭。邻座的一个叔叔一直安慰我：“小姑娘你别哭了，我有朋友是司机，下火车了我让他拉你过去。”虽然到最后我没有接受他的帮助，但时至今日，我仍然愿意去相信他是一个好人，也一直很感激一个陌生人在旅途中给予的温暖。

去过长沙火车站的同学可能都深有体会，在火车站，有很多很多乞讨的人，就像开篇我提到的那位老太太一样。如果你觉得自己可怜且不幸的话，那就去火车站转一圈吧，然后你就会发现自己是多么的富有而幸运。在火车站的椅子上坐着，不一会儿就会有人来找你要钱，先是哑巴，冲你吱吱哇哇半天，再是又聋又哑的，伸手冲你比划半天，你会觉得，“哇，好可怜啊”。你，要，淡，定。因为接下来还有缺胳膊少腿的人。没有最惨，只有更惨，绝对能吓坏小女生。人们见惯了这群有组织有纪律训练有素的乞讨大军后，渐渐地也就麻木了。我知道如果我不给他们钱的话，他们下一顿也有饭吃，可如果我给他们钱的话，那我下一顿可能就要吃泡面。后来，我慢慢地认识到，这不是我们个人的冷漠和不善良，这其实是社会有关部门的失职和冷漠。我们与其给他们几块钱，倒不如帮他们打一个110。

生活中总会有一些让我们感到很不舒服的事情。去医院看病，排队挂号交钱检查，忙活了半天，医生可能只看一眼你的病历本就轻描淡写地给个结论。去政府部门办事更让人头疼，有些官员坐在写着“为人民服务”标语下的真皮椅子上，拽得像个大爷。现在有句话叫做，求人办事。我就纳闷了，第一，我不明白这些人为什么这么拽；第二，我不明白老百姓们为什么要“求”。一个没有职业道德的人，就算你再玩制服诱惑，我也觉得，你，一点都不美。

我生活的世界是如此的狭小而简单，我就是一个吃着地沟油，偶尔翘翘课，简单又快乐的二逼青年。我所能做到的小善良就是，对陌生人礼貌而友好；对朋友也不会苛刻和不包容；和在座的女孩子一样，不把男朋友当饭票，因为懂得人家的爹妈赚钱也不容易；爱父母，爱家人，爱同学，爱朋友，爱你们在座的每一个人。

# 写给你

孙小淋

时光的河入海流，终于我们分头走。没有哪个港口，是永远的停留。

……

也许值得纪念的事情不多，至少还有这段回忆够深刻。

——《凤凰花开的路口》

那些年的生活，其实想起来一点都不费力，因为简单到只有我和你。

有时候我们埋怨生活给我们的太少，其实是生活给了我们太多，我们没有办法只选择自己想要的，和最喜欢的。那时候我们拽着奢侈的时光，轻易地就想到永远，在最疲惫的时候，所想到的明媚终点都只是高考后的暑假，好似那个夏天会拉到世纪光年的长度。可是夏至之后照样会立秋，新一年的夏天又整装待发。所以不再费心需要让孔明灯把心愿转告给天上，我们的愿望已经是在这个人间点燃的烟火，烧出五味杂陈的生活。到底应该如何走出困境，我一直在努力回想，好像没有一个固定的公式。勤奋努力，这些都不是关键，重要的是，经历生活的时候，你是不是一个逃避者。如果你在全力以赴地应对一切，哪怕最后失败了，你也不是失败者，只不过是经历了不完美的部分。

人生是一关又一关的角色扮演，不是倒下一张就全军覆没的多米诺骨牌，没有永远的困境，也没有最终的胜利。现在我们过着这样平庸又艰辛的日子，互相鼓励着，也总想比别人好过那么一点点。我知道你们的焦灼与坚执，可是我不知道怎么贸然去慰问。我们在各自的人生翻山越岭，面对各自的孤独与艰辛，一年，两年，甚至十年，二十年，我们会越来越不同，在寒暄中善意地隐瞒或者逞强。让对方欣慰于我过得还不错，或许只是对对方的另一种默契的圆谎，因为安慰成了隔靴搔痒，不得要害。我们有着相同的回忆，却又变成完全不一样的人。《春光乍泄》里张国荣饰演的何宝荣对梁朝伟说："不如，我们重新来过。"张爱玲的《半生缘》里，14 年后再相见的沈曼帧说："世均，我们再也回不去了。"我们在这个社会畏畏缩缩地攀爬着，有些人总想着回去，却不曾后悔；有些人不愿回去，却每走一步都往自己的忏悔录上再添上一笔。这两种人我都不愿做，我们有过的回忆是我最宝贵的财富，即便我现在说着语无伦次的话，做着神经质的事，明知我们有难以名状的未来，明知自己早已不是原来的样子，但我也想让你们知道，既然回不去，就在前方的岔路口见个面吧，拥抱一下再去走各自的路，不彷徨不抱怨，因为那是我们自己的决定。

前几天看了一个视频，是安乐死的全程记录。在允许安乐死的瑞士，罹患"渐冻人症"的英国人彼得，在专业人员的协助下结束了自己的生命，相伴多年的妻子陪在身边。在他微笑着说完"我太太很懂得怎么握着我的手帮我入睡"这句话后，他得到了永久的安宁。我在看到医务人员跟彼得的妻子说"现在你可以哭了（now you are allowed to cry）"之后觉得，原来一切可以结束得那么简单，不是死亡选择了你，而是你选择了离开的方式和时间，真好。在我们国家，安乐死还没有被合法化，可我相信，有一天我们可以勇敢地面对生活带给我们的所有磨难，包括我们不可抗拒的生命的终结，至少我们到死都忠于自己的选择。

尽管现在我不再是坐在你身边与你一样悲伤的那个人，隔着山海隔着路途，你在离我很远很远的地方独自一人哭泣着，可是我多么希望我能成为远处离你最近的那个人。你从此在我的人生缺席，可是那个空下来的座位再也不容许另外一人坐下。但为君故，但为君故，我不惜让那一席次永远空缺。

一路走来，我看过意气风发的自己也见过捉襟见肘的自己，遇到每件事，尽管费尽心力也还是感激。把每一次痛苦当做非凡的经历，把每一次快乐当做幸福的奖赏。可自己也并不是性格有多好的人，一些人和我说过，你好像很难被骗到，我说可能是因为以前被骗得多了吧。有人说，世界上有一种迟来的爱，它像是车祸现场被清理干净后才赶到的救护车、筵席上人们吃饱以后才上的主菜、葬礼上的溢美之词，你终于感到了它的真诚，可是已经没有任何意义了。这种爱简单说来可能就是：我喜欢你的时候，你最爱我；而我最爱你的时候，你已经不爱我了。

所以这么多年在和那么多人走失之后，我更加感恩生活。感谢每一个路过我生命的人，是你们成就了现在的我。每个人心里总有那么些个重要的人，父母、老师、同学、哥们、爱人、偶像，这些人构筑起我们的整个生活。谢谢父母给我们生命，感恩他们的辛苦和唠叨；谢谢老师的谆谆教诲，感恩他们的严厉和期望；谢谢同学和朋友陪我度过整个青葱岁月，感恩他们教会我追求和梦想；谢谢那个爱过的人，感恩那段你给的独一无二的时光；谢谢偶像，感恩我们之间的距离，让我足够去仰望你，有追赶的目标。说起偶像，那真是一个神奇的存在，我们并不相识，他却能给我别人所不能给的力量。时间很柔软，时间很伟大，白云苍狗，岁月洪流，有无数渺小的我被打动，最终无数的我也只是一片汪洋中小小的一个，星光后的脸，你此生不会得知。但我知道，很多年后当我一脸皱纹时仍会深感荣幸，青春不枉，幸好与你们相遇。

感谢每一束灿烂的阳光，
感谢每一朵阴郁的云彩，
感谢每一段艰难的生活，
感谢每一个艰涩的梦想，
感谢所有帮助过我的人，
感谢生活还让我们有时间去爱别人，爱这个并不完美的世界。

不奢求一直都有绚烂的日子，只愿有生之年得见你光芒万丈，岁岁无忧。

“你”是一直在路上奔跑的我们，
“我们”是一直注视的你。

# 面对诱惑

陈红蕾

人生于斯世，并非是为了享乐而来。好奇之心，人皆有之，我们毅然前行。从降生的那天起，我们踏上了一条荆棘遍布、曲折回还的人生之路。沿途，有许多路口，有的说，来吧，这边是通向成功的捷径；有的说，来吧，这边风景独好……当然，总会有人心动，随着那条路口指引的方向而去，自此便没了音讯；却也总有人能咬紧了牙关，告诉自己，那是诱惑。世界五彩缤纷，在这充满魔幻色彩的大千世界里，诱惑如海，我问自己诱惑为何如此美艳，我又如何才能坚持，避免与诱惑灼热的双眸对视。我抬起头，仰望深邃的夜空，却惊异于眼前：夜空之上，点燃了一盏明灯，照破了四周的墨色，似在诉说着昨日的旧闻……

## 一岁

一岁，当我带着对什么都不太清楚的意识看着这世界时，任何一个眼前出现的新东西对我来说都是一种诱惑，想要迫不及待地去抓，因为，那种诱惑在吸引我。

初学走路的时候，前面用来逗我的玩具、糖果，那便是诱惑，他们告诉我，那东西很稀奇，快去抓……

## 三岁

三岁，在我踏着缓慢的脚步去幼儿园的路上，一路上那些五颜六色的东西对我是一种诱惑。这时的诱惑，仍然是那么的善良。我的好奇，换来的都是美味的食物。妈妈告诉我，我们去买别的，可是，商店里漂亮的东西总是能诱惑着我那颗幼小的心。在没有得到东西前，我是不会让诱惑离开我的。面对诱惑，我选择了逃避。

## 五岁

五岁，这时的我已经是一个爱打扮的小姑娘了，诱惑我的，远远不是那些好看的玩具，更不是美味的食物，而是服装店里漂亮的衣服。似乎这时服装的诱惑力更大，有时自己都觉得那么的无奈。妈妈不让买，诱惑的力量就让我用眼泪来换取自己想要的东西。这时的我，仍不知道何为诱惑，只知道那是我想要的，它一步步将我推入悬崖。

## 十七岁

十七岁，这时青春的尾巴短暂而灰败，像一首钢琴曲的最后一个音符那样，无论用上多么高亢的调，结局都是消失与离开。十七岁，繁花似锦，人生的舞步开始从这悦耳的青春之歌迸发出美妙的音符。你可知道，一首完美的歌是不会落下半点遗憾的。这一次，面对诱惑，我没有将其推出去，而是选择了将其揽入怀抱，久久不想放开这双无力又紧实的手……

十七岁的故事，总是发生在晴朗的天气里，用最欢乐的口气开头，就好像讲故事的人真的不知道结局会有多忧伤似的。我已不再是那个小孩子，诱惑却在带给我另一面的影响。也许所有十七岁正在谱写青春之歌的妙龄孩子身边都存在着一个可怕而美妙的词语——网络，它将大部分青少年的心网入其中。我也顺着诱惑的引导来到这个奇幻的世界里，它的诱惑对于我来说，远比美味的食物、好看的玩具、漂亮的衣服要大得多。我抵制不了网络上面形形色色、迥乎不同的游戏，它们都是那样的刺激，好奇的我，逃避不了网络对我的诱惑。那段时间里，它成了我最好的朋友，好奇心得到了满足。诱惑的另一个脸庞却在显现——成绩一落千丈，不能翻身。有时我告诉自己，面对诱惑，不能再妥协！这时的我才真正懂得了诱惑。

## 十八岁

十八岁，青春的歌在这个季节谱着其最高调的旋律，纯净而高亢，唯一不同的是，增添了些许激情与斗志。这一颗心，开始渴望着能在下一个城市逗留。每个人的十八岁都多了一个代名词“高考”，此时的诱惑却变成了渴望自由、无拘无束，外面形形色色的大千世界在诱惑着这颗萌动的心。不一样的生活，不一样的环境，不一样的心态仿佛在招手，还是那熟悉的声音在喊着：“来吧，跟着我的脚步，这边的风景独好。”我跟随其脚步，在身后跑着，跑向那个即将属于我的城市。大学的门槛那么近，又那么远，踏进去是铺满彩石的大道，踏不进去是另外一条布满荆棘的小道，它们都在奋力地呐喊着。我未能抵制住彩石的诱惑，踏进了大学之门，写着人生的这一章程。没错，这就是诱惑，面对诱惑，我未能反抗。

太多太多的事要做，谁也挡不住我求知的欲望，在这谁也不知道明天和意外谁先来临的年龄，我时刻准备着，跟随诱惑迎接我崭新的篇章。

## 二十岁

二十岁，今天的文章里，一个女孩含泪叙写着诱惑带给她的利与弊。诱惑是一碗散发着浓浓香味却迷魂的汤，喝下去就容易迷失自己，丧失方向；诱惑是一杯绝美芳醇的酒，喝下去就容易醉入梦乡，丧失前进的力量；诱惑是动听却容易让人失去信念的歌，芳香却容易伤人的花朵，是能让你沉醉却放弃正确方向的没有归途的"泰坦尼克"；诱惑是太多太多美与陷阱的结合。纵使再美的汤，再香的味道，为了成功，为了前进，我不喝；纵使再香醇的酒，再清甜的味道，为了成功，为了前进，我不喝；纵使再动人的歌，再美艳的花朵，再刺激的浪漫"泰坦尼克"，我也拒绝，只为了我最终的理想。

面对诱惑，尼采说：受苦的人没有悲观的权力。面对诱惑，我要说：坚毅的人是不会倒在诱惑之网中的，我不会再妥协！

# 浮萍

姜蓝

世人都说“浮萍无定”，只因其一生于天地之间漂泊，无所倚靠，好不凄凉！于是乎，浮萍就顺理成章地成了颠沛流离、居无定所之人的代名词了。

然而，浮萍当真就如人们所想的那般落寞、凄凉吗？

也许，并非如此。诚然，浮萍无根，但也正是因其无根所以才能不拘于一方小小的天地，四海之内，任其涉足，从而能够开其眼界，拥有常物所不能及的视野与阅历。眼界与心胸是成正比的。眼界甚宽的浮萍，其心胸也定然宽于常物。既是如此，浮萍又怎会一味沉溺于俗体肉身无根、居无定所的苦，而不可自拔呢？是以，浮萍当为眼界心胸宽广之象征，而绝非所谓漂泊无依、凄苦悲凉的苦物。

由物及人，如浮萍般的人也定然阅历丰富、心胸宽广。而这世上又有几个甘做、乐做浮萍的人呢？毕竟在局外人看来，漂泊异乡之人背井离乡、孑然一身，内心必定都是凄苦孤寂的。因此除了游子、学者，很少有人愿做这浮萍了。但各种冷暖到底如何，也只有局中人自己最清楚。也许他们乐在其中也未可知。

再则，所谓浮萍无根，只不过是因为它没有以肉眼可见的方式与一方土地系在一起罢了。但只因这样我们就能说它没有“根”了吗？在我看来，“根”更多的是精神的归属感，当我们真正心系故乡的时候，处处都是家乡。

浮萍也好，如浮萍的人也罢，虽说是居无定所，但处处无家处处家的这份洒脱又有几人能有呢？

生活永远都在继续，不会因某个人的喜怒哀乐而有所不同。既然我们无力掌控外物，那何不收拾心情、淡然处之呢？若是轩昂自若，哪怕羁旅异乡、四海为家，也能云淡风轻。当我们真正淡然之后，也许会顿悟：所谓浮萍的凄苦，不过是为了遇见更好的自己。

# 高处不胜寒

王燕雯

强者总是令我们艳羡，强者在被称为强者时便已有了一道无形的光环将其包围，彰显着他与其他人的区别，如同立在金字塔的顶端，其他人只能去仰望、攀爬，而强者早已在金字塔顶端睥睨苦苦攀爬的众人。

在人们看来，强者拥有一切：他们有着非凡的才能、强大的权力，他们是神的恩赐、幸运的代表……事实真是如此吗?

大自然是那么诚实，它总是诉说真理。在优胜劣汰、适者生存的大自然法则里，我们会想，那些站在食物链顶端的动物是多么幸运，它们都有着出类拔萃的优势。它们或奔跑迅速，或力大无穷，它们是强大的。但我们同时也应看到，越是靠近食物链顶端的动物，它们的种族数量越少。我们会认为狮子是草原上的百兽之王，可事实是，它们经常食不果腹，而且需要团队合作才有可能捕获到一头健壮的野牛，大多时候要靠运气。面对成群结队、声势浩大的野牛群，狮群有时显得那么无力。我们眼中大自然的强者，竟是如此狼狈。

我们会去评价古代的皇帝，我们会论其功过，但很少会去探讨他作为一个人的所在。皇帝便是拥有一切的代名词，他高高在上，神圣不可侵犯，天下民众唯他命是从。但皇帝也是个悲哀的存在，他是最富有的囚徒，被关在名为皇宫的金碧辉煌的监狱里。“欲戴王冠，必承其重”，责任如同枷锁牢牢地捆其身，他的身份不允许他轻易相信他人，不能轻易透露本心，他只能守着那冰冷的皇座，以孤独为代价。

事实上强者并非拥有一切，他失去的东西很多，他承受着常人无法承受的，眼见着自己拥有的东西渐渐逝去，其强者身份却不允许他去握紧。众人钦羡他，却不能理解他，所谓高处不胜寒真不是能用只言片语去形容的辛酸苦楚。

要不要成为强者，这是我们的选择，我们的价值观会告诉我们值不值得。但我认为，身为平凡人，也应有想成为强者的那份心，而身为强者也应不忘本心，不忘初衷。

# 活在当下的信仰

滕　悦

一个人真正的幸福并不是待在光明之中，
而是从远处凝望光明，朝他奔去，就在那拼命
忘我的时间里，才有人生真正的充实。

——安藤忠雄

闭上眼睛，脑海里就是黑夜中辉煌的灯火，几幢教学楼像铁的兽脊，影影绰绰地蠢蠢欲动着，仿佛要把人吞没。

高三的晚自习教室里，空气似乎凝滞，黑板上是密密麻麻的字体，歪斜的作业本不安地宣示着，今夜注定像所有的夜晚一样忙碌烦躁。想抬头喘口气，视线中扑过来一片高低嶙峋的脊背，莫名其妙地更加气闷，狠狠地按下笔尖，与无趣的之乎者也或榨干脑浆的数学苦苦鏖战。

那时会为了多做几道题不惜与朋友翻脸，拼命挤时间，为了早点去早读宁愿自己吃早餐，宁愿孤独地承受很多事，总是想着多一点，再多一点地挤出时间。奈何在数学的荆棘中如同折角的斗兽，左突右奔，碰撞剧痛，不得出路，苟延残喘作困兽之斗，那一点点渺茫的进步的希望每天撕扯得神经生疼，欲罢不能。

高三也没有放弃阅读，在卷帙浩繁中如溺水的人抓住散乱的稻

草，从高尔基到王小波，从钱锺书到歌德，他们只告诉我人生的大苦难、大无奈，可我仍然无法超脱。世界很大，我们只能从别人的或鸿篇大论或只言片语中想象他们在痛苦中如夜露深重的沙漠般浩渺的寒冷，却不能感同身受，这苦旅，谁也救不了谁。

跌跌撞撞，最终交上了答卷，湘大宽容地收留了我。

北方姑娘多年的逡巡观望，如漂浮在半空中找不到归属，终于降落在这片南国的土地。从来都敏感善思，婉转千肠，果真就来到了靡靡细雨编织出来的地方。生命归属自有其意义。

在隐隐的期盼中，坐上火车，千里迢迢，离开家的牵挂羁绊。生活好像在肩背的行李上绽放，星城、莲城，真的是王小波那“好的文字有着水晶般的光辉，仿佛来自星星”，还有徐志摩“最是那一低头的温柔，恰似一朵水莲花不胜凉风的娇羞”吗？

是的。我，终于，上大学了。

大学是一个更宽容的舞台，她容许人像树一样哗啦啦四散开来，向各方面吸收养料，恣意生长。

我再也不要为了几道题后悔莫及或嫉妒地发狂，因为多年之后我们不会记得哪次周练考了多少、有没有把别人比下去，我们只会清楚地记得某次倾心的交谈，月色剔透，眼神清亮，促膝把酒倾，通宵都不够。爸爸经常对我说，每个生命都是不朽的传奇。让那些将生命价值压缩、抽象成冷酷的数字排名，那些不堪回首的竞争都远去吧。让爱跳舞的去尽情地回旋、飞扬、绽放；让爱唱歌的尽情地起承转合，行云流水；让爱写作的——比如我，尽情地写下一篇篇拙文，折射一方宇宙。生命在此卓然独立，自然天成。

那就是香港中文大学教授周保松所说的“独一无二的松子”。即使我是一颗松子，也不必因为看到身边还有更大更美的松子而顾影自怜，更不必因默默无闻而觉一生枉度。我真实经历了属于自己的春夏秋冬，见证一己容颜的变迁，并用自己的眼睛和心灵体味生命赋予的一切。这份体味，是别人夺不走也替代不了的。

初中老师对我说：好好活着，做有意义的事。朋友对我说：多唱歌，少哭。所以，我卸下羞涩矜持，鼓起勇气，去参加很多面试，在陌生人面前唱歌，自我介绍，学会承受失败的孤独甚至光荣的孤独。结束活动，我不再假装很坚强，假装自己是寂寞天地中的英雄。那时的孤独脆弱是难耐的，渴望倾诉与鼓励，却没有人拍拍你的肩来告诉你：“嗨！你干得不错！”也不会有人善意委婉地讲出：“我觉得你……还可以改进。”也渐渐被迫地学会享受孤独，享受独立。

也曾深夜背书或早起复习，发觉大学压力更大，要学的东西浩如烟海，曾经美丽悠闲的大学图景不过是应试教育编织的梦。于是常常泡图书馆，一踏入这静穆的圣地，身心俱受洗礼，想想自己整天的狗苟蝇营，不禁惭愧，只有大师的“无用之学”、去功利化的心灵追逐，才是真正的家园。

远离故土，远离曾经的挚友，但遥遥望去，我们奋斗过的日子还在熠熠闪光，照亮未来的命运。每一个记忆的碎片都如此完美，像珍珠项链上的每一颗光洁温润的珍珠，又如成熟的稻穗上剥离的稻谷，充实饱满，在重新开始的旅程中各自追寻意义。我不要分离成为堕落的借口，我要凭借对你们的记忆，建立起对真实、开阔、善良更深刻的信仰，建立起对时间恋人的忠贞，全力以赴地珍惜她，期待着我们重新站在一起的时候，都成长为参天模样。

在自己所处的地方，向着光明飞奔而去，这就是我们活在当下的信仰。

# 苏秦刺股实在愚

陈月佳

从小到大，苏秦刺股都被当成正面例子来教育我们要勤奋努力学习。故事中的苏秦，学习十分刻苦，经常很晚了还在学习。为了防止自己打瞌睡，他准备了一把利刃，当睡意袭来时，他就拿它往自己的大腿上刺一下，让自己清醒过来。一直以来，大家都十分赞赏苏秦刺股刻苦学习的行为，甚至将他视为学习模范。这实在是一种误导。

首先，不说苏秦刺股的行为如何，他深夜坚持学习的行为也是不值得提倡的。学习应注重休息，这样才能提高学习效率，学习效果才会更好；其次，苏秦刺股实际上是一种自虐行为。身体发肤，受之父母，岂容我们这样糟蹋？这是对生命的不尊重；此外，解乏的方法还有很多，如跳舞、奏乐、散步等，苏秦刺股这种行为未免极端和古板。

学习应该是一个快乐的过程，通过学习，我们开阔了视野，提升了自我。而从苏秦刺股中，我们体会到的只是痛苦地学习，呆板地学习，丝毫感受不到学习的乐趣。所以，苏秦刺股对我们实际上是一种误导，它的学习方法没有可取之处，它的行为也是愚笨的。

# 偷瓜记

张顺芝

那一年我六岁，还在村子里的中心小学上一年级。

学校在离家很远的地方，我每次都是和几个玩伴结伴上学去。小小的我们背着大大的书包，穿过一片又一片的田野，采摘田间不知名的小花，用泥土嬉戏打闹，也许这就是农村孩子的欢乐吧！

学校附近有一户人家，不知道为何那时的我们对那家人如此好奇，或许仅仅是因为那户人家的女主人常年戴着一头早已被我们发现的黑色假发吧。我们几个小孩子总爱凑在一起胡乱猜测，说那家人被老妖婆施了魔法，说那个女人是个光头……每次经过她家门前，我们总是用奇怪的眼神看那个女人，我们总是尽力憋着气跑过那家人的房子，然后在女人发现不到我们的地方尽情地议论嬉笑。

偶然的一天，我们发现女人家后面的田地里种满了西瓜，嘴馋的我们打起了歪主意。可是那是那个怪女人家的瓜，我们总还是有所顾忌。终于，西瓜越长越大。终于，我们几个小孩子忍不住了。

于是在计划周全之后，我们选择在一天放学后开始行动。农村的孩子确实没有吃过什么零食，西瓜更是一个稀罕物！想到电视还有书本上美味的西瓜终于可以成为口中之物了，我们几个小孩子兴奋了一个中午。时间终于挨到了下午，等着下课铃一响，老师还没来得及宣布放学，我们几个早已冲到了校门外。

一路上，我们东张西望，生怕有人发现我们。快到女人家的那块田地时，心简直就在嗓子眼那里闹腾。一个同伴“操刀”（其实就是那种削铅笔的小刀），然后问我：“芝，同意不？同意我就切了啊……”那时的我是一个实实在在的乖孩子，没干过什么坏事，即使很想吃那瓜也没有足够的勇气和他们一起承担这责任。看着地上的瓜，想着那种垂涎欲滴的美味，又想到这么多年的姐妹情谊，我果断又嘟囔地说了一声“好”。于是，那个同伴开始割瓜藤。一下，没割断。第二下，还是没割断。我开始抱怨那个同伴：怎么连一个西瓜藤都解决不了！自己想要去试试却又害怕那个女人会突然跑出来。终于，在小刀与藤蔓大战了十几个回合之后，同伴顺利地将西瓜抱在了手上。顿时，在场的伙伴都舒了一口气，感觉一块压在心头的大石头终于落了地，我也如释重负地笑了一下。哪知，正当我们准备将西瓜运走之际，那假发女人手握一根竹棍凶神恶煞地朝我们冲过来，一边走一边还叫喊着：“你们这群狗崽子，你们是几年级的啊，等我把你们抓过去给你们老师瞧瞧！”

看着女人朝我们奔过来，我的心立刻又跳到了嗓子眼，那时也不知道该怎么办，大脑瞬间失去了所有的信息，抓起书包就往家的方向跑。我和其中一个伙伴逃得快，其他几个伙伴都被抓了。听说他们后来都是老师让家长一个个领回家的。我生怕我的姐妹们会把我也供出来，那个晚上是有记忆以来感觉最受煎熬的一晚。

第二天，我怀着惴惴不安的心走到学校。不愧是好姐妹，最终她们几个承担了我们一起犯的错误。可是打那次以后，我们再也不敢走女人家门前那条路了，宁愿绕远走另外一条路。因为听人说过，那女人家的门从来不开的原因不是其他的，而是她家藏有烙人的火炉和故事中抽人很痛的皮鞭。

# 午后

王生硕

一阵骤雨吹散了午后的燥热，那颗随时间流逝而愈加不安的心也渐渐平静了下来。许久不曾这般仰望雨后的天空，湛蓝不染一点尘埃。天空下是匆匆的人群。夏日的雨总是这般急匆匆的，来得快去得也快。没多久，太阳又出现在天空，透过玻璃窗，可以看到射进屋内的斑驳阳光。

站在窗台看着不知名的鸟划过一道弧线，有时候会忘记这是一座陌生的城市，恍惚中会以为依然身在北方的那座小城，即便不被人熟知，但那里承载着我所有的青春记忆。

时光流逝总是太过匆匆，岁月如流水我们却抓不住顺流而下的韶华。难得清闲，我便让自己在回忆中走进梦里。很多时候都是如此的半睡半醒，似水流年，记不得是梦境还是现实。一年之前我还没来到这座城市，就满满地为自己安排好一切，满心期待着一场从未有过的邂逅，期待在那个陌生的地方可以书写一段新的故事。翻开丢进角落的本子，才发觉有太多的东西被落在时光的罅隙。

或许时间本就是如此短暂，短暂得让我们无可奈何，或许唯有那藏在脑海深处的记忆才能成为永恒的瞬间。前几日柚子说："生日将至，你想要什么礼物?"才惊觉又是一年。翻开日历，翻开那些已经积满灰尘的本子，翻开早已泛黄的文字，一幅幅画面浮现在眼前，那些日子怎能忘记。几度春秋，风雨飘摇，落红满堂，烟柳依稀人相望。

喜欢坐在靠窗的位置，抬头仰望，盯着蓝色的天空、白色的云、远处绿色的树，总会有种莫名的喜感。若是有双翅膀，定要不顾一切地飞向梦想的地方，为远方的女孩捎去最真挚的祝福。然而，没有翅膀，只能静坐于窗前，握紧手中的笔，在纸上勾勒一座天空之城。

这一生太短，我们能把握的太少，不经意间已物是人非，但值得庆幸的是，无论在哪，总会有一段刻骨铭心的情让自己去记忆，纵然只有短短的日子，却不曾相忘。仍不忘那一年相识，每每想起那段日子便会不由自主地脸上带笑。时常在想会是怎样的一种缘分，让这般忽冷忽热的我，遇到看似活泼快乐，但骨子里却是多愁善感的她。我可以想象如今的她，正在一束阳光下安安静静地坐着，手捧一本散文，将所有的喧嚣拒之门外。

烟雨江南却没有想象中的小桥流水，或许是自己走错了方向，只因当初满脑想的全是逃避，寻一个无人相知的城市，用手中的笔记下每一个陌生人的故事，爱着自己的旅途，一路前行。

世间所有的相遇都是久别后的重逢。佛说：前世的五百次回眸才能换得今生的一次擦肩而过。本无须抱怨，曾经拥有是幸运，未来依旧在时光中沉淀。静待时光或许是当下最好的选择……

# 浅夏夜微凉，夏雨润情长

郭晨枫

浅夏盈盈，一场小雨从早下到晚，让刚刚热起来的天气，浸透了丝丝微凉。树木婷婷，枝叶葳蕤，被雨水洗刷过的新叶，像过了酥油一般，绿得发亮。谢了花朵的蔷薇抒叶伸蔓，趾高气扬地爬上了墙，占据更有利的地方，努力地攀上那棵楝树要和他诉诉情长。他们要彼此携手，一同芬芳，又一同谢幕，走过季节的漫长。他们两两相望，却惹得石榴花羞红了脸庞，细雨浸透她的霓裳，犹似胭脂泪落几行。也许风读懂了她的忧伤，摇摇摆摆为她拭去泪光，轻轻拥在身旁。

细雨隔窗，夜色里细雨迷茫，下得那样静，那样悠长，好像在讲诉一段缠绵过往。她滴滴答答，打碎了夜的清寂。风带着夜色滑过树尖，丝丝凉意渐袭，抱紧的双臂，抵御着冷冷的思绪，让它不在脑海里升起。可廊檐下的燕儿，一家人簇拥在一起，呢喃着温馨的燕语。在你侬我侬的蜜意里，有我嘴角上扬的清喜，也让一缕爱的暖意悄悄落入我的心底。不知道越过这一帘烟雨，走过这初生的荆棘，在这红尘一隅中，那份爱可否在一起。爱真的需要勇气，去打破那颗看似透明却穿越不过去的琉璃。不要把那些片片段段的美好只留在记忆里，我要打包拎起，找寻那爱的旋律，在岁月里幽幽唱起。

风携着雨丝飘落进窗，落在还未写完的诗行上。雨滴晕染开墨色的痕迹，勾勒着红尘里的绵软牵绊，让那份如莲的心念，化作了落笔处的眷恋。我们曾经相遇在杏花微雨中，你留下一瞥倾城的记忆。雨丝滴滴，聆听这心弦里的絮语，我要把你的名字融进诗里，写上陌上芳菲的主题。在风吹来的方向，携着一缕淡淡的花香，乘着蝴蝶斑斓的翅膀，把这凝在笔端的情意镌刻成一阕不老的牵念，随风飘去你的心里。让光阴里爱的期许，透过这一叶的灵犀，让这一笺素淡的心事有个完美的结局。

夜微凉，轻掩寒窗，隔开了这寂寞花红，也隔开了这淋漓的雨声。轻偎着时光，我的诗行不会写下落寞感伤。倾诉着花语，烘托着暖暖的灯光，走过这夜雨的薄凉，明天依旧温暖花香。迎着季节里的热情，在风吹来的方向，你的长发就会穿过我指间的守望。让我把一朵灿烂的夏花簪上你的发间，这一抹花香，氤氲着情长，随风徐徐飘扬。在流年的烟火里，让我们一起牵手，合着彼此的节奏，穿过开满鲜花的巷口，在炊烟斜阳里，化成一道唯美的风景。

# 镜

屈湘粤

立在一池绿水旁，水中的倒影随波荡漾，即使你感觉不到风，你也看得见风的抚摸。这样一面镜子，没有玻璃……

你摸得到它。你只需把手靠近它，再靠近它，它便在你的手心里，而你却抓不住它。你把它的碎片带出来，而碎片却装不下你的影子。你也抽不出它的碎片，只能在某个瞬间猛地发觉它已不在你的手心手背。也许你狠狠地扫它一巴掌，却抹不掉它装的东西，别以为可以捞它一把看看手心里的自己，那简直是不可能的。当它宁静的时候你是一片宁静，你可以看见你模糊美丽的轮廓；当它被你狠心一扫时，这会儿你能看见的是自己扭曲的轮廓，直到你放过它，直到它将自己抹平。

你的倒影它一直容纳。

假若你想一览它的风貌，你也许会选择一处看不见你自己的倒影的地方，不去扰乱它的图画，做一个爱好自然的欣赏家，静静地或者快乐地守着它。你站在看得见它的地方，看不见自己，它还是把你融进去了。你也许不小心让自己成为图画的一分子，你也许在注视着它，多美啊，而忘了你自己也是美的一分子。你也许主动走到它身旁，整整衣冠，理理头发，很美，轮廓却是和你反方向的。

它能容纳很多东西，有些是融得进去的。

你瞧那白云，它有多白。这水里的云就不一样了，你能说它白吗，为何它那么绿呢？你能说它绿吗，白云哪有绿的？即使浸泡在绿色池水里千年万年它还是白云，可即使白云在天上不食人间烟火千年万年，当它路过这一池绿水的时候，它还是不会被这汪绿水所排斥。与它相依相偎的树儿，绿过了它或是没绿过它，这样一年又一年过去，每天都变换着自己的衣裳。不管你有没有发现这些渐渐的变化，你也始终会相信，这树儿与这绿水是不会一样绿的，甚至大多数绿得相反，可它们却这样互为风景或者融为一景地过了一个又一个时代。尽管这些形形色色的邻居长得其实和这镜子里的风景不一样，你还是不可否认正是它们拼凑了这幅风景。它们美不美这池绿水不知道，它们照映给它，它也就收纳了，并且反射出来。

它能装的东西很多，可就不一定能用这些搭配它了。

人说风景美如画，画如此之美，用来装饰这汪绿水可否？你要如何安置这画？你若将画放进水里，毁了画也毁了池水的清净。画再美，也要在一个适合它的地方才适合它去美，既然不属于这里，为何还要拿来拼凑，让彼此都无法令人赏心悦目。还它一池清净，各美其美吧。画里可以有水，或清或静或一路咆哮，无论何种姿态，描绘得当，都能给人以静静的遐想；可这里，即使你将心融进画，也融不进画中的水。水中也可以有画，并且欣赏者都不能将画与水隔离开来。这里的风景都有自己原本的姿态，一个不经意间，路过这一潭绿水，连自己也不知道自己成了这一池风景的一分子。也许低头默默欣赏或羡慕这幅天然的画，而它也成为欣赏或羡慕的对象。多么纠结与缠绵的美啊。它能把它看得见的东西都纳进来，并且用它的绿来柔化那些鲜明的色彩。它是柔的，它里面的画也是柔的。不管你是高楼大厦还是蓝天白云，进来的都会被柔化。可是你会很失落地发现，有些即使被柔化了也永远不适合成为镜子里的一部分。

它一直是这样。就像你轻轻抚摸它或是狠狠一扫它一样，你想感受它，你想欣赏它，你想让它的平静来一点灵动，可是有些波浪即使让你觉得赏心悦目，也不能让它赏心悦目。你或是想让这里的倒影来一点动感，即使不论你用什么样的方式、多大的力度，你都不能让它连贯荡漾得天衣无缝。你给它来一些动感，或许它还会送你一角破碎，波光粼粼，却灵动得无力，荡漾得做作。你还能做什么呢，休息吧，静静地坐在那或是站在那，守望着这池绿水，和它一起静静的。

或许微风拂过，你没有丝毫的感觉，你看见那一整潭的绿动了，图画移了，没有波浪，没有碎片，画的有些部分走了。直到你发现它们又回来了，你还没有感到这阵让它动得如此柔和的风，那么微妙。或许这会儿风势更大了，你静静地能感觉到它轻拂面颊而过，连绵不断，像是波浪起伏，像平淡又像带有稍稍的荡漾，一圈一圈拂过你，这么柔，甚至你也会感觉这么嫩滑，这么快又这么久，你想伸手去留它一把，待到伤心难过时让它这样安慰你，但是你什么也抓不住。这池绿水也动了，很快乐也很惆怅，一波一波，还是没有破碎，没有刻意，也许它跟你想的一样，也许它根本是没有想法的，一年一年，不知道它能享受能拥有多少这样的舒适。也许它不在意，可是你却很少拥有这样恬适的时间，这一切感受对你来说这么珍贵，而且是一晃而过，真像这池绿水，清风拂过，动过移过之后还是立即返回原样，什么痕迹也没有，就连感觉也别想留下。

很难琢磨，那就别琢磨了吧，留着它，细细地品味，慢慢地咀嚼。它也令人感到奇怪：也没有特别的技能，你能给它什么样的姿态模型，它也能给你什么样的倒影。它是一面镜子，它又能有动感，不管它的对面是静的还是动的。也许你能用它来照照你的轮廓，欣赏它眼里的你，可是它不能呈现一个清晰的你，那些柔化了的，融进了镜子里，很美，却不是原本的东西，也不是原本的美。

不要给它刻意的波浪，如果你是要欣赏原本的它。原本的你，原本的那些镜子里面的图画，还有那些远远地观赏着或者无意于观赏的事物，都走着各自的路，有意或无意间都成了风景。

# 失眠

毛婕妤

周边已一片寂静，寝友酣睡的微鼾随着均匀的呼吸有节奏地跳跃，蚊虫那聒噪的嘶嘶之声也渐渐微弱，或许折腾了大半夜的它们，也要来小憩一下吧。黑夜还是那样的黑，温柔地包围着世间万物，只是它那无言的凝视，让我深陷其中，夜不成眠。

神经末梢莫名的兴奋不知源从何起，小躁的我翻来覆去，想快速投入熟睡的怀抱，却始终不能得偿所愿。看着时间与黑夜静静流逝，我，跟不上它们的步伐。

或许，也正是这无声的夜让神经的传感器悄悄地接收着它的频率，把我的思绪带到空旷的夜空里自由地奔走、穿梭。

“举头望明月，低头思故乡”是否是太白失眠时对心中的渴望幽幽的感伤？那一池荷塘月色是否是佩弦失眠之时力求内心平静的别样风景感受？那么我呢，被什么所羁绊，为什么所感怀？或许有丝什么情结早已溜进我的心里，而在这夜里，它也安眠了吧。

这神秘的夜，也一直都是大方的，好像从不吝啬，还馈赠给了先哲们灵感。康德的“仰望星空，脚踏实地”，可是失眠时，他与夜交流获得的启发？泰戈尔“创造的神秘，有如夜空的黑暗——是伟大的”，可是他失眠时，与夜私语，对它的仰慕？我也想得到它的垂怜，来一次灵魂间的攀谈。一直在尘世间游走，身心俱疲，纷纷扰扰，迷雾环绕，看得清什么，又看不清什么——也许，给我一个指引，或是一丝点拨开化，迷雾就会散去，擦净凡尘，灵魂变得轻盈。但夜，还是无声，静默。恍惚间，它好似淡笑不语，什么玄机，什么谜底？正应天机不可泄露。好似迷糊，又好似明白，我也笑了。

人心总是这样，欲海难填。多一丝交流，就越来越不满足于它以黑纱示人。像要坠入热恋的情人，我深情地凝视，热切地等待，期待它取下黑纱，与我相见。那黑纱下，是月宫里寂寞的嫦娥，还是那认错受罚的吴刚？抑或是那顽皮的兔子，那砍不倒的月桂？都不重要，重要的是我那隐隐的好奇心。但夜，还是一如既往的黑，静默、静默，对谁都公平，永远的神秘。

我也不恼，或许久了，它也累了，我也应该要累了吧。是该互道一声晚安了。合上久久没有紧闭的双眼，我又一次微笑了。记得帕斯卡尔说过，人在宇宙中是渺小的，但因为思想，而囊括了宇宙。那么今晚，我是不是用思想，拥抱了夜，回应了它一直以来对我们的温柔拥抱？

# “读”草

杨文娟

读书足以怡情，足以博彩，足以长才。其怡情也，最见于独处幽居之时；其博彩也，最见于高谈阔论之中；其长才也，最见于处世判事之际。若是把大自然比作一卷精妙绝伦的书，草，必是其中值得一读的篇章。

一沙一世界，一花一天堂，手心握无限，须臾纳永恒。生活中再平凡不过的小草，也能教我们读出一番大智慧。

我在这里想说的草，不是深山中自由生长、可高达一两米的野草，也不是牧场上那精心培育、整齐划一的牧草；我想说的草，就是我们身边的、随处可见的小草。

你看，学校里泽园、沁园、二田径场、一田径场，都有它们的身影。它们极细、极小，聚在一起却成了一块极大的绿毯，供我们休憩、放松。每个人都有过坐在草地上的经历吧，或一个人，或邀上三五好友。一个人时，独享宁静，聆听来自大自然的倾诉；与好友一起时，纵享青春快乐时光。我们校园里的草，不同于白居易笔下“野火烧不尽，春风吹又生”的草，最直接的一点就是我们当然不会用火去烧它；而大多数的草，最开始也不是在春风的吹拂下探出它们的小脑袋的——而是被人为地精心制作后以一块块草皮的形式猛然出现在某一区域。譬如北青公寓下的那些草皮，都半年过去了，仍然不让人觉得它已在那扎下了根，甚至让人担心它下一刻就会死去。但不管怎样，它们终究还是活着。如泽园里的草，虽然要忍受着每天置于人类臀部之下的痛苦，有时甚至因为人类的随手掰折而一命呜呼，它们仍然是在一季又一季地生长着，向上生长。

草，有情感吗？

我认为有，不仅有，而且情感豁达、睿智凝练。草忍得嘈杂，耐得寂寞。白天人来人往，熙熙攘攘，夜里人去园空，无比寂静；而草，不管是在白天，还是在夜里，都于自身的角度洞察世界，不为外物羁绊。这不是孤高，不是冷艳，而是一种洞悉万物、超凡豁达的生活态度。

读草，我们可以读到很多。它们是我们生活中极其平凡的一部分，却又闪耀着极不平凡的光辉。

草儿不怨、不怒、不痴，即便遭人蹂躏，即便生命转瞬即逝，依旧一个劲儿地只顾生长，长出那一片醉了春天、动了心弦的绿！

# 又见木叶萌新芽

彭　博

累，真的好累……

拿出课表，从早到晚排满了课，从高数到大学物理，从工程图学到C语言……一天的时间，就这样被各门理工课慢慢压榨，我们就像一台台机器，不停地工作。这是我曾梦寐以求的大学生活吗？这是我等了三年的结果吗？

不是的！高三那年，那365个压抑而苦闷的日子里，支撑着我的正是老师口中天堂般的“大学”。“大学是个好地方，大家可以尽情施展自己的才华，尽情挥洒自己的青春，按自己的意志来走自己的路。”多少个不眠之夜，我脑海中想着的都是自己在大学中“指点江山，激扬文字”的快乐潇洒生活，是那些丰富的课余生活，是大把可以自由支配的闲暇时光，是真正属于我自己的时光，没有任何压力，永远无忧无虑。我借此来平抚自己劳累的身心，然后抖抖身子，像一个虔诚的朝圣者，一步一拜地走向远方的圣地。

理想很丰满，现实很骨感。如今几乎每天过着教室、寝室、食堂三点一线的生活，每天在训练、做作业、预习中度过，时光就像风一般拂过我的生活，却没留下一丝存在感。回首这一个月的生活，记忆里只有与室友在寝室聊天的快乐时光，至于上课、自习，就像放电影般，倏尔而逝，毫无印象。

打开手机，还有十分钟就要上课了，正好能赶到教室，不多一分钟。我无精打采地走向教室，无意中抬起了头，忽然一枝长满新芽的老枝出现在了我的眼前。刚长出的新芽，粉嫩嫩的，充满了生机与朝气，恰似鹤发童颜的老顽童，人老心未老。是啊，心未老，人怎么会老呢？我顺着老枝向上看，一丛丛的枝条上的树叶早已掉光，而嫩绿的新芽，正在枝干上蓬勃地绽放，树干是灰色的，而在绿芽点缀下的树却是绿的。新芽着急地从老枝里钻出，迎着暖阳，在春风中招摇。那油油的绿，那暖暖的阳光，那习习的微风，这一幕，好美。忽然，一股暖流拂过我的心田，一种生的力量在我心中怒放，好像在清流中沐浴了一番，轻松舒爽，超凡脱俗，耳畔响起了曾子所描述的："暮春者，春服既成，冠者五六人，童子六七人，浴乎沂，风乎舞雩，咏而归。"一身的疲劳缓缓卸下，心中的颓废之感也无影无踪。忽然间，明白了海子的"面朝大海，春暖花开"。其实何须面朝大海，只要心胸开阔，在哪里都会有看海的意境。

站在树下，我以 45 度角仰望天空，心中有了一种暖暖的感觉。顺着老枝抚摸，小心地拨弄着新芽，我感悟着自然。新芽在老枝上萌发，数千万年来，在生的力量下，这一过程周而复始，延绵不绝。"沉舟侧畔千帆过，病树前头万木春。"活着就应该看到希望，活着就应该昂扬向上。也许一个问题在目前看来很棘手，但如果把它放到一年，十年，甚至一生的时间长度里来看，这个问题就不算什么了。任何的困难都只是暂时的，方法总比问题多。活在当下的我们，就不应该被困难过度困扰，就应该向上看，向前看，永远朝着最光明的方向前行。

这时的我，格外轻松。上一次如此近距离观察自然，还是在高二。又见木叶萌新芽，此时的我，已经焕然一新。那一抹嫩嫩的绿，已经在我心中深深地扎下了根，不久，它就会长成一棵参天大树。在我再次疲劳时，我会躺在树下静静休息，然后精神饱满地踏上新的征程。

# 那些年，蔷薇花开

荣　娜

初春的天气，温暖而不炙热，明媚却不刺眼。她独自一人漫步在大学的校园里，听着舒缓的音乐，欣赏着不算熟悉却也并不陌生的风景。不远处，一个八九岁的小女孩站在花坛前，打量着身前一朵朵盛开的小花，一双忽闪的大眼睛充满好奇与惊喜，略显笨拙的双手小心翼翼地抚摸了一下花瓣，嘴角绽放出一丝满足的笑意。小女孩就站在奶水一样的阳光中，全身流淌着透明的新鲜与灵气，像摇曳在晨风中的一朵新蕾。一幅简单的画面扣动了她的心弦，记忆的叶片纷纷飘落，叠印出数不清的浅色画面。

那一年，她读高一。那是她第一次独自一人背井离乡，带着一丝憧憬、一些惶恐与不安踏进了一个全新的校园，孤单与想念像一根小小的刺扎进胸口，没有痛得撕心裂肺，但却总能让人隐隐伤感。她在偌大的校园里独自溜达着，不远处的墙壁上一大片盛开的小花吸引了她的目光。像发现了宝贝似的，她如小兔子一般蹦蹦跳跳地来到那片花架下，抬头仰望，竟傻傻地笑出了声。巨大的花架倾泻而下，仿佛一面精心制作的珠帘，美得惊心动魄。那一朵朵小小的花各色各样，在风中尽情展示着自己独特的美。纯白色的，洁白无瑕；淡浅粉红色的，鲜艳明丽；红得发紫的，形似小玫瑰；还有微微发黄的，形似小野菊，一朵朵，一簇簇，在阳光下寂静绽放。从此以后，她把那里当作自己的秘密基地，快乐得想唱歌的时候，难过得掉眼泪的时候，静静地想念的时候，她都会去到那里。只是没过几天，花儿就慢慢凋谢了，只留下孤零零的绿叶。她的心里涌上一股难言的失落感，转而却又释然。下一年她可以陪伴它们成长。她还是会经常去看那片花架，直到最后一片叶子掉落。那一年，她还不知道这样美丽的花朵有一个动听的名字叫“蔷薇”。

那一年，她读高二。每天三点一线的生活平凡但却充实，愈加繁重的课业压力并没有压垮她心中的信念与期望。开学后她做的第一件事就是去看花。一个假期的时间，大部分的花儿都已经绽放了。她既惊喜又失落，错过了花儿的成长，却总能在最美的光景里相遇。于是她更加珍惜这样的时光，在不同的时间里来欣赏不同的美。早晨，露珠挂在蔷薇的叶和花瓣上，像珍珠一样美丽闪亮，那是一种含苞欲滴的优雅；中午，当太阳正盛的时候，蔷薇花香浓烈，沁人肺腑，蜜蜂蝴蝶四处飞扬；傍晚，夕阳西下，淡淡的红色染在蔷薇花上，似是有人帮着披了一条无影的纱巾，透着一股含羞的美，像走进洞房的新娘；月下的蔷薇花更有一种朦朦胧胧的美，透过月光，可以看到蔷薇花的花瓣以及投下的斑驳碎影，那月光犹如围着姑娘在跳舞，闪烁出一圈圈光晕在花瓣上静静流淌。一次偶然的机会，她从一本杂志上得知一直以来陪伴自己的花儿叫“蔷薇”，它的花语是“美好的爱情”，相传在它的背后还有一个凄美的爱情故事。从前，有一个男子很喜欢蔷薇花，他在自己的庭院里种了一株，细心呵护栽培。蔷薇花很感谢自己的主人，于是逐渐爱上了他。它不忍心看自己的主人孤单落寞，于是请求上帝让它化身为人。上帝答应了，但只给它一天的时间，条件是从此以后它必须留在天堂做上帝的花奴。一天的时间快乐却那么短暂，最后它向自己的主人坦白了一切。那个男子深深爱上了蔷薇，他死后，灵魂到天堂恳求上帝，他宁愿放弃再生为人的机会也要与他的挚爱生生世世永不分离。她知道传说也只不过是传说而已，但心里总抑制不住地对花儿多了一种怜惜，其实蔷薇花也是有灵魂的吧。

那一年，她读高三。高考的压力像一座无形的大山压抑得她喘不过气。她知道自己是个平凡的姑娘，却对成功有着同样的渴望。她对着蔷薇花陷入了沉思：蔷薇花是那么平凡，那么朴素，它不凭借艳丽的外表，也不凭借浓郁的芬芳，她开得那么自在，那么真实。在芸芸众生中，我们每个人不正是那一朵蔷薇花吗？杰出者毕竟凤毛麟角，但平凡的我们也可以让生命活得精彩，在人生的舞台上也可以绽放自己耀眼的光彩。我们不能因为自己的平凡而感到卑微，相反要过好自己的每一天，把自己最美的一面展现出来。花开了终究要凋谢，那么我们就要在花儿还没凋谢的时候活出最精彩的自己。

今夕何夕，青草离离，岁月如白驹过隙，她毕业在那个五彩斑斓的夏天。那一年离别，她悄悄地在花架后面的墙壁上用彩色的粉笔写下了这样一句话：Tomorrow will be better!

# 梦里·花祭

霍园芳

那条小路开满了泡桐花，湿漉漉的地面零星地躺着泡桐花的尸体。我摇晃地慢慢移动，树叶上积攒的水滴砸下来，砸在那朵已脱离母体的残花上，溅起一片细碎的水滴，又砸在我的鞋面上。我捡起那朵花，根部已经发黑，花瓣裂开了细纹，发干发枯。我觉察到染在手上的水和泥，又立马丢开了那朵枯花。她又孤独地躺在了那里。又一大滴水砸了下来，四周死寂，那滴水声撞击着我的心脏，一时间，我喘不过气来……

我从梦里醒来，还好，是梦。

四周依然死寂，毒辣辣的太阳晒得我嘴发干，脑袋沉重。我起身，想找一片阴凉处，却发现四周都是盛开的合欢树。阳光透过合欢细碎的花丝，抵达地面，与地上蜷缩的落花一起，使我又一阵眩晕。目光向远处寻去，又被密密的合欢截获。她们如一团红色的愁云，死死地纠缠住那株瘦小的树干。只是稍一风动，那团愁云便慢慢瓦解。落花像蒲公英，或是不舍或是决绝，瘫倒在树下，睁着双眼，死盯着树上还未脱落的幸存者。我被她们的眼神吓到，冷汗从毛孔渗出……

我从梦里醒来，还好，是梦。

手心里的汗浸湿了手中写满公式的小本，我起身，发晕的头脑想让我自己去外面转转。雪已经下得很厚了，我沿着那条被别人踩扁的雪路，朝里走去。我的脚步声惊起了一只不知名的鸟，它重心下坠，展翅，起飞，一切完美无缺，却晃掉了树枝上一朵早开的广玉兰，她与树上的积雪，一起落下来，落在树下的积雪上。花朵的重量与温度融化着周围的雪，融掉的雪坑又把自己埋掉。原来，广玉兰也不属于这个季节，错误的时间让她本身也成为一种错误……

我从梦里醒来，还好，是梦。

我躲在自己的私密小空间，敲出这些奇怪的文字。毫无质疑，不久的我又会从现在这个梦里醒来，醒来的我又会在一个不同的地方，又会是一个不同的季节，感受冷暖，为刚才做的梦而心悸、后悔和兴奋……

原来，那些不是梦，是再也回不来的往昔；原来，那些死去的不是花朵，是我已花费的时日；原来，我真正惧怕的，是成长中的内心孤独和剥离幼稚的痛苦。

# 昼与夜的交替

陈淑华

为何总是，暮春时节，潇潇烟雨，残红落叶，一派萧瑟零落的哀景。

戴望舒雨巷中忧郁凝结而成的丁香花，有若有若无的气息，似有似无的色泽。花褪去了艳红，裹在红泥中哀婉地死去，落红点缀了青草。灰白的墙角青苔蔓延着，正欲越过墙去擒一朵红来。

手臂般粗壮的藤蔓，像章鱼的触角吸附在石架上，慵懒地舒展着触角，偶尔弯曲一下指尖。雨水浸泡后，藤蔓更加黝黑，膨胀的身体宛如耀武扬威的将军，挺着圆鼓鼓的肚皮迈着八字步走来。皲裂的树皮一个个衔尾挈足相互咬合。

庭院里残留着昨夜暴风雨席卷的景象，只不过增添了行人新鲜的红泥足迹，高高低低，盛着浑浊无根之水，一个个接连通向大门，连接喧闹的街。比肩接踵的人群，像刚从烤箱里出来的烤馒头一般的车辆，配上钢筋水泥筑成的蜂房，这便是繁华都市。

晴时想着雨中漫步的惬意，一场雨，一把雨伞，一个身影，任惆怅如野马纵横，呼啸而过。连绵烟雨时，又怀念某个明媚的日子，躺在草地上，嗅着泥土中芬芳的气息，指尖感触空气的流动，彩云拈来作被衾，思绪在云端飞翔，追逐苍鹰的踪迹，静听古刹的钟声，回归于日影的浮沉……

曾有过，曾漂浮……

晨光熹微时，峨眉月悄然滑落天幕，繁星朦胧掩没，唯有启明星悬于天际，摇摇欲坠。这便是晨。

夜渐淡，昼渐浓。东方天边的鱼肚白便是这无言争斗的结果。悲伤与恐惧统统留给黑夜，希望与喜悦寄托于这萤萤之光。

等待许久，天际中吐出一线彩霞，急切着，盼望着，翘首期待着，一片，一块，像是画家的调色板洒落在天空中某个角落。色彩由橘红到深红，到耀眼金色，一道道浸染。日出如《琵琶行》中“千呼万唤始出来，犹抱琵琶半遮面”的商女，挣破用云彩织就的蚕茧，始露出手、脚、脑袋，像一个正在分娩出的婴儿；直至出来，红扑扑的肉丸儿，清新可人，带着羞涩、胆怯，傻傻地咬着指头，却不经意间瞧你几眼。孩子总是有他所处年龄段的特性，在童心的驱使下，迈出脚跨过云层，走几步便停下来张望，恐惧被新鲜的空气、奇幻的景象给驱散，心便野了，大步迈开，奔跑、跳跃、哼唱着。

旗杆的影子与旗杆形成90度直角。天空没有白云的遮掩，赤裸裸地映入眼帘。大气层宛如疲惫的勇士，再也抵挡不住强烈而密集的光束，只有眼睁睁地瞧他们踏着他的身体走过。浮于空气中移动的尘埃、高大建筑装饰玻璃上眩晕的光圈、树叶折射的光点、地面蒸发的热气，不断地浮上大气层。行人、动物像一个个行走在蒸笼里的包子、馒头一般，浑身散发着热气，宛如一点即着的纸片。街道飘动着散落的纸片，穿梭于高楼大厦、寻常小巷，拖着长烟似的尾巴。

造物者总是恰如其分地分置。

河面吹来丝丝凉风，撩动耳鬓的发髻。斜晖映红了江面，鲤鱼潜出，揉碎金波。水草是幸福的，全身浸泡在水中，只将脑袋露出水面，随着水波晃动。跃动的鱼儿打破了寂静。

行人三两群，或憩于凉亭，或醉卧于河堤，袒胸露肚，虽为不雅，却为惬意。点点灯光亮起，街道、桥梁上的灯火冉冉点起，一片片小区也走进光的世界。小镇亮起来了。渔灯孤帆漂泊于江面，何处是归家?

皎皎明月辉，秦淮江上烟笼沙。

夜已深了。月光洒在摇晃的长椅上，应和着孤寂的路灯，照着冷清的街道。

归家未有期。

# 谜

陈婷婷

18 岁那年，我做了一个梦：上辈子 18 岁那年，某条街某个下雨天，从我身边经过一个身材偏瘦、扎着乌发的女孩；她一个转身，我瞅见了她的正脸，原来她是丹凤眼，眼里还含着泪，眼边有泪的痕迹，看来她经常流泪；她轻声对我说："这把伞借给你！"之后，我还没来得及说一句谢谢，她就已经消失在雨中了。

她去哪了？她在我心里已经成为一个谜。

我 18 岁那年，别人都说我长得像猴般瘦，疼我的人都叫我多吃点。那时我扎着马尾辫，喜欢在下雨天的时候撑着一把伞欣赏雨中的景色，情不自禁地流泪。不是因为雨中的景色美而感动，而是因为某些事情某些经历会淅淅沥沥想下来。别人看不穿，说不破，我不解释，也不愿赘述。于是别人都说我是一个谜。我想到了她，那个上辈子遇见的她。

一定是上辈子她借给我一把伞，于是上天让我长成了她。我一直都这么想。

20 岁那年，我来到了湘大，只身打马来到这未被我的印象开拓之地。我感到彷徨。因为彷徨，心生不安。我不甘心让自己委身于此地——本来可以上更好的大学。

我眼含着泪水，看见这里的风景布满了灰尘，所有的花草都背着我开。这里的日光毒辣辣地烘烤着我的心。这时候，一场大雨来临，我从书包里抽出高中时用的雨伞，看着雨水把黏附在风景上的灰尘洗净，一花一草欣欣向荣对着我笑。日光隐藏到云深处，霎时间一切变得如此从容不迫。我开始从意识深处留意这里，这样那样的街，这样那样的道，我喜好记住它们的名字，在我的印象里用它们的名字感受每一处的千秋。

当时的我倚在栏杆上。栏杆很轻松，它承受的只有我一人的体重，感受的只有我轻声自言自语的叨扰。所有路过我身边的人行色匆匆，她们裹挟着自己的故事用疑惑的眼光看着我，所有的人心里说我是一个谜。

我只是愿意把自己的身躯托付给一个陌生的环境，精神层面的东西都能飘落在每一处我经过的地方，这些经过的地方说出的语言能与我相通，表现出来的意志与我产生共鸣，我会因此不再孤独。

而新来的一场大雨，原来的一把雨伞，一个神奇的美梦，让我解救了那时彷徨生恨的自己。

我内心始终执着于一个梦想，为此我对时间失落。如果没有时间，我没有固定的就餐时间，那一日一餐可好？如果没有时间，我没有一日一睡，三日一睡要求高不高？但我终究是一个有生命的人，生命需要食物和睡眠，于是归结到底就是生命在惹祸？可崇高的理想必定建立在一个有生命的人的身上，一件没有生命的雕塑如果没人动它，永世不动，何来理想可言？正因为这样产生了矛盾，于是我时常会纠结。

我用面包和字代替别人的饭菜，它们都在同一段时间完成。身边的人蜂拥而至食堂，他们吃饱了以后呼着饱和的饭气，穿入我的鼻孔。一帮有心的朋友提醒我：“怎么还不去吃饭呢！”“啃着一个面包，怪不得长得那么瘦！”

“这不是瘦啦，这是娉娉婷婷!”期间，有人冒出了这么一句!我只记得有这样的一句！对于后面那句话，我宁愿选择相信这跟我的名字有关!

那天晚上，我在镜子里审视了一下自己：好瘦！脑海里的第一想法便是如此！眼泪削掉脸庞了，颧骨开始突出；手筋像一条条穿在皮肤里的绿绳，连一个招呼都打得漫不经心，连一个最经典的剪刀手拍照姿势也做得僵硬了起来。

我把右手放在左肩上，同时又把左手放在右肩上，然后右手左手往后背不断往下抓，抓得紧紧的。拥抱自己的这一刻，我感受到了自己是多么疼爱自己。

于是我不再想一日三餐多饱，我也不要面包，也不要少睡的一个晚上，我只想善待我自己的身体，我会因此健康快乐!

20 岁那年，我又做了那个梦：事实上她并不是消失在雨中，她只是恢复了她的原身；她不曾丢下我一个人，成千上万个有心的她在她的后面，提醒我要记得吃晚饭。

原来她在这，在我的身体里，在我的精神里，在我的意识里，在我的印象里，在我的眼睛里，在我的泪水里，在我的一举一动、一颦一笑里。其实我并不是一个谜，我就是她，她亦是我；我疼爱她，疼爱我自己。

# 是美好与我为邻

侯雨佳

一

闭上眼睛就能想象彼时的远夏，蓝得让人心醉的一方天空下，我们脸上挂着新奇来到了大学校园，那时我们希冀着能在大学驰骋我们崭新的梦想。时间打马而过，一转眼就站在了大二的尾巴上。有人说大学的生活是晦暗劳碌的，周而复始地重复着迷茫的生活。每天往返于教学楼和宿舍之间，耳边充斥着繁复乏味的资讯，逐渐地我们感受到利益交换的原则，体味这社会雏形的百态，开始思考“未来”、“人生”这样的字眼，不再如童年般笑容明媚，有的只是寂寞生长的沧桑。这或许是成长的无奈，因为时光总会在每个人的期待面前疾速掠过，我们必须马不停蹄才能奋力向前，战胜一切。然而我更愿意发现和收藏生活中那些美好的点滴。我如同结绳记事般小心翼翼地回溯着大学生活，根据一个一个的节点去抚摸那些温暖的纹路。我们的每一个脚印、每一滴汗水、每一抹笑容，都是镌刻在这个特定时代的吟唱，生动鲜活，带着平稳的一呼一吸。属于我们身边的纯粹的美好，永远也不会轻易地随风走远。

梁晓声说过，我们是时代的活化石。我们是特殊的一代。犹记得大一时每天在天未明时醒来，窗外是深邃的天空，凌晨五六点钟，我们要再三地自我对抗，才能离开温暖的被窝，起床，穿好衣服，然后背起书包晨读。沿着小路一直走，风吹过，在微蒙的天色中，却突然发现有许多背着书包和自己一起前行的人。东方的天空在此时微微发亮，渐渐地所有的阴云都染上绯红的颜色，被风连成浩瀚的一片。看到这景象，我突然觉得大学生活是一幅无比温暖的油画，因为我并不是孤身一人，还有如此多的追求梦想的伙伴与自己同行，在和煦阳光下用彼此的存在和微笑点燃勇气，相互之间有无形的扶持，因此可以让人蓄满勇气地度过每一天。

二

朋友亦如此。

在疲惫的时候、落寞的时候，总是他们不变的笑颜和支持的话语慰藉着我们孤单的心。总是反复记起一位好友的话，她说："我们理应怀抱着对人生最忠实的一份热忱和希望，即使有时它令人绝望，但因为爱着它，所以相信它会不同。"这句话总能抚平我心中所有的躁动和不安，让我觉得，只要努力，在不久的将来，我们一定可以抵达自己所能抵达的世界。

朋友是一个如此温暖的词，他们是一股美好而坚定的力量，陪伴着我们一起翱翔在梦想的天空里。大部分的时光，我们与他们一起度过，让在校的日子变得温暖而充实。我们常谈起自己心中的那个梦，相互约定着要一起奋斗，一起携手，走向那个浩大的未来。一切的一切，并不只是年轻的喧嚣，我们一起追寻着不因迷茫而后退，不因强势而妥协，不因张狂而肤浅，也不因畏惧而停留的年轻人的精神。或许我们之间有着诸多不同，但是却能够互相在失落的时候给予安慰，悲伤的时刻给予希望，困难的时候给予支持，这是一件多么美好的事情。

忆起某个暴雨骤降的夏日，一位朋友慷慨地借给我雨伞。打着伞走在回寝室的路途中，发现对方正冒雨在路上奔跑着，雨水已淋湿了他的衬衫。那时的感动，直至今日，都未曾消减一分。

三

写着这些的时候，我不时地向窗外张望——我们的校园。云朵笼罩的初夏午后，有徐缓的风轻拂，阳光晴好，日影浮动。层层葱茏茂密的树叶挡住了太阳，淡淡的日光安静地碎在地面，斑斑驳驳。

树下有一位老师正带着几个学生练习跳远，其间发出阵阵爽朗的笑声。一直觉得老师是很让人敬仰的，守候着一方净土，陪伴并且见证着我们漫长的成长。他们博学广见，却不失亲人般的亲切和温柔。印象深刻的是在上学期的运动会 3000 米的跑道旁，看见老师扶着一位方才跑完的运动员走向休息区的一幕。平时严肃且不苟言笑的老师，脸上浮现出一种母亲般真切的笑容，眼中充满暖意，空气中自有美好的感情所在，似正关切地询问着身边学生的身体状况。此情此景，映在心中，让人一瞬间有莫名的感动，融化了内心最安逸的部分。曾听人说过，老师永远都是学生的守护者，我终于深刻体味到了。

四

在这个时间里，正有人轻轻地呼吸、偷偷地小睡、专注地听课、静静地思考。窗外云朵依旧纯粹，伏案的人依旧如常。

时光易逝。美好易逝。

人的一生会有许多阶段，每个阶段的感受都会是成长的真实记录，在记忆中化成淡淡的甜蜜。

虽然生活不一定按我们所预料的轨道发展，却处处会有美好的花朵在某处悄然盛开，它就在我们身边，并且开得温馨弥漫，活色生香。

## 那条河

牟逸枫

经常走在去逸夫楼的路上，一路上目光都盯着那一泓流水——就是那靠着泉山而流的水。

那水清澈灵动，透过它，我仿佛都能抚摸到水底油油飘摇的青荇，再细看，我都能看到里面的鱼儿在欢腾奔跃。倏尔，又像是数十尾蝌蚪自上而下，颇有白石老人《蛙声十里出山泉》的意蕴。

我不知道这水滥觞何处，亦不知这水绵延几何，但是，我却对这水有种莫名的亲近感。呵，看来宝玉所言不全对，不仅女人是水做的，我们都是水做的，最后也都化为水回归自然，可谓九九归一吧。

我很想伸出指尖，想要轻轻触碰它，但高突的路沿石像天边的银河，阻止了我朝圣的道路。那一刻，我多么想纵身一跃，用满怀的热情与激情去拥抱那泓水。

那泓水？那条河。

眼前的清流逐渐浑浊，泛起混沌，刚刚轻灵的水花顿时成了泥花，那源头，奔腾的浪，携着万千泥沙咆哮而来。那一刻，兵临城下；那一刻，我的黄河。

我霎时明白了为什么我有那种莫名的亲切感——

母亲！

耳边不再是习习微风，不再是翠绿盎然——一切只有黄，泥黄，沙黄，漫天黄沙。不，那怎是黄沙，那是滔滔黄河水，浑黄如浆，放荡不羁。波澜起伏的河水汹涌奔腾，浩浩荡荡，奔流到海不复回！“风在吼，马在叫，黄河在咆哮，黄河在咆哮！河西山冈万丈高，河东河北高粱熟了，万山丛中，抗日英雄真不少！”《保卫黄河》的歌声在耳边响起，淮海战役的场面依旧那样清晰。

古往今来，文人骚客用精妙空前、豪迈壮丽的语句来形容黄河，但谁能想到我的黄河就是这泓水！望着我的黄河，酸涩涌上心头。不知倦怠地流动，母亲累吗？母亲摇了摇头，微笑着告诉我，为了这个民族，为了爱她的儿女，这是一种必然，一种必然的付出。为了华夏子孙能够腾飞，为了民族精神能够绵延，她必须不停地流动，不停地提醒华夏子孙，必须滋养这个民族。

我的眼眶湿润了。

一直以来，我们都在向我们的母亲索取，索取我们需要的，也索取我们不需要的，但无论如何，我们的母亲一定都会慷慨地敞开胸襟，用甘甜的乳汁哺育我们。可现在，母亲不再依照千万年不变的路线游走，受伤的躯壳把过往的美好一并带走，泛滥的河水像受惊的野兽，不顾一切地反击。母亲受伤了，很重的伤——我们哪里是在吮乳，我们是在杀人，是在嗜血！

如今，一声声叹息，像黑夜中突然响起的尖嚎，使人从梦中惊醒，不得安宁。我想母亲是很痛心的，她没想到自己的子女会如此待她。泪水流得太多太多，悲伤逆流成河，母亲的眼泪，成了最悲痛的回忆。

河边上破旧的老水车依旧吱悠吱悠地转着，但再也没有纺着疲惫的歌。矿灯不再黝黑，我们不再是在历史的隧洞里蜗行摸索，我们的面前一片光明，一切都变得那么美好，除了一点——我们是刽子手，弑母的刽子手。

水，还在流淌，不过，早已鲜红。

# 一心一境

严　可

湖南的天气，就是爱耍小性子，常常让人在一天之内就尝遍四季的轮回，当真是无可奈何。闲暇的时候，我总会往那个叫做琴湖的地方走走。其实，那不过是一片废弃的荒地。在荒地的旁边，有一条小渠，渠中的水草虽已枯萎，却还和着清风在水中上下游动，唯有岸边的垂柳还维系着最后一丝生命，在凉风中瑟瑟发抖，不肯离去。我也不知道，我到底在留恋什么，或许只是百无聊赖的消遣吧。只是不知道，多年以后的我，是否还能拥有这样的心境，只希望不是南柯一梦。

天已经黑了，雨还在下着。我站在窗前，只是静静地站着。空气中到处弥漫着泥土的气息，阳台上的几株白掌也湿透了，偶尔还散发着几缕若有若无的清香，若不仔细，还真不易察觉。说起湖南的雨，性情倒也别致，绵绵不绝的当儿，也能让人舒服透心儿，不似家乡的雨，热烈而明快，真是各有所长。不过是相隔了一片洞庭湖而已，却造就了两种情韵。不过，世事总是难全的，大自然给了她如水的姿容，也留下了几丝遗憾。诚如，湘大远离闹市，俨然是一位温润如玉的谦谦君子。这里的人勤劳朴实，一心向学；但是这样一个安静如斯的去处，却也少了蓝天白云的景致，徒添了几圈年轮，也是可惜了。

宿舍里燃上了檀香，我就在灯下，望着这幽微的烟芒从屋内流向窗外。这样想着，手里却不知何时多了几张泛黄的老照片。那似乎是多年前的记忆了，依稀记得，那个承载了我儿时欢乐时光的地方。很久很久以前，我们七户人家住在那里，沿着一个小池塘左右分布。每到夏天，那满塘的蛙声、漫天的蝉鸣，你追我赶，如赶趟儿似的奏着美妙的音符。池塘的两边，追逐着孩子们的笑脸，吻着从野地里飘过的稻香，歌声响彻了蓝天。但最热闹的季节，要算是秋天了，满山的柿子，还有阵阵桂花的芬芳，我们奔跑着。后来，我们长大了，离开了。现在，那里也只剩下了几片废墟，当年那明亮如镜的古井早已不再，只是一地的苍凉。

就这样，翻着，想着，直到光线愈发地亮堂。原来，窗外早已是一片梦乡。

## 平凡是福

王 慧

不管什么时代，大多数人都在孜孜不倦地追求不凡，渴望功成名就，名垂青史，而忽略了平凡生活的幸福。但是，平凡不是平庸，平庸是一种堕落，而平凡是一种幸福。

毛宁的歌《普通英雄》这样写道："看世上，所有英雄，哪一个，做得轻松，我也不希望被歌颂，我只想，普普通通。"每个人在少年时代都会有一个英雄梦，区别在于，有的人实现了，有的人被生活的现实所打败，成为一个碌碌无为的人，而有的人认清了生活并喜欢上生活，享受生活中的一切。

生活不是小说，没有大侠，没有超能力，没有神仙，更没有公主王子。生活是什么？生活是柴米油盐酱醋茶的交响，是一天又一天不断地重复，有欢乐，有痛苦，有辛酸，最后就走完了一生。生活就是这么平凡，再回首，只剩幸福和庆幸。庆幸我们有这么平凡而又不凡的一生。冯唐易老，李广难封，此类人莫一不是为了追求功名，殊不知，功名背后是累累白骨。设想一下，如果李广之类的人在失意后果断放弃，不再执着地追求，解甲归田，那么就不会有"难封"这种憾事。或许平凡的人生会淹没在历史的长河中，但只要我自逍遥，又何必在意他人说些什么。

子非鱼，安知鱼之乐。我们无法对别人评头论足，那么自己呢，我们自己的生活又如何呢？大学存在着严重的两极分化：一种是学霸，各种考试小菜一碟，各种活动都有他们的身影；另一种是学渣，考试科科必挂，夜不归宿什么的司空见惯。或许会有人说这又如何，我们是大学生了，有自己的人生。可在社会面前，我们永远是小孩。为什么不做平凡的大学生呢？有课就跟着上，每天为了节省钱精打细算，听听歌，看看书，偶尔做一下兼职，和朋友相约出去游览一番……岁月静好，当你回首大学生活时，就会发觉这种平凡的大学生活温馨而幸福。

有一首叫《做一片平凡的叶子》的小诗，结尾的句子是：就做一片平凡的叶子吧，默默一生，无悔一生。世上没有两片完全相同的叶子，但他们又有一个共通之处——都是叶子。佛家说一花一世界，一树一菩提。叶子普通可见，他们的一生，是平凡的一生，不断地重复出生到死亡这个循环，永远默默地，并不因为平凡而抱怨、不甘。平凡的人或物，给别人的感觉就像空气，当他在你身边时，你不会有特别强烈的感觉，可以说存在感很低；但当失去他时，你会觉得身边的一切都不对劲、不协调，就像链子掉了一扣。人正是因为平凡而伟大。

朋友曾发了这样一句感慨：面包——渺小时，比较充实；伟大后，觉得空虚。平凡看似简单，一旦失去才会觉得重要。不是有句话说，时光如流水，一去不回头。失去的平凡时光，很可能不会再回来。在追逐不凡、渴求卓越的过程中，平凡就被丢掉了。说得玄乎一点，平凡只眷顾有缘人。有缘之人，能在平凡的生活中发现乐趣，让自己在平凡的生活中升华，耐得住寂寞，受得了枯燥。父母往往存在一种望子成龙、望女成凤的心理，但龙凤若那么普遍就不会显得珍贵了。生命诚可贵，若没了命，富贵名利都是浮云。我坚信，我会对我未见面的儿子或女儿说，愿你一生平安喜乐，平凡无波。太深沉的恩怨情仇是恶魔的呓语，会让你无法自拔，平平凡凡才是真。小打小闹可以有，就当做是生活的调剂。

回顾我们走过的岁月，往事就像一场场电影。幼儿时代永远是无忧无虑的代名词，伴随着的是泥巴和一个个天真的问题，好奇是最能描绘这一时期的。小学是初涉世界的不安，害羞和期望。老师会问你长大后想干什么，而我们会很傻很天真地说当老师，并在作文中用夸张华丽的辞藻来描绘夸赞老师这个职业是多么伟大。初中时感情朦朦胧胧地生长，今天传谁谁谁谈恋爱啦，明天传谁谁谁失恋啦，后天又传谁谁谁一怒为红颜拉帮结伙打架啦，总之各种传闻满天飞，而且内容更新得贼快。高中是永远做不完的试卷，每天各科老师比赛着布置作业，就是那种不做作业的同学，拼了命地抄也要抄了交上去，三点一线的生活是不变的旋律。这就是平凡的生活啊，无论当时有多大的伤痛或喜悦，时间会把它冲淡，最后成为一张照片珍藏在记忆之海。

真正的伟大不在于你做了什么惊天地泣鬼神的事，平凡才是真伟大。相传朱元璋每天批改的奏折多达上千份，但是你让他来种一棵菜试试。出名也并不意味着快乐，平凡才是真幸福。红人是非多，看看娱乐圈，今天的红人或许明天就跌下深渊。一千个人眼中有一千个哈姆雷特，有的人或许会说追求平凡是没理想，没抱负。人嘛，能够吃饱穿暖就行，何必追求太多，名利财富，生不带来，死不带去，拥有再多又怎样。上天是公平的，让人赤裸裸地来到这世界，死后也化作一抔黄土，追求太多，失去的可能更多。平凡地过日子，在生活中发现喜悦，挖掘喜悦，多好。比如登山，有的人一心只想到达山顶而忽略了沿途的风景，有的人如闲庭散步，且走且停，珍藏路边的风景。

平庸地过完一生，是一种态度；轰轰烈烈地过完一生，是一种态度；平凡地过完一生，也是一种态度。选择了平庸，将会跌落深渊；选择了卓越，将会飞上云端；选择了平凡，那么，恭喜你，你还作为一个人活着，平凡而又真实地活着。

宠辱不惊，闲看庭前花开花落；去留无意，漫随天外云卷云舒。不妄取，不妄予，不妄想，予人方便，随遇而安。

# 此间来去

胡莉莎

也许是离开家太久了，也许是日子一天一天地过，渐渐习惯了在一定的区域来来去去，我心里生出一种不安，隐隐约约，又日夜煎熬着。

我想，我害怕着城市，害怕着未来。说不清又道不明的情绪在心底蔓延，百爪挠心，我常常无法控制这种泛滥的情绪。

在这些纷乱的情绪里，我突发奇想地决定回大山里已无人的老家。家人都奇异地看我，那个地方什么都没有，你回去干吗？我也不知道，所以我不回答。只是有一种直觉，让我一定去一次，去找一个拨开眼前迷雾的契机。

我走在幽静的山间，脚下是踏实的大地，空气里夹杂着泥土独特的味道。那一分钟，让人无端生出一种故土已成他乡的错觉来。此间的山水，熟悉间又莫名透着几分陌生。快到家时，我从山腰往下俯视，看见原来的老房子静默地躺在山脚下，在竹林掩映中仿若历尽了人世风尘，已然独立于世外。

我一步步接近，心里出奇地平静。

冬日的暖阳下，院子里一地的枯枝败叶随风翻动，昔日朱门上的红漆已经剥落，窗台上的尘埃不知堆积了几个春秋。抬头看，大门上方雕花的横窗结满了蛛网，檐下泥塑的燕子巢穴掉落了一半，那只幼时的燕子飞走多年，不知可曾回来过，又或者它早已别了寒来暑往，不在这尘世。眼前风景寂寞而萧索，游子归来，物境迁移，流光容易把人抛，红了樱桃，绿了芭蕉。人生的一个恍惚回首，便是沧海错落，桑田不复。

我驻足在屋檐下，一个人，无话说。岁月忽已晚，旧山松竹老。

堂屋的两扇朱红大门旁边各自又是两进小门，左进从内里插销，右进从外面锁住。我没有钥匙，但是我不担心，走到左进的小门，用力一推，里面有凳子抵住、被推开的声音。我不自主地弯了嘴角，一切依然如记忆中一般。这道小门内里的插销一直没插，我想起从前外婆跟我说，你只要去推那道门，就进去了。

只要推开那道门，就进去了！一瞬之间，我心酸莫名。

想起几句诗来：被酒莫惊春睡重，赌书消得泼茶香，当时只道是寻常！

昔日种种，历历在目，可惜，当时只道是寻常！

我简单打扫一下，就入住了。老房子里依然搁着柴米油盐，那是外公备的，因为他有时候会回来修理种下的树木，送别一些村里的老人。

晚上，我拿一张小板凳坐在屋檐下，寒月银霜，一地惨白，映照出光秃秃的树影在地上交错乱舞。住在前面的小外婆来陪话，家长里短，人世变迁，最后提到了祖公。

祖公是我外公的父亲，他的四个儿子我都叫一声外公。他是他们那一辈活得最长久的，儿孙满堂，底下的小辈多得他都数不清认不全。小时候，我是他最疼爱的小辈，总是能从他那里得到那时候少见的饼干糖果，惹得同辈的孩子羡慕嫉妒。

祖公去世的时候，我五岁左右。我觉得我人生的开端，开始清楚记事，就是从祖公的死开始的。他的葬礼，给了我太过深刻的印象，时至今日我依然感觉一切一切都历历在目。

在我的记忆中，祖公是一个清瘦的老人，似乎一阵风就能将他吹走。他总是拄着一根用得光滑了的木拐杖，有人围着的时候，就坐在昏暗的房间里，呵呵地笑着。没人的时候，他就一个人拄着拐杖，慢慢地在院子里走，在老旧木厢房之间的通道上走，一个人，沉默，寂寞，没有言语。这种时候，我常常跟在他身后，不说话，嘴里含着糖果，静静地跟着。他的背影明明孱弱却坚韧得像是永不会倒下，明明有点佝偻，却让我觉得是挺得笔直笔直的。他经常走到二外公家宽旷的院子去，有时候会慢慢走上门前高高的石阶，转过身，看向天边。我也上去，坐在石阶上，挨着他的脚边，抬头看。他向风而立，目光幽然远去，到我所不能触及的远方。有时候他又慢慢走下石阶，到墙边，就着山势倾斜，出神地望着。我不知道，远方那片竹林风海里，到底有什么牵住他的目光。幼时的我，只是偶尔去拉拉他饱经风霜的手，他会回头看我，笑一下，眼里满含着怜惜的光。

他的面容已经在时间的流逝中模糊得看不清，我只能记得他的眼睛，那是一双让人无法忘记的眼睛，黑白清明。他病倒之后，大外婆每天抱着我守在他的床边，那时候大外婆的脚已经快不行了。拖了几天之后，祖公终于走到了人生的尽头。我是看着他闭眼的，在他人生弥留之际，我看到他已经浑浊的眼睛微微睁着。昏暗的老屋里，天宇之外的光线漏进来，落进他的眼睛，深邃得如同冬日的寒潭湖泊，又如太平洋深处的薄光，那里面恢复了往日的一片清明。我惊奇地睁大眼睛，看清了老人眼角最后的光芒，然后摇摇昏昏欲睡的大外婆，说，祖公睡着了。大外婆睁眼，看了一下，伸手一摸，叫了声爹，然后把我放到地上说，去叫你外公他们，说祖公不好了。我懵懵懂懂，不明不白就去了。

跑到二外公家的酿酒坊的时候，我赶上了小外公。那里的地面铺的是竹子，一排排，我跑起来，听到咯吱咯吱的声音。照进来的光线，弥漫的烟气，浓郁的酒香，隔着一段距离，我看不清小外公的脸，我冲他喊，祖公不好了！他愣了一下，然后转身跑起来，我听见他喊人的声音，好像很清晰，又好像很缥缈。很快，人都聚集了，外公给祖公打了针，一堆外公外婆们守在床前。

按规矩，山里人有喊魂的习俗，在人死之际，亲人在旁呼喊，能留住逝去的生命，虽不长久，但情之所至，魂兮归来！

三天之前就开始陆续喊了几回魂了，这一次，外公们决定不喊了，说，让他好好去吧，别再这么折磨老人了！气氛沉重，我不敢说话，低头吃着从祖公的小柜子里拿出来的糖果，恍惚间听见外婆喉咙里那一声呜咽的“爹啊”！

因为祖公是他那一辈最后的一位了，老人们决定给他大办葬礼。于是各家开始把出门打工的年轻人都召回来，祖公的发丧推迟。那几天，村子里悲哀的空气里洋溢起一种奇异的热闹和快乐。每天都能看到有人在路口张望等待的身影，路上遇见时的问候也变成了“你家孩子回来了没”，或是“回来几个了”之类的话。

多年之后，我才能明白那一双双热切的眼睛里深埋的是一种怎样深刻的盼望。生存的无奈，人生的艰苦，天涯相隔的思念，在平日里，都被这些质朴无华的人们挥洒在面朝黄土背朝天的汗水里，他们从不抱怨，也不苛求，只是默默耕耘，日复一日，年复一年，弯了脊背，老了容颜。

年轻人回来了，发了丧，请了外族的几个长辈来主持葬礼。一切都按规矩来，古老的地方自有一派习俗，可简可繁，但既然是决定了大办，就不能简单了。点主，开路，守灵，哭灵，丧宴，游城，等等，一样一样来。领孝帕的时候，按辈分排好，一个个来领。母亲属于嫁出去的女儿又归娘家，我是外姓人，没有资格领。但是长辈们看在我是祖公最疼的小辈份上，也给了我一条，外公推脱不过，替我接了。最惨是救苦，每人拄着一根截短到只有小孩手臂那么长的青竹，弯腰绕行。由于人太多，绕行的队伍首尾相连穿过堂屋的灵堂绕过各屋。长辈们坐在长凳上，手拿一根长竹竿，谁直起腰来就敲打谁，一连几天，从日暮黄昏到破晓黎明。最好笑是哭灵，后辈太多，灵堂跪不下，于是分批哭。哭有哭的规矩，哭了得有人拉才能起；且哭有哭词，年轻人大多都记不住了或是不会。我听见三姨和明姨说，等下我去哭几句你就把我拉起来，你哭的时候我拉你。我把这事告诉外婆，外婆笑了，让我别告诉外公他们。最好玩的是游城，先生领着，吹拉弹的跟着，人们举着各色纸人纸马游城，点上香，放着鞭炮，长长的队伍，冷清的大山里荡着回音。

那场盛大的葬礼，它是那么别具一格，那么独一无二。我生平第一次接触的死亡，气氛居然是快乐的，是幸福的。祖公的离去，带来了村里一次最大的团圆。许多年后，它都还能勾起人们的记忆。也许正是这场葬礼让我以如此别开生面的方式接受了死亡，所以我才会从来都不觉得死亡是件可怕的事。

16 年了！一转眼已经是 16 年过去了！小外婆摸索着我的手说话，月光下我看见她满头的银发。是啊，16 年了，16 年前，她的头发还是黑的，她的眼睛还能清楚地看见。最是人间留不住，朱颜辞镜花辞树！那一刹那，背灯和月就花阴，已是十年踪迹十年心！

隔天，我去上坟。祖公坟前也有竹林，风声来，落尽了叶叶心心。我摆上糖果饼干，洒下一杯清酒，酒香冷冽在空气里。青冢黄昏路，死生不复言。也许多年以前，祖公目之所及的那片竹林风海，人间生死，欢喜悲音，都在其中。

我以为曾祖公的葬礼是洋溢着大家的幸福的，心里偶尔觉得不敬。无知随年月过去，后来我明白了，人们只是把悲伤都藏进了心里，这些祖祖辈辈生活在土地上的人们，已经学会了怎样坚韧地面对死亡和别离的伤悲。那不是漠然，那正是生命在岁月里堆积而成的坚强，无论怎样的风霜袭来，他们都将不动声色地往前去，去往人生未知的漫漫长路。

我回想当年的画面，灵堂前，披麻戴孝的人们虔诚地磕下头去，白色的孝布汇成一片圣洁的海洋。那个过程里，那一刻，所有的悲伤应该都已消弭，因为所有的道别都已完成。

人们不需要多余的言语，是因为每个人的心底里，都有那么一个地方，安放着所有的珍爱挚爱。那是心里无声的信仰，也是坚强的依靠，回头看一眼，就会心安，就有力量前行。

村子的兴衰，祖公的生死，我的归来离去，都是岁月的注定。时间的长河，从来不停歇，命运轰然往前，我们也不该滞留。人间岁岁冷，寒尽春又来。在属于我们的那片竹林风海里，也许路途坎坷，也许前程光明，或许畏惧，或许害怕，一切无可厚非。所有一切，好的，坏的，都有它结束的那一刻，像一个葬礼，将来去的路区分。我们应该大踏步地往前去，扔掉那些迷茫害怕。人生固然有太多伤心无奈，有一天路到尽头了，累了倦了或是悔了，大不了一笑，归来时，有一道门，能推开就进去了，歇一歇，一切还会是原来的美好。春天总是一个接一个地来去，我们所要做的，只是勇往直前。

# 临时演员

吴　辉

记得我曾经见过湘江的水，也见过长江的水。长江水浩漫浑浊，透着深色的光；而湘江却是浅涩明朗的，泥沙色清却凝滞，在阳光下明媚刺眼。也许是处境和心境不同，对两条江的感受是不同的，我曾写过“我从未踏出两条江的距离”，未曾料想的确如此，在湘地生活近两年，却只是在这两地停停走走，不知所终。

当初填志愿时，父亲半开玩笑地说让我走得越远越好，我于是和好友约定一起去海南，最后却因分数差两分而入湘，海岛梦也随之破碎。其实本不是有多大的遗憾，我内心也很清楚，湘或许意味着更多。但在假期和好友深谈后，愈发有一种世事未历之感，甚至固执地以为那些海本来也可以有我的影子。

我从未见过大海，但这并不能够算作我的遗憾，反而是我的期待或者是未竟的梦想。我走过很多条山路河流，见过长江湘江，相信见大海的日子也不会太远。人或许总会把未完成的东西想得过于美好，所以一旦实现了反而会感到失落。所以对于海，我只是怀有一个简单的愿望，认为它总会到来的。

大学几年的时间，人居于其中多么像一个临时演员，演着自己和他人的幸福。想到这一点时，我有些哀伤和痛苦。更多的时候我是处于一种迷茫甚至是混沌的状态，在一番自我辩驳之后，反而是更加模糊。拙劣的演技或许更能演出刻骨的悲伤与仇恨，而大多数人早已可以随心所欲地生活于其中，消弭了仇恨与泪水，把最后仅存的真实也碾碎了。

我想我还是没有逃出这两条江，不仅没有走到外面，也没有走出自己设置的牢笼。远方，一无所有的远方，或许真的是一种出路，就像周涛笔下的巩乃斯草原，红柯笔下的额尔齐斯河波浪。远方啊远方，是画地为牢的人们最后的救命稻草。

在这个时间和空间都如此狭窄的境地中，任何的徒手反抗都像是作茧自缚。我曾经说过悲伤的话，用各自避难来形容人群之间的关系，以至于后来自己竟能看开很多无法释怀的东西。我一直很清楚现实面具揭开后的人情冷暖，倒不是自己的阅历多么丰富，而是自己向来沉湎于其中，以自己的顽固来体会这些悖论。冷漠是一种与生俱来的劣迹，而那些虚伪的温情又是让人甘之如饴的慢性毒药。时间在这里面下了多么大的力气，能让言语和记忆都变成陌路之后的恶行。有人会因为你的悲观而把感受一笔带过，甚至会因为你的悲观而嘲笑你的懦弱。但是他们不知道虚伪不是因为虚幻而存在，而是出自薄凉的人心、深深的隔膜以及无知的偏见。

在无助或者是苦闷时人总会想到爱，认为爱才是真正的良方，以至于爱被当成一种寄托一种安慰。这时爱就不是爱了。爱应该是本能而不是期待和愿望，不是结果而是它本来存在的样子。所谓的美好也有诸多限制，就像你急于解释一些匪夷所思的现实时，你会发觉现实也不过如此。

很多时候都是高估了自己，也高估了现实，更高估了自由。生来即有的东西往往需要被改造，而改造本身是痛苦也是失去原先价值的。自由这个与生俱来的东西从未被完整地拥有过，但也从未被真正地放弃过。

如果能清醒地看到时间所具有的毁灭性，那么生命就是一场灾难。可幸的是，遗忘能使这种毁灭模糊甚至是被抹掉。至于记忆及其附庸品音乐等则会让人偶有失落感，但在生活的洪流面前也只是暂时的调味品，纵然有人常常作痴人状，也不过是自己和他人的小风景。

黄渤在电影《假装情侣》里唱的插曲《临时演员》让我感动不已。虽然歌词是写他从前的临时演员经历，和电影情节也算是相关不大，但在这种苍老的歌声里可以听到悲凉和哀伤，这种感染力已经超出歌词本身，也穿过他的嗓音长久地留在我的心底。临时演员，多形象的称谓，在任何地方任何时间每一个人都是临时演员，所以必须记住忧伤不可忘，转身即苍凉。

# 一片飞红，彩影翩跹

类成文

那天，你被潮般的黑暗淹没，但你并不后悔，你在等待，你在等待寂寞了一个轮回、一个四季后破茧而出的一刹那惊诧整个世界的美丽。

——题记

一片飞红，彩影翩跹。在溢香的瓣与流翠的叶间，徘徊，游戏。那双斑斓的翼在颤，似落叶旋，如工笔描，勾勒出玄奥精妙的痕，印在了红肥绿瘦的脸庞，熏香了整个世界。

这就是蝶，天生的舞者，唯美的集合。

一片飞红，彩影翩跹，上天给了你最美丽的外表，却夺走了你的声音，你只能不停地舞，用舞蹈诠释自己生命的意义。

那不是探戈不是芭蕾，而是幻之海上的《霓裳羽衣》，是春之梦里的生命舞点。你披上七彩的羽衣包裹玲珑的身段，在花蕊、在叶梢翩翩起舞，留下绚烂而又清纯的吻，如乱世中的美神。

你那清水出芙蓉的姿，那明月照荷花的态，黯淡了花鸟月，迷醉了世间人。于是世上有了庄周梦蝶，沉浮红尘逍遥游，体悟着精神的至高境界；有了梁祝化蝶，翩翩依偎死缠绵，流传下催人泪下的凄美。

你是花仙，月光下，溪水边，你轻抚着牡丹芍药，向她们倾诉你的忧伤，你依旧只能用舞蹈，但她们明白你那绽放的无声的美丽下蕴含的寂寞与凄凉。

谁人曾驻足凝视你的柳眉素颜，秋眸中一颗剔透如水晶的泪默默滴落，柔伤暗痛淡如风却浓如墨，万年不干涸。

时光随记忆逆流，你还只是只丑陋的毛虫，独自蠕动在沾满露珠的草叶上，人们都在厌恶你。从露珠的倒影里，你第一次看见了自己，你也对自己的模样感到恶心。你决定改变，你做出了一个决定，一个让你痛苦但不后悔的决定。

“每只蝶都是一朵花的精魂，我要学会忍耐。”你在轻轻低语。那天，你被潮般的黑暗淹没，但你并不后悔，你在等待，你在等待寂寞了一个轮回、一个四季后破茧而出的一刹那惊诧整个世界的美丽。在黑暗里，你学会了忍耐，学会了体味寂寞，学会了咀嚼孤独，你在一天天地成熟。

花开花落，云卷云舒，你终于破茧而出，虽然剧痛钻心，虽然你无法说话，但当你看到了自己的美丽，你依然高兴得只想欢呼。

直到有一天，人们骂你是花间浪子，红楼舞姬，没有蜂的勤劳，却汲取着花的生命。你彷徨了，你不明白，难道追求美丽向往美丽也是错误吗？

你疯狂地舞，向世人质问，可没人懂你舞蹈中的疑惑，人们骂你骂得更凶了。你终于悔恨不能发声，无法用语言表达你的难过。

直到你疲惫地摔落，倒在泥泊里，你开始默默流泪，问着自己为什么，黑暗中寂寞孤独地等待了一个四季，却换来人们的谩骂，人们依然厌恶着自己。

你开始愤世，仇恨所有。

直到你遇到了蛾，它和你有相同的历程却有比你还凄惨的人生。你看到他们奋不顾身地扑向火焰，被无情地舔舐成飞灰，你疑惑地阻止，却换来他们厌恶的冷眼。飞蛾骄傲地说：“我在追求光与热。”你提出了你的疑惑，蛾说：“追求梦想时可以放弃一切，何必在意外界。”

你回想到了你破茧的那一刻，当那一缕阳光划破无边的黑暗，世界是那么美好，虽然有剧痛但你也没有在意。你突然明悟，自己追求过，体会到了那破茧后的喜悦，一生已经值得，又何必在意他人的眼光。

你依旧在舞，不停息地舞，但不再疯狂。你已经明白，飞蛾破茧而出是为了光与热，蝴蝶破茧而出是为了跳出自己生命中最美的舞，都是在追求希望，憧憬梦想。曲终人散，谁无过错，何必在意他人低下的眉眼。

你依偎着牡丹芍药，流水月光，这就是你的归宿，舞累了，就回来。

一片飞红，彩影翩跹，舞在花丛中，等待着一生中最美丽的舞蹈绽放……

# 写作的野心

唐子怡

还是习惯写手稿，一笔一画很有质感，我的字歪歪扭扭地印在白纸上，样子看起来很差劲，内容似乎也很糟糕，内心却是安定而畅快的。不是不喜欢在电脑上打文字，只是好像思绪跟不上打字的那种节奏。脑海还在想这一刻的表达，手已经开始在键盘上晃起来，再加上耳机里感情渲染强烈的音乐，情感喷然而出，心绪激动，想要表达的东西未必真的能随这种状态好好走下去，渐渐往反方向背道而驰。要怎么精准地表达自己当时的心情和想法，真的不只是靠自然朴实的语言一下子就能做到的。很多时候，作为一个阅读渐少又很单纯写文字的人，他写东西往往只是想真实地表达自我，至于是否文采斐然并看上去楚楚动人，那他不会考虑这么多繁冗的东西。一如大多数女孩在青春期情爱刚刚萌发的时候多多少少都写过日记，那些被暗藏在几月几号下的秘密文字大概是种表达欲望的发泄。无人诉说的时候，文字是最好的朋友。

一旦爱上写作，人是不会单纯停留在表达欲望的发泄身上，而是一步一步深陷于其中，企图用更好的文字来诉说他想要倾吐的东西，有些是自己的故事，有的是别人的。每一个故事都是在演绎一种画面上看不到只能靠想象的内容。文字会是个巨大的坑，填满的同时，坑也会越变越大，无底洞似的在里面咿咿呀呀唱着吴侬软语。其实文字到底还是需要不断雕饰的，就像磕磕碰碰雕刻出心中完美的大卫一样，有野心的写作者都是想征服文字的，驾驭的欲望不比控制一辆劳斯莱斯的欲望弱。但是，怎么写自描，怎么写肖像，怎么把情感渲染得扣人心弦，也不仅仅是技巧的问题，对文字的敏感、热忱还有写东西的习惯也会影响文字本身投射出来的感觉。

我是个表达欲望很旺盛的人，像盛夏的香樟树那样繁茂富有生机，不断往上蹿。文字大多也是来源于真实的感受，我讨厌矫情的诉说，特别是对某种感情的夸大，写着写着就立马到了主角落泪的场景来了。我常常在看到诸如此类的东西时没有任何感觉，然后坚决翻篇不看。我一直庆幸我的生活里总会出现一两个喜欢写文字的朋友，不知道是他们影响了我，还是自己感染到别人，或者是出于一种习惯到完全离不开的状态，这一写，好像也快十年，然而一直停留在创作拖沓的阶段。在这么长的时间里，敏感又苛刻的我总是很嫌弃自己的文字，可是我一边觉得自己的文字很恶心，一边又热忱地创作着，也不知道怎么走出这分裂的状态。

关于我是不是很纯粹地写作，我不想很明确地承认，因为我的确对文字抱有一颗占有心，强烈的自私感更是填满在我的内心。

有一年的教师节向老师问好，突然在话筒那边传来对我的好朋友啧啧啧的赞许，他的文章获奖了被刊登在某本书上，老师的声音里满是抑制不住的兴奋，“你知道么，某某刊登了他的文章”。听到这一句，突然，心咯噔了一下，然后话筒里高昂激动的声音一遍又一遍重复着，就像针一次又一次刺痛着我的神经，一颗嫉妒的心再也掩饰不了，就像钻牛角尖似的硬要蒙住自己的双眼。不记得是在什么情况下结束对话的，只是挂摔电话后的我一直处于自我要求很苛刻的状态，那段时间再也没有想写就写的心情了。

这几年我渐渐承认起自己的野心，不再掩饰这种可有可无的占有。写不出的时候，纠结的心情一点也未曾改变。以前凭着有语文老师的格外宠爱，自己总是有一种虚空的骄躁，特别是老师把我的作文拿到课堂上念的时候，我感觉我的脸上都是泛着金光的。这种骄躁不自然地浮出了水面，以至于当时遭到同学的冷漠和排挤。实际上当时我的作文真的算不了什么，有几次老师没念到我的文章，心一下子从高耸的山顶落到了山谷，都感觉整个人灰头土脸的。从小到大，我也只有对写文章这件事很自信。个子最矮，跑得最慢，反应最迟钝，学东西都是比别人慢一拍，可是对这些我都不太在乎，虽然还是会有一点点，但是在我看来，写出自己满意又得到别人肯定的文章才是我最在乎的。当时我就在想，即使很落魄了我也要写，为此几次在意见上跟妈妈争吵起来。妈妈总是在她宽大的额头上露出被紧紧锁住的愁眉，一副怀疑且厌倦的神情，“你连句子都写不通，还想当作家!”空气里凝固了一阵，紧接着又是，“嗯哼!”妈妈嘴边的肌肉轻轻地抽动了一下。妈妈是那种懂得见好就收的人，睥睨了我一眼，见我已经没有力气与她争辩，就丢下一句，“狗屁文章，先把你的句子写好，还没先学会走就开始跑!”转身留下一个似乎重重摔过门的背影，尖利的声音在充斥着刚刚煮好的米饭香味的房间里噔噔噔蔓延着，我再也不想相信妈妈会支持我做任何对的事了。叛逆的虱子蹒跚在身上，满处都是，写作骄躁的心一直驱赶不去。

直到高考失败，我才觉得我只不过是个一无是处的人。什么都不会，什么都是半途而废，连写作都是自视甚高的。出来分数的那一刻，我没有任何感觉。选学校的时候，我才回过神来，原来这么多年来我一直在原地，我高估了自己的能力，安稳的生活有什么不好，非得把时间花在如此未知的事情上。绝望透顶的我还是选择了复读。我没有选择专门学习文学的中文系，而是填了当老师的专业。可是我没有我想象中的那样决绝，我还是在写作，并且在大学，这种写作的欲望越来越强烈，野心越发膨胀。

在大一认识了一个爱写东西的女生，很奇妙，我和她的境况几乎差不多。不过她写的东西倒是出乎我的意料，很自然，毫无修饰，极其本色。我问她是怎么做到写文字如此顺其自然的，她一脸平淡地扔了一句，“再怎么有野心也是白费的，因为我们现在的水平还达不到我们想要的。”

确实如此。可我还是觉得写作需要野心，特别是把写作作为人生唯一信念的人。没有野心的写作者是不值得一提的。

我一直都想在大学做些不修边幅的事情来证明自己的独特，证明自己不盲目跟风，不被安逸的生活状态所蒙蔽，想要活得足够精彩。写作同样如此，我想以此证明自己是可以写好的，我不是自恃，不是空想。于是没有哪个阶段比这个时候的我更加急于写出自己满意的东西，彻底对文字抱有企图，而不是那个受到委屈缩在被子里偷偷啜泣，半夜爬起来亮着小夜灯刷刷写满自己情绪的人。但也没有关系。我现在感觉淡漠了许多，已经把野心这种东西慢慢压制在创作之外，以敞开一颗更加坚定却平静的心对待文字。无论什么梦想，都会经历一个错把企图心作为自己的奋斗理由的过程。然而，没有一丝一毫野心的理想是不会有动力去实现的，把握好这个尺度的人其实不多，可总有人已经学会把握好其中的得与失、舍与取。勇敢面对这其中的矛盾，即便生活中存在太多这样类似的挣扎。成功与自由、物质与精神或许在很多时候都是相辅相成的。

做个有野心的写作者，直到你不再爱他。

# 第五辑　人在旅途

# 上北下南

祝潇颖

2013 年的仲夏，我的大一生活在冰淇淋融化的时节里落入了尾声。从逸夫教学楼回到老宿舍区南苑的路上，眼看大四学长学姐在日光下摆摊贩卖最后一丝独属于湘大的眷恋，耳听不远处传来知了鸣叫中夹杂着的毕业照合影留念的咔擦声，抬头仰望刺眼的天空，我的心里猛然涌现出泰戈尔的千古名句：“天空虽无翅膀的痕迹，但鸟已飞过，纵使天空了无痕迹，但我已飞过。”

一念之间，我竟开始头晕目眩，惶恐不安。

你要我怎么才能相信，我的大学时代，随着又一届毕业生的离开，硬生生被他们扯走了 1/4！

有人说，只有你全身心投入于一件事情，每天都有理想有目标地活着的时候，你才会觉得光阴似箭了，岁月如梭了，时光荏苒了。或许，这一切只是源于 2013 年伊始我从应用化学转入汉语言文学专业。而归根结底，却只是因为我心中的那个梦。

我处在一个做梦的年纪，不记得有多少人明里暗里嘲讽我的愚昧与无知。我喜欢写一些琐碎的文字，投稿过去，却常常石沉大海。理想很丰满，现实很骨感。大一上学期的时候，我拿着抄来的号码打电话给一个陌生学长，只是因为听说他出了几本没有刊号的杂志。我虚心求教却被一句句类似“你有聘请美编么你有设计经验么你有钱么”的话堵得哑口无言，泪流满面。我原本以为只有这样炮轰式的口水炸弹才会有此杀伤力，让我几天都恢复不了元气，却没想到大一下学期，一次社团内部的图书分享交流会，我紧张地在讲台上讲述漫画家兼民谣歌手王小熊猫，甚至把他的绘本他的音乐都带去分享时，一位学姐却用异常理智的态度打断我所有的期待。她毅然地说，“钱才是我们生活的最终目的。读书为了找工作，找工作为了挣钱”。就这样，在即将结束的大一生活里，我的脑海里频频出现理想与现实斗争的场面，不可不谓是“血雨腥风”。

纵然拔剑四顾心茫然，我也还要逼迫自己去继续矛盾着。那个时候，我刚好跟北京意林杂志社的执行主编谈妥了实习一事。无工资无补贴且吃住行自理，完完全全一个免费劳动力的角色，却仍然有那么多人挤破头颅去抢。与此同时，南下广东寻找暑假工挣钱的计划也不得不随之搁浅。“不要让父母为自己的梦想买单”犹言在耳，但北方那来之不易的肯定又让人心潮澎湃。北上还是南下，如果只是抛一枚硬币就能解决的事，我又何苦如此日日心不在焉?

我们每天要嘴皮子吹嘘着理想与现实，然而，等到矛盾的这刻真正降落在自己身上，才感觉所有的言语都开始失去原有的力度，变得苍白无力。未身其中，不知其理；一入其中，万劫不复。

向老师寻求意见，联系北京作家倾蓝紫，与朋友诉说自己的无奈，甚至在湘潭大学贴吧发帖咨询。有时候，一个人偷偷上搜房网寻找北京的租房信息，查询北京的物价车费，有时候，刷牙发呆，吃饭发呆，塞着耳机走路也发呆。

直到有一天，我收到了结识五年的山东笔友依蓝的一封来信，除了问我安好，便是讲起她自身的近况。她曾经跟我说要考研到南方来，与我一起享受江南烟雨，红尘相依。然而，因为家庭经济情况，她不得不早早地出去工作，投身于一所不知名的小报公司。娟秀的字迹力透纸背，仿佛是好不容易才做出的决定，字里行间隐藏的强颜欢笑，易想不易语。信封上晕染的墨迹，亦如一滴滴泪漂泊在这南北之间。它是横亘在我们之间的距离，更是理想与现实的距离。

依蓝没有明确告诉我该如何抉择，却用自身的情况警醒了我。她已经遗憾一次了，不希望我也跟着遗憾一次。我们曾经说好的，随心飘摇。

后来，我没有来得及回信，一个人拖着行李赶去北上的列车，开始那一段短暂的北漂之旅。在北京的时候，我坐着地铁去了很多地方，见到了很多同在北漂的人，他们的年龄多数在二三十岁之间，几个人挤在一间没有阳光的房子里，追梦的步伐却从未止息。我不知道多年后，他们是否会因为年华老去而走上追名逐利的道路，但是，彼时彼刻，他们无疑是彼此生命里关于青春最美好的遇见。

记得电影《长恨歌》结束的时候，字幕出现了这样一句话：“一座城市不会老，因为每天都有人奔向灿烂的青春。”

我想，北京大概就是把这句话入木三分地刻在骨髓里的城市吧。

然而，当我自以为是地认为北漂意味着梦想而南下则是辛酸无奈的时候，一切又开始迷茫起来。不只是我的心，且加上一座城的魂。

2014 年 2 月 9 日，东莞扫黄的消息震惊全国，媒体相继大肆曝光各种声色场所，群众的呼声很高，但类似“东莞挺住”的句子竟然有成千上万的人转发点赞，一件如此严肃的事遭受的却是网友的恶搞玩弄，而大众的盲目跟风有增无减。

那段时间，我好像看到鲁迅笔下的看客从文章里跳脱出来，成了一个个面目丑陋的活生生的人。他们不仅仅存在于东莞这座城市，甚至遍布全国各地。

一座城是因为有人才显现出鲜活的生命力量。人是城市的核心，人杰地灵，先有人杰，而后为地灵。当局者迷，旁观者亦迷，人心蒙尘，东莞扫黄，扫的又何尝不是当代中国人的魂？

又一个暑期临近，在这个仲夏，我特意做了一期关于都市打工族群的电台节目。里面400多条评论，我一条条看过去，才发现，南下广东的打工族也不全是失去梦想的人。他们吃着食堂，住着工厂，穿着最朴素的衣服，而他们最纯真最大的梦想就是努力挣钱让父母老有所依，让孩子有书可读。

后来，我发现原来是我陷入了南北情结中，我不只是现实中的路痴，也是心灵上的南北路痴。就好比东莞虽然发生了扫黄事件，甚至有人一提到东莞就在私底下笑，但是别忘了，在那座城市，依然有那么多追梦人，而曾经我所倾心的北京，也会发生像国民老公黄海波这样的嫖娼事件。

每个人都有自己的梦想，己所不欲勿施于人，我所需要的轰轰烈烈的人生，在有些人眼里，终究只是过眼云烟，他们所在乎的，是更长久更平凡更朴素的生活。

当罗大佑用略带沧桑的声音唱着《鹿港小镇》“台北不是我的家，我的家乡没有霓虹灯”，我渐渐明白，光怪陆离灯红酒绿是城市的特征，我们无法改变。其实无论上北下南，只要心中依然有梦且付诸行动，就一定能活出理想中的人生。

我依然是一个爱做梦的人，这个暑假，我想我会选择南下。

# 闲情剪灯花

岳煌岷

在这个季节来到这里，还下着淅沥沥的小雨，在每个小巷子里穿行，不打伞，安静而喧嚣。古老的城楼，在沱江边上，深夜醒来，白日与黑夜，从前与现在，化为一盏灯，一壶酒，一个人，一个背包，任意行走。

——题记

不知心在哪里，漂浮在何方，什么是寂寞，什么是自赏。想起春日里柳梢眉间的飞絮，或是嫁作流水成尘成垢的落花，心底恰如一潭死水，纹丝不动。近日里不知是因身体不适还是其他，气血都郁结成块，什么也想不开。看他人你侬我侬，蓦然想起这些年无人陪伴，倒也不急，反正他人看我也似这镜中月水中花，即便有人陪伴，也没人能了解我这心事，倒不如独身一人。

闲来无事也爱想想，只不过俗世中尘杂太多，无非是些名利之争，柴米油盐鸡毛蒜皮的小事，像是糨糊一样糊满了生活这张纸，越发让人不敢直视。于是在某天出去散了散心。身边人告诫我淡季旅游实在无趣，我倒觉着一人在这青石板路上走走也不错。春季下着小雨，大瓣大瓣艳丽的花色，我背着背包，不打伞，裹着这陌生地界特有的民族披肩，独自看着一座城的性格，一座城的寂寞，心中倒似泛着清香，没有了往日的烟火气，整个人都像是要飞起来。江上泛舟，忽地想起一句“水光潋滟晴方好”来，如此契合这江上的风景，尤其是“潋滟”二字，我仿佛一下彻悟了它的含义，那是光与水最完美的结合。化用唐寅的《题画》诗，所谓“春来嫩柳隔夜风，日光潋滟荡湖光”。江边走走，风凛冽刺骨，酒巷酒香，看着为了生活而奔波的人们、朴素的当地居民、卖着花环和河灯的老奶奶，将河灯放走，想着“殷勤谢河灯，好去到人间”，不禁觉得好笑，只不过看着看着心中突然有一些苦涩，莫名地感慨，感慨着这世上每一个活着的人，无论痛苦还是欢乐，活着总需要勇气，活着总是一种伟大。

一个人在深夜醒来，遥望着这座城的夜景，前世今生，所有的一切都消失了。热闹果然不适合我，年少时曾试图挤进那汹涌的人群，尝试融入一切喧嚣的夜景，渐渐地就倦了，疲惫了。还是喜欢一个人走走，捧着一本书，安逸地消磨着暖融融的日光；一个人躺着，看着长廊里的藤蔓又一次绿了整个长夏；一个人的下午茶，一个人的旅行，一个人的寂寞，一个人的安心。每一次的旅行都是一次自我的修行，将眼界打开，将心胸开阔，微笑着前行，爱自己，更爱他人。

# 积淀的梦

魏　丹

氤氲的陈年雕花老酒的香气，引诱着我们的鼻息，带我们进入绍兴，进入江南的城。在这里看见梦的模样，在这里遇到新的自我，在这里寻觅初始的温柔，在这里领悟小城的味道。

在这里，桥的数量是威尼斯的5.5倍，平均每1000平方米就有6.3座桥。走过了那么多或雄奇，或玲珑，或奢靡，或简朴的桥，你会不会想起沈从文写给兆和的情书：“我行过许多地方的桥，看过许多次数的云，喝过许多种类的酒，却只爱过一个正当最好年龄的人。”绍兴似乎有一种魔力，再坚硬的心也会在这里变得柔软温情，回到最初。人们的离别也多在桥上，各走一端，天涯再见。最浪漫不过如此，相忘于江湖，相见于明朝，不做约定，甘信天意，不苛求，不执迷，怀一份水乡儿女的随意与洒脱，入这秀丽的景。

可否记得初中学过的鲁迅的课文《社戏》、《故乡》，其间的场景就是写的绍兴的村庄。那绕水的在雾气中若隐若现的村舍，被船家用长长的蒿相连，划动的桨热闹出不知名状的涟漪。你永远都不知道乡下人们简单的快乐：看露天的电影，每星期的赶集，走家串巷，在同一条路上与相熟的人一个个亲切地打招呼，不似钢筋水泥分割出来的冷漠。有种暖心，就在这里。

喜欢各种园林建筑的人也一定会爱上这里，沈园、西园、荣王府……雕花的栅栏，参差的林木，错落的瓦阁，古时之人尽不在，徒留胜景染尘埃。《钗头凤》里的“错，错，错!”道不尽一袭红衣的破碎心泪，年少的时候不懂得有些错过再无路过，苍老的那一刻，梦回此刻共良辰。走在沈园里的你，会不会情动落泪？深海幽蓝中，鲛人为他落泪成珠。看斑斓的墙映婆娑的影，看明媚的花伴着泥泞的土，很多曾经像天塌下来般的痛楚仿佛被治愈了一般，悉数留在了这风月里。

听过林夕为王菲作的词中有这么一句：“蝴蝶终究飞不过沧海，可又有谁忍心责怪。”蝴蝶双双飞舞被看做是相携相伴的爱情，是从梁祝化蝶的传说开始的，而梁祝的起源就在绍兴。在这里，人们爱听的越剧就有《蝴蝶梦》、《梁祝》，柔情曲调诉不尽万千情愁，粉妆黛面遮不住爱意横生。婉转千回的词，如一颗颗红豆洒落，跌至地板，掷地有声，那是躁动的心跳，是渴望爱的声音。梁祝与绍兴有着解不开的缘，因为他们如此地相像，纯粹，干净，有一群为爱坚守、为生活坚守的人。

人生应该坚守些什么，才不至于那么寂寞，就像嵇康。嵇康也是绍兴人，喜欢酌酒，喜欢山林，喜欢一切自在的东西。铿锵的打铁声从不因富贵而停，却躲不过仕途之人的污言秽语，他被陷害至死，却依旧自在。在断头台上，他面无惧色，悠悠弹起一曲广陵散，使之成为暗夜的绝唱。想起一个诗人的一句诗：“他把头颅放在了天平上，让一切都失了重量。”生亦何欢，死亦何苦，清心不减，又有何惧？绍兴的水生养了他，也锻造了他，水一般澄澈，水一般自由。

如今快节奏的生活日渐变成了一种常态，看着路上匆忙的脚步，我时常会想，为什么不稍稍停下来再出发呢？去看看别人的世界，去留恋身边的风景，人生的收获不应仅仅只为了结果。而绍兴就是一个沉淀了许多温柔、许多静谧的好去处，伴着香醇的米酒缓缓入喉，斜窗一瞥，便是举世无双的好风光。人心只有在静下来的时候，你才看得见一直想要去的方向，才会惊醒隐藏在内心深处的梦。绍兴有他的梦，那么你的呢？

# 印象边城

陈诗璇

这不是江南，尽管也有流水人家；这不是徽州，尽管也有深巷陋弄。但她却因一江沱水，一排吊脚楼，和沈从文书中的风雨边城，使得众多游客一心只想一睹她的古朴神秘，不远千里辗转而来，只为寻觅书中的某一角色，续一段故事，或刻骨铭心，或终生难忘。

凤凰小城的古朴典雅或许正是因沈老笔下的一本《边城》而名声大噪，让这个不曾被瞩目的古城，像是刹那间突然被意外发掘的千年古宝，一下被揭开了神秘面纱。

山清水秀的小城，以她独特的自然景观、人文景观和浓郁的民族风情征服了世人。新西兰著名作家路易艾黎将她赞为中国最美的南方小城，沱江穿城而过，江流舒缓，水平如镜，泛舟其中，似滑动在琉璃之上；水纹细小而柔美，涟漪渐生又渐散，晶莹透彻的江水，纤细可见；水下藻荇丛生，随波摇曳，依依袅袅。远处画桥如虹，飞阁垂檐，极尽清丽典雅之风致。两岸青山吐翠，城郭巍峨，悬楼吊脚，一并倒影在清流之中，影影绰绰，似幻还真。正是这一汪清澈沱江水，养育了千年边城人。

生活在凤凰小城中的人们，汲取了这座小城得天独厚的灵气，他们或擅诗文，或工丹青，最朴素的如城墙根下琢花的老妇、古朴古韵的石板街上当地一绝的传统作坊——姜糖制作一家挨着一家，在这里几乎人人都有一门深藏不露的看家绝活。生活在这么一座充满灵性的小城中，他们感到无比的自豪，无比的惬意，无比的宁静……正因如此，才引得无数慕名的游客纷至沓来，凤凰人也才会如此眷恋和保护一直使他们引以为傲的神秘小城。

小城的神秘，往往有她神秘的背景，湘西的山，湘西的水，湘西的民俗，湘西的风情，湘西的传说，都汇聚了她不朽的神秘文化。走在夜色璀璨的小城中，不由得想起了一段很有哲理的话："一个人拥有此生此世的现实世界是不够的，还必须拥有一个诗意般的世界，即心中的圣地。"我不知道凤凰是不是我心目中的圣地，但只要有一种信念，一种意境，一种坚持，那方净土就一直存在。走在古城，感受遥远的古朴神秘和现代的繁华喧嚣交融在一起，与沈从文的《边城》似曾吻合，又那么有距离。

不知道是边城成就了沈从文的文笔，还是因为沈从文人们发现了凤凰小城的美韵。我倒觉得如果不是沈从文，也许凤凰小城至今仍深锁闺房，无人问津；而凤凰小城千年厚重的渊源同样也哺育了沈从文的灵性，赋予了他创作的灵感和满腹的才气。作者笔下的自然景色、美丽风光、风俗人情、方言土语无不烙上神秘湘西的印记。

带着对沈老的无比敬意，我走进了坐落在小巷深处的沈从文故居，亲临感受在那悠久的历史长河中，在那充满了湘西神秘面纱的古韵里，孕育了一部如此寓意深远、耐人寻味的《边城》的意境。听着讲解员绘声绘色的讲述，看着一波波涌进的人流，大有一种来小城游玩而不瞻仰沈从文故居实乃一件憾事的感觉。人杰地灵的凤凰古城，不仅拥有钟灵毓秀的巍山丽水，更造就出了许许多多优美隽永的文字和淳朴炽热的人民。

小城美得风烟俱净，山水共色，人景合一。自然与人文在这里和谐交汇，历史底蕴与时代潮流在这里完美结合，唯有一江清澈的沱水静静地缓缓流淌，带走历史的糟粕，涤荡尘世的纷扰。

# 河

肖　倩

那时乡村里最繁华的地方只有一栋两层楼，余下的就是低矮的平房。那楼后面便是蜿蜒流淌的小溪。并没有人修筑堤岸，发山洪的时候水势又很大，冲出了几十米宽的河床。旱季了，这宽阔的河床很怜惜地把一股清水拥到自己的胸膛上，怕被人抢走了一样。微风徐徐，溪上青青草，我穿着鞋子就在及脚踝的溪水里蹚来蹚去，没有什么目的，就是好玩，总是把脚上的茧子泡得发白。水里也没有鱼，只有蝌蚪和蚂蟥，实在也没有多少好看的。

溯流而上就看到了高大的水闸，波涛汹涌这个词是有点夸张，但又没见过海，倒也不惮于用。水闸旁边有一个大水池，是被激流冲开的。池水黝黑而又深邃，看不见底。水面上不时泛起几个水泡泡，好像下面有什么东西在呼吸。刚刚从那么清澈的小溪里撤出脚来，看到这不免要心惊胆战一会儿。那几天做梦也都是梦到自己掉到了那个水池里，挣扎呼救，爸爸在岸上却没有拉住我的手，我还是被冲走了。醒来就哭，不理爸爸，搞得他莫名其妙。可是附近村子里的小伙伴却并不害怕，拿缝衣针烧红了，折弯，再穿根线就可以当钓钩了，我也跟着做，扎破了手指也在所不惜。可是我却从来没钓上来过鱼，也没有见他们钓上来过。但耳中听到的却是某某家的小孩钓到了一条一拃长的金鱼，很轻易地便相信了。毕竟在他们那儿看到了很多未曾见过的东西，比如那条一米多长的蛇，看他们是如何把那条蛇打晕装到瓶子里，洗都没洗就直接灌了烧酒进去。过了好一会儿，那蛇还在酒里面扭动着身子。

再往河的上游走便要搭车了。盘山路很险，往窗外一瞅便是深峻的河谷，路却是砂石路，于是又常常担心会塌陷，把一车的人埋进河沙里。但从来没出过事，也从来没听说出过事。那种路，司机一天只跑一个来回，人受不了，车也受不了。走一段下坡路售票员就去河里打一桶水，再拿根橡胶管子吸了水出来滴在刹车片上。刺啦一声，就像妈妈炒菜时把菜倒进油里面。到了落脚的地方，那是我外公外婆的家，两个老人站在草房顶上面看着远处的山梁，车一转头他们就可以看见了。妈妈总会在众人面前念及外公外婆的好，说我是如何哭闹，又是怎样的淘气，吃坏肚子拉稀，全拉在外公托着我的手里了。我好难为情，那时我哪有现在这么懂事啊！

在外公家安顿下来后，第二天我就要去找那条河了。从山顶下到山脚便是河谷，有一次小伙伴问我你外婆家在哪儿啊，我不知道地名，就说在山上。说出来后又自觉不可思议，我从小玩到大的地方是一座山，家就安在山顶上。加上高原地区，海拔快接近四千米了。此后他们就叫我“山里娃”，我不喜欢他们这样叫我，可是母亲喜欢，还自己叫得欢，我也就默认了。从山顶到河谷的路上，偶尔看到突兀的岩石割破了山体倾斜的直线，我便要爬上去陶醉一番。脚下如同丝带一样的河，在阳光下闪烁着金色的光芒；对面山顶上生起的炊烟，走在山坡上的羊，还有盘旋在风中的鹰，这些常见风景依然让我惊叹不已。

玩着闹着就到了谷底，外公和舅舅们用自制的炸药炸山开田，河谷里的田收成都很好。山坡上的田都是靠天吃饭，不下雨就什么也没有，草都长不出来。河谷里却可以引水灌溉，围着田垒砌一圈石头，防备牲畜破坏庄稼，那么多的田一块不落，这就像是外公和舅舅们的万里长城一样。翻过墙就到了河边，可那石头墙上生活着我最害怕的东西——蜘蛛。好几次刚翻过墙去就恰好发现一个大屁股蜘蛛，我惊叫一声跌下石墙，直接滚河里去了。那河水并不深，并不是雨季，河水也不急。那这水是从哪儿来的呢？后来跟舅舅去放牧时看到了那标在地图上 5800 米海拔的朝阳峰，是一座冰山，这水也就是冰雪融水。这也可以解释为什么当时我跌下河浸湿了身子后冻得瑟瑟发抖，那可是在六月份。水太冷所以鱼都长不大，偶尔抓着几条就被穿在树枝上烤熟吃了。生在北方却喜欢吃鱼，不知是幸运还是不幸。要喝水就去泉眼，不然掬了一把水灌到肚子里，再低下头去发现眼前飘过几颗羊粪蛋蛋，不可谓不恶心。一条河走得熟了，便知道在哪儿有泉眼，而且时常照料着不让它们被掩埋掉，几块石头围起来就好。看着咕咕冒出的活水把一粒粒细沙吹起再落下却没有一丝浑浊之感，心里满满的都是欢喜，都是怜爱。我也时常在河里游泳，堵一个小堤坝就行。只是要中午才可以，太阳照在谷底，不必担心感冒。仰着肚子漂在水面上，好不惬意。一不小心瞥见了山顶巨石上的一只鹰，好大一只，我又在想，这么大一家伙，它一脚把那块大石头蹬下来怎么办。但盯了它一会儿后发现它似乎也在盯着我看，于是一惊，赶紧翻过身趴着了，老鹰抓小鸡的故事太恐怖。但是玩得欢了就啥都不顾了，太阳翻过山头后从河里爬出来才发现短裤早被河水带走了，回家免不了要挨一顿打骂。现在想想我到底是怎么回去的呢，却是想不起了。晚上有时候就住在河谷，房子也是用石头垒就的，身下火坑里的木头噼噼啪啪地响，房梁上的蜘蛛在结网，被烟火熏黑的蛛网摇摇欲坠。最怕蜘蛛飘下来落在我的脸上，何况姐姐在一旁讲哪个哪个探险队被蜘蛛吃掉的故事，就更怕了，干脆将被子一抖蒙住头，啥也不听，啥也不看，抱着姐姐的胳膊也便睡着了。回到家里，混在小伙伴们中间，更像一个“山里娃”了，两个膀子像煤一般黑，在太阳底下明晃晃的。

童年的岁月已经在河里流走，两层楼变成了六层楼；楼后面的小河已被填平；河道重新修缮，那个池塘也被填埋了；奶奶去世时是腊月二十九，我没能去看最后一眼；河谷里的田地收归国有，石头房子也拆了；草原上围起了铁丝网，轮休轮牧，也不能随意进出了。这条岁月的河里面就留下了我。直到现在我也没去过什么自然风景区，心里面一直都相信如果要找出一个世界上最美的地方，那便是我的家乡。弱水三千，也只饮一瓢罢了。

# 古城心事

王　艳

在一幅江南的古画里，行走一阕词的韵脚。待晚风吹散白云，斜阳闲挂，一角高楼。小巷升起的烟雾里，沉下一座古老的城，泼墨的夜色垂在井边的苍苔上。

青黛色的记忆，相伴着动人的细致，于五月的窗前放出一朵半红。经过开满丁香花的园门，闲坐在临街的矮楼上，等时光散了，只盼记下属于它的心事。

没有匆匆的行色，没有仰望的视角，我渴望清晨河边欢快的浣衣声能将我疲惫的灵魂唤醒，待我披上黎明的冷香，任发梢在风的抚摸下肆意飞扬。趁着小路上的行人尚只两三，轻轻呼吸着这山水的天然气韵，裁几片鱼鳞的云彩纳入行囊，静候红日从遥远的天际飞渡，无需约定，终会相逢。我相信，风景只为懂得的人而生，一种色调，一种风格，一种积淀，一种率性。当有一天你无意间闯入那镶在巷陌桥头的梦里，你便只想在这不曾被开启的故事中平静地拥有这段相逢。

每一件物品都有一段难言的邂逅，而每一次邂逅都有一片别样的风情。沿街的小店铺子里，琳琅满目的饰品、做工细致的根雕、阳光下浮起的民谣笛声，一切就像满墙的爬山虎，伴着万千个风铃转动的笑声摇上云天，在彩霞的尽头展开一个渡口，牵引着你滋生无限的遐想。没有特定的理由，当你沉醉在这样一片迷离里，多年后的回忆便不会忘记心灵曾经那瞬间难以名状的欢喜。尘世苍茫里的我们，永远在不知疲倦地追寻着一些遥不可及的梦，甚至忘却了我们最初的本心。而当你凝视那些小小的挂件时，曾经最美的感动锁住你不经意间的纯粹，不管今夕何夕，不管山月沉浮。

傍晚的余晖是最不忍心让人辜负的。树荫下对弈的老人、门前择菜的阿婆、踏歌而归的孩童、荷锄推门的农夫、温馨的笑语在茶盏中氤氲开来，柔软的时光烙刻在每一个路人的眼眸里。在彩石铺就的路上闻着花香，对每一颗尘埃报以微笑，一点一滴地去欣赏树枝梢头诗人的脚步。细碎的生活，不需过多的繁华便可以过得明媚鲜艳。年华的老去却带不走归来的旧梦，日出而作，日落而息，万千风景回味的不仅仅是沧桑的往事，更有转身时那清澈的回眸。隽永绵长的光阴里，我们同许多的过客擦肩而过，或许相逢一笑，或许把酒言欢，因为在这不知归路亦不知归期的行程里，没人知道在下一个路口我们将会遇见谁，将会有怎样的风景和怎样的心情，所以，所有的相逢都是一段恰合心意的缘分。

每一道风景都想留住时间，让日子去见证它的经年往事。黄昏离去的脚步迎来了月色笼罩下的清明，黑夜里的这一掬静，拨响沉吟的节奏，将流年暂挂在悬空里，吹远了窗槛外的那么一点烟火。月色下的独自漫步，多少是有一丝孤寂的，而老街则如同一个装满故事的老人，在月下讲述着它不为人知的喜怒哀乐。草木、土墙、矮楼、染坊，每一个寻找的人都可以倾听到它们的喁喁私语。光阴两岸的历史见证了一棵树的成长、一匹布的纺织、一朵花的绽放、一座古城的千年沉积，每一份简约和宁静都可以让闲庭信步的人闻着茶香在睡梦里呼吸着一片月色，荡漾起一条粉色的小溪。

然而，当往日的妆颜渐渐褪去，连悲喜都是匆匆。那夜里斑斓闪烁的霓虹灯，又在守候着属于谁的黎明？

摩肩接踵的人群，再也没有了那份会心的微笑和优雅的交集，曾经风中猎猎摇曳的酒旗也早已被那金属质感的嘈杂声所取代，河边的杨柳不复当年的青翠，浅滩上依稀漂浮着几片垃圾。人们试图用相机留下这座城市最后的纪念。或许在很多年后的某一天，古城的哭泣声会伴随着洒在窗台的第一缕阳光将人们从那商业化浮夸的梦里惊醒。悠长狭窄的弄堂里，还剩下几个老人在细细雕刻着时光的印记，墙壁上到处贴满的广告纸宛如一道道无声的伤痕，控诉着这物欲横流的时代，尘封了在丹青里老去的昨天。

如果可以，我希望能在最为平淡的某一天，一盏清茶从清晨喝到黄昏，于绿瓦粉墙的小巷里重拾一片月色，用几行文字记下属于古城的心事。

# 南方小城

朱　丹

也许因为我的家乡在西北，所以我从未见过南方多情的山水，因而清澈的心底一直孕育着一个希望，想要拥有一次独一无二的旅行，想要亲自拥抱蔚蓝的大海。所幸的是，在这个六月，我梦寐以求的旅行终于得以实现。

从湘潭出发，经过长达 14 个小时的火车旅程，我终于踏上了这个海滨城市——北海市的土地。南方的六月是燥热的，太阳很大，气温很高，空气里弥漫的全是热腾腾的味道，真是像一个活生生的大蒸笼。我站在城市的街道边，看着来来往往的车辆，身上的衣服被汗水浸泡着，心里却传来阵阵喜悦。

这就是日日夜夜萦绕在我心头的南方小城呵。

有这么一句话：到了北海没有逛过老街不能算真正地玩过北海。北海老街是民国时期的旧址，路面是那时候遗留下来的青石板铺成的，每一步踩下去都会发出“咯吱——咯吱”清脆的响声。若是恰逢雨天，撑一把油纸伞，独自走在老街上，清亮的雨水从青石板上缓缓流过，又别是一番韵味。那色迹斑驳的墙覆着一串串翠绿的叶子，藤蔓倚着墙角拼了命地往上长，墙壁虽然破旧，却洋溢着新生的热情；那满是灯笼的弄巷，到了夜晚闪烁着黄色昏暗的灯光，仿佛将我带回了一百年前那古老的旧时光；还有那坐在街边缝补的老人家，脸上带着慈祥的笑容，眼里浮动着异样的光彩，那是属于这条老街的安静与祥和。

这就是日日夜夜萦绕在我心头的南方小城呵。

去过老街，自然也要往新城去看看。令我印象深刻的是城市的天空和街道。湛蓝的天空，干净得没有一朵云，只剩下彻底的纯粹的蓝色，张狂地渲染在头顶上面，像不经意间，随手打翻了蓝色的墨水瓶，晕染开的，是千丝万缕的蓝。这样的天空衬托着高楼大厦，好似一副优美的油画，眼到之处都令人赏心悦目。道路两边是密密麻麻的榕树，繁茂的叶子在火辣辣的日光中撑起了一片片阴凉。路面十分干净，穿着一双锃亮的皮鞋去大街走上一圈，皮鞋依旧干净如初。我很好奇，北海的街道名称真的是非常有趣，时不时地总会让我发现“北京路”、“四川路”、“广东路”这样的路标。开车的师傅很是热情，见我一副疑惑的样子，忙开口解释：“小妹儿，你是不知道哇，因为我们北海是著名的旅游城市，大多数街道是以其他省份的名称命名的，这样一来咧，游客走在以自己家乡命名的街道上，心里面会觉得亲切，就像是回家一样，你说是不是这个理儿呀?”这里的天空比别处更蓝，这里的树木比别处更绿，这里的城市比别处更加洁净。

这就是日日夜夜萦绕在我心头的南方小城呵。

来到海滨城市，一定不能错过的当然就是看海。夕阳下的大海是令人分外动情的。太阳从西边渐渐消失了，留下的是海天相接处的晚霞。天边的云朵被晚霞染上了斑斓的色彩，像是姑娘脸上羞涩的笑容。夕阳的红、晚霞的紫、海水的蓝，交相辉映在一起，宛如水彩在宣纸上作了一幅画，一丝丝、一点点、一片片渲染开来，竟美得让人舍不得移开视线。海水涨起潮来，浪花“哗啦啦”地来，又“哗啦啦”地去：每一次到来都亲吻着我的脚丫，我心里乐得开出了花；每一次离去都调皮地和我捉迷藏，我眨眨眼它就唱着歌儿欢乐地逃跑了。这一望无际的海呀，真是惹得我心生喜悦。夜幕降临，晚霞从天边褪去，月亮悄悄地升起来了，正如张若虚《春江花月夜》中所写“春江潮水连海平，海上明月共潮生”。海边的潮水也涨得愈发汹涌，一个个浪争先恐后地打上来，仿佛顷刻间就能把我湮没。睁开眼，是起伏的云朵和浩瀚的蓝天；闭上眼，是一望无际的潮水。那些盛在眼中的潮水，就快要拔升上九千米的高空。这深邃的海呀，真是惹得我心生敬畏。

这就是日日夜夜萦绕在我心头的南方小城呵。

有人欣赏西北“大漠孤烟直，长河落日圆”的异域风情，有人喜欢江南“春水碧于天，画船听雨眠”的小桥流水，而我独钟情于南方小城那湛蓝的天空和蔚蓝的海水。那蓝，是洁净的蓝，是纯粹的蓝，令我舒心、令我宁静。那南方小城呵，将永远萦绕在我心头。

# 五月的雨

李　斌

湘潭，五月中。

天空已经惆怅了许久，时不时地洒下一把惜春的眼泪，让人猝不及防。在这几近能掐出水来的湿度里，仿佛只需用手指轻轻一捏，就能触摸到春逝的伤怀。时光荏苒，记忆里，每一个雨季都似曾相识，无非就是整日的淅淅沥沥，淋淋漓漓，就连那些五颜六色的雨伞也已被冲洗成了一张张单调的黑白相片，孤独地仰望着黯淡的天空。从校门口的三道拱门蜿蜒而上，沿途的风景就像是一张张发了黄的旧年画，杂乱地排贴在湿漉漉的雨里。你若用鼻尖细闻，仿佛还能嗅到去年漏在画上的酒香。在时间的海滩上，没有一层白沙可以滞留住匆匆的岁月。潮起潮落，白沙会被洗成金黄，而在咸涩的海风里，你依旧能清晰地听到那亘古不变的落在心尖上的旋律——哗哗，哗哗哗，哗哗……哪怕是隔着千山万水，隔着千代万代，即便将层层叠叠的岁月摊成九百六十万平方公里的土地，而走在五月里的不就是从这伞走到那伞，从这个屋檐走到那个屋檐，仿佛所有世纪的路途都只是从这一路的风雨走到下一路的风雨。

如此说来，时光还算是一个温柔的姑娘，虽然世事浮沉，多少熟悉的音容在这潮湿的雨季里渐渐模糊，青春也如一首歌里唱的"我的青春小鸟一样不回来"，但是每当记忆的潮水漫过心堤，是否依旧会觉得今年的海棠还是去年的模样？从浙江宁波到湖南湘潭，曲曲折折的九百九十一公里的路程，几近横贯了半个中国；而在五月的天空下，沿着北纬二十八度穿梭的大街小巷，仿佛是一幅幅淋在雨里的中国画，山不同，水不同，人不同，回到梦里的却都是滂滂沱沱的味道。无论是用小火慢煮一碗香甜四溢的猪油汤圆，还是用大火翻炒一盘火辣辣的辣椒炒肉，在这个物质“大跃进”的年代，用味蕾来祭奠乡情恐怕不再是一件奢侈的事了。无论是鲁、苏、粤、川、浙、闽、湘、徽，还是爆、炒、烤、熘、蒸、炖、焖、煨，中国的八大菜系与二十四种传统技法仿佛是糅在一张画布里的水墨风景。从墨香里透出来的五千年的味道不再只是缭绕在舌尖上的记忆，它变得触手可及，变得可亲可爱，甚至那些久在宫闱的皇家秘方也变成了街头推车上的大字招牌。那么，时间就真的不值得缅怀了么？难道就不能为时间留下一点幻想？难道孔夫子临川大喊的“逝者如斯夫”真的只是一句千古的谬言？

不会吧。

我还记得那一场悲凉彻骨的雨，那恐怕是世界上最长的雨季了。从歌楼上偎红倚翠的少年，到客舟上孤独无依的壮年，生命的雨季似乎从未停歇。从唐风一路走到宋雨，一柄缠绵悱恻的桃花扇里，如今依然能看到多少风流忍把浮名换了浅斟低唱？当西风里响起一声怅然若失的雁鸣，浮舟上的烟花长梦又赢得了多少青楼薄幸名？纷纷扰扰，岁岁月月，当时间的皱纹爬上星星的霜鬓，僧庐下的冷雨，一夜夜，一声声，终究浇灭了牵绕一生的爱恨情仇。踏过阶前斑斑驳驳的青苔，淋在这雨里的又何止是蒋捷的一生？无论是江南的杏花烟雨，还是北方的刀弓雪雨，雨，总归只是雨，落在地上碎成水珠，落在水上轻推涟漪，能有什么不同呢？五千年的雨纷纷落落，又敢问谁的白头没有过年少轻狂，谁的霜鬓不曾染上漂泊的孤独，仿佛所有划过历史的文墨都只是在书写几千个几万个雷同得不能再雷同的故事。

瞭望时间的瀚海，原来，我们都只是海边匆匆的过客，从一个捡拾贝壳的沙滩男孩到一个垂竿独钓的蓑笠老翁，眼角的皱纹折叠着生命的记忆，是谁走过，是谁停留，浑然成了一壶笑谈的浊酒。回首往事，到底是经不住斜风细雨的浸淫，功名利禄，爱恨情仇，像是那浮浮沉沉的远帆，远去，远去……直到望穿了天际，才蓦然发现，眼前的瀚海依旧是那方肆意的汪洋，而细雨里折射出来的容颜，陈旧了，模糊了，是否还能窥见最初的风流？原来，时间从未改变我们，我们却改变了自己。当年华老去，一切归于寂静之时，或许还能凭借着当年的风骚，笑问一句："廉颇老矣，尚能饭否？"算作是聊以自慰的谈资吧。

在我的记忆里，两座城市的距离几乎只是一节车厢的长度，一个黑夜到一个白天的宽度，而火车头的朝向最能雕琢"归"的姿势：向西，归去；向东，归来。记得去年在回家的火车上，萧瑟的细雨卷起浓郁的秋意，火车自顾自地驶进一条昏暗的隧道，原本喧嚣的车厢一下子便安静了许多。这时，耳边响起一个厚重的声音："这条线路有十二个隧道哩。"隧道很短，刚说完，火车就回到了光明的怀抱。我循声望去，那是一个精神奕奕的白头老翁。有人问："老伯，你怎么那么清楚？"老伯笑着说："这条线路我都走了十几年咧。"从京广线到浙赣线，从小县城到大都市，每一个人都有说不尽的故事，即便说完了自己，便还有自己的父母，自己的儿女，自己的朋友，天南地北的故事一下子便将车厢挤得熙熙攘攘。然则，从那些素不相识的故事里，是否可以看到你曾经的身影，抑或是你即将走去的方向？

我在想，若干年之后，在这节车厢里，是否还会有一个回家的老翁在昏暗的隧道里说："这条线路有十二个隧道哩。"

想必还是会有的吧。

五月的雨，淅淅沥沥，淋淋漓漓，闻闻，舔舔，听听，怎么都像是旧时的味道。

# 远方

侍梦兰

我在路上又遇到了那位女师傅。

她依旧穿着她那件灰色的褂子，脚上踏着一双布鞋。我们随即交谈了两句，然后我的双脚不由自主地跟着她走了。

我曾经很多次做过这样的事，跟随一个陌生人、一个孩子乃至一个摄人心魂的声音，偏离了自己的行道。我记不起自己有多少次，做过多少件任性的事情，而在这所有的任性的事情中唯一所想所追求的，无非是那一点从未揭开其面纱的遥远的、零零星星散落在黑暗苍穹里如同海上灯塔般的东西。

我们边走边交谈着，很少有沉默的时候。我未曾在她身上体会到佛家弟子那种所谓的美来，我所感受到的是一种扎根于人间大地未曾真正顺应命运的活者的坚韧。

她老了，但依然行走在尘世的路上。

我们终于到达了寺里，那里依然是一个世俗的喧嚣的场所，只有喇叭里的那一声声的阿弥陀佛让人心底明白一点点所谓超脱人世的含义。我在她的房间里小坐了一会儿，之后我们将凳子搬到了外面的走廊上，我们依旧在交谈。我第一次向一个陌生人倾吐自己的身世，她问我，而我不想撒谎。然而之后，我却向她撒了谎。

当我夸赞她的那串褐色的塑料佛珠漂亮时，她主动地说将在寺里为我请一串佛珠。她带我去了一间小房间，在那个小房间里我看到了许许多多各色各样的佛器。我明确表示，我需要一串木头的珠子。那位师傅当即表示，一串木头的珠子大约需要 20 元。我不动声色。在房间里的另一个师傅则将一个柜子上面的小橱窗打开，从里面拿出了几件大个的佛珠，之后又拿出了几窜小个的佛珠。我挑了一串小的。我问该给多少佛礼钱。四五块吧。

我返回师傅的房间，我知道我的包里有两张五元的纸币，可我从中只掏出了一张。我正处在经济危机当中。我告诉师傅我刚刚出去吃饭，只有五元，等下次再给更多的佛礼。第二位师傅听到我捐了五元，随即表示我应当再得一窜绿檀的佛珠。我的心里突然有了隐隐作痛的东西。

第一位师傅站在房间里为我的佛珠开了光。

我们一起返回了走廊，继续交谈着。谈到寺里的住持，当得知我与她是老乡时，我就在心里盘算着我有了结识住持的理由和机会，怀着一如既往的想结识一切所谓大人物那种卑贱的心态。

我的眼睛游移在夕阳下的群山中。

我听到了远处被饲养在网屋里孔雀的叫声。

许多天前，当我行走在寺里山下的小路上，远处隐隐约约传来一声声大鸟的奇特叫声，我循着声音走去，来到了湖边的一座小木屋。在小木屋旁边有一块被高高的围墙所围起的地方，上面撒满了厚实的网。我隐隐约约地看到，从重重叠叠的网格里透出了一只宝蓝色的脑袋。那是一只孔雀的头。之后，我听到了它们一声声更加高亢的叫声。那仿佛已不是鸟儿的叫声，那是呼喊群山的自我回答。

我将心里盘算的愿望说了出来。我们的眼睛碰到了一起。瞬间，我们看穿了彼此心中的秘密。她从我惊慌的眼睛里看到了虚伪、欲望、迷茫和仅剩的一点真诚，而我则从她那狡黠的眼里看到了一点星光般隐秘的慈悲。

做佛七的时间到了。她换上了褐色的袍子，我们一起来到了佛堂。许多如同她一般的老者披着褐色的袍子陆陆续续地也来到了。她们颤悠悠无比虔诚地拜谒着面前的三座释迦牟尼佛像。不知为什么，我没有，我看着。

但真正的仪式到了，我们都匍匐在佛祖的脚下。

我像犹大混迹在耶稣队伍中一般作着宗教的虔诚，我像无数尘世里的行尸一样，一只眼睛追随着行进的队伍，另一只眼睛妄图看清佛光里的神明。我看着佛堂里的香一点点地燃烧，我同那些已过大半生的老者一样一遍遍地穿过那渺远的烟尘。没有声音，除了领队那如同天籁般一声声的“阿弥陀佛”和众人的应和声，什么也没有。只有佛像前的光和佛像后的影，那情形仿佛穿过了一切人生，一切人世，一切喜乐，一切苦难。我看着这佛堂的光明，我知道我们正站在佛祖慈悲的眼里。

我被这庄严的虔诚融化了，想到自己刚刚因一张小小的纸币而撒的低劣的谎言，不禁内心悲鸣起来。之后这悲鸣在这佛声的世界里不断地变得深邃起来，仿佛留存在人类千百世记忆里那永恒的不可调和的矛盾。那遥远悲戚的苦难声，那徒劳无果的激情，那宁静虚无的智慧，都一股脑地以一种莫须有的东西涌上自己的心头。我不得不从佛堂大门时不时地瞥向远处暮霭霭的群山，仿佛天国的自由并不在于这刹那的虔诚，它在窗外，在门的外边，在隐匿的黑夜的群山之上，在自然的灵歌里。我看到了飞鸟，一只两只，我不知道。我看不到天地的边，我也听不到自己心灵的声音，但我仿佛看到那一只只蓝宝石般的孔雀，被一张巨大的网所网住的声音正流散在遥远的天际的中央，随即被吞没了，消逝了，没有回声。

众人的队伍不断壮大，无论是穿着僧衣的还是不穿僧衣的，都加入了进来。最后，一个非常年幼的小女孩也由着家里的老人抱着走在了队伍的中间。随着时间的推移，队伍中出现了一些小小的喧哗与骚乱。体力不支的老人渐渐地退了下来，坐在旁边的椅子上休息，但大多数老人都在坚持，步履蹒跚。

这时，我看到了让我震惊的一幕，那个与我在路上相遇的僧人正偏着自己的脑袋，拼命地抠着自己的鼻子。她的神情非常专注。抠完鼻子以后，她仿佛释然了，然后像一个懵懵懂懂的婴孩似的，走入了一个全新的陌生的天地。

突然，我被这一切感动了，被这真实的世界感动了。我热泪盈眶，微微抬起自己仰望的头颅，看着佛祖那双双内省的眼，在内心里痛哭流涕地对着这千百世人间的神明高喊："这悲喜的人间啊，盲人引导盲人。"

# 回归生命的原点

阎俊

曾与朋友在武陵源待了两天，看过山山水水，写了一篇慷慨激昂的文字《岳麓山与张家界的对话》，那是人内心两种处世观的碰撞——出世或者入世。用冷的理性的眼光看，站的位置是社会，表层是看山，实则是看人。

今番又一次去到湘西，行车的途中，我告知自已，这是我第一次真正意义上的去湘西。因为上次只见奇峰异石，未见风土人情，未见天地人的立体映像，所以抱一份初见心态，去感受、去亲近这片陌生的土地。

当汽车疾驰在公路上，透过车窗，我见小孩裸着身子，在河边戏水，恣肆欢愉，天真而快乐。忽的一辆摩托车一晃而过，那是一家三口，父亲右手驾着车，左手环抱着坐在油箱上的瘦弱幼子，后座上母亲两只手没有空闲，提着两背篓货物，满满当当。山风凉凉地吹着，去除物质的乏，看见感情的真。

车继续行，在山路旁看见了一个大的石洞，旁边有人在打水，水是用塑料管从洞内引出来的。水流不大，石洞口还聚集了一群打扑克的小伙子，走近看时才明白原来这是一天然“空调”，比外边凉爽许多。没有大声喧哗，静静地出牌，静静地接水，静静地等待，有个小孩还不时回头看看我，眼睛清澈透明，如两眼清泉。

过了山区，慢慢地房子渐渐多了起来，民居中少有瓷砖的踪影，但是简单的灰、白、黄、棕四色散布得当，清新素雅。屋内的对联大多不是印刷品，而是手写的大黑字。客厅之中，正对大门的墙壁，有手写的“天地国亲师位”，他们将对天地、国家、祖先、师尊的信仰融在了其中，继而坚守在这片土地上，耕作、忍耐。

盘山公路，千回百转，有个拐角处，还看到一群休整的马，领队在一旁抽着长竿烟，平和安详。

青山、绿水间，人在呼吸着，生活着。我们一点点地行走着，回归生命的原点，回归快乐之谷，回归那些我们出发的地方。

到了岩门片小，在课堂上，小孩子没有我之前接触过的小孩那般木讷、拘束，而有生命舒展过程中显露的羞涩、直爽、疑问、亲昵、聪慧、顽皮、泪水、欢乐与打闹。年龄大一点的，会表现出迷茫，会留长发，会抽烟，生命自由生长的脉络与状态在这里可以看见一二。回归生命的原点，坐看四面八方，生活、生命的卷轴缓缓打开。

待到傍晚用水时，由于处于枯水季节，一个水龙头供应不来，校长就带我们去了河里。河水水质很好，不深，上下两级交界处水流大而急。领队带着我们，冲了下去，那叫一个凉呀。小萝卜头们也随我们一块跳了下去。天地山川，你与我，自由呐喊，不仅仅是青春能量的迸发，而且是在完成一幅天地人的立体水墨，融进去，在天地之间游弋，欢愉、畅快。

校长带着孩子们一块打水战，溅起的水点拍打在身上，脑海里想见了小豆豆、巴学园，那应该不会是一个虚无的梦吧。

夜逐渐深了，从河里出来回镇上，乡间公路因为我们而律动起来。车窗都打开着，车内的音响开到最大，一起唱《稻香》。手伸出窗外，风从指间划过，似乎可以流出彩虹，在夜幕中闪耀。我们唱着，乘凉的民众看着我们……

夜还是黑的，那木板房之下的生灵们，你感受到我的快乐了吗？梦乡之中是否如彩虹般绚烂？

时间在过去，最后一晚，即将告别，我们拥抱在一起。于老师抱着我说：俊，我们的心是在一起的，我们感受到彼此的心跳。我那一刻明白了用大碗喝酒的湘西人，明白了大声欢笑的生灵们。

回去的路上，我们唱的是《讲不出再见》，热泪在风中飞。

你好似一碗酒，至醇；你的腐化呀，浑浊；硬生生把你饮尽，为什么？因为他们说你只有一碗，喝了就没了。

不要忘记，你从哪里来，从哪里出发，那里是一个点，一个亘古不变的灯塔，像《怦然心动》里的爱，像《雨人》里的手足情，像《阿甘正传》里的forest gan，等等。她会给你温暖，给你指明方向，洗涤你的灵魂。

# 第六辑　市井百态

# 幸福蛋糕

赵 静

钥匙轻轻亲吻锁孔，一天的生活温柔地开启，甜蜜鲜香。

温暖的灯光点亮这间20平方米的小屋，舒缓轻松的钢琴曲在流转，心情轻盈地跳动。阳光偷偷地从玻璃窗外望进来，有点害羞。

“早上好!”一个开朗的大男孩带来了刚从牧场挤来的牛奶，转身，将阳光和笑容留在了屋里。

我注视着窗外熙熙攘攘的路人，享受这份安静的幸福；轻轻地擦拭玻璃展柜，里面陈列着我用心制作的蛋糕，好像我的小baby。

一个妙龄女子优雅地推开门，窈窕身材，精致妆容，眼睛里闪着幸福的光。

“今天吃点什么?”

“不吃了，怕把你吃穷了。”她拿着一张请柬在我眼前晃了两下。

她是我的闺蜜，开了自己的律师事务所，就在马路对面。

她结婚了，高中暗恋了三年的男孩，一个酷酷的踢足球的体育生。我终于要看到她穿婚纱了。那些年，我们一起做的梦，都实现了。

夕阳灿烂了晚霞，晚霞低吟着黄昏。我准备打烊了。

一个身影在门前徘徊。我赶紧过去打开门。

“你好，”他有点尴尬地抿嘴笑了笑。

一身蓝色工作服，一尘不染，手上提着一个工具箱。

“请问您要给谁买蛋糕?”

“嗯……给……给我女儿。”他犹犹豫豫，略显紧张。

“请进吧，进来挑一下。”我热情地将他迎进门。

他用力地在门前的地毯上蹭了两下。

他站在柜前看了好久，始终没有说话。我静静地看着他，没有催促。他的头发已斑白。

“那个多少钱啊?”他有点窘迫地问道。

一款点缀着茉莉花的12寸双层蛋糕，进口的鲜奶与香料。

“100元。”

他很意外，脸上露出了笑容，“就要这个”，他的声音里和着喜悦。

他从口袋里摸出一张皱巴巴的100元递给我。

我把蛋糕小心地包好，递给他，目送他出门。他的背影宽厚，温暖。

我将手里“388元”的标签扔进垃圾桶。

关灯，锁门。

我望着“幸福蛋糕”的门牌，心底浅浅地微笑。

回家，打开门，眼前漆黑。“爸，你又没开灯。”我打开灯，他在桌前端坐着，像个小学生，后背微驼。

桌上放着一个点缀着茉莉花的12寸双层蛋糕。

我的眼泪涌出来。

十年了，我的“幸福蛋糕”开了十年了。每年我生日的这一天，爸爸都会去买这个点缀着茉莉花的12寸双层蛋糕给我。

他记得，我爱这个味道。

他记得，我的生日。

他忘记了，我的模样。

十年了，这个蛋糕一直是 100 元。

# 熟悉的陌生人

刘雨薇

有一条路，走过春夏秋冬，20 分钟的路程朝去暮归，路的一头是学校，另一头是家。在这条路上，每天都能遇见不同的人，有第一次见面的陌生人，有看着脸熟的同行人，也有比自己还准时出现在老地方的“老熟人”。这条路上的面孔组成了千千万万的脸谱，有的在脑海一闪而过，有的早已烙印于心间，正如那首歌里唱的：“只是因为在人群中多看了你一眼，再也没能忘掉你的容颜。”

北方的严冬，刮着刺骨的寒风，让人不禁打了个寒战。踩在未融的雪上，一路咯吱作响。出了小区大门，是一座天桥，连接着一所大学马路两侧的南北校区。还未走到天桥下，我便开始搜寻那个熟悉的面孔。帽子和围脖中间露出的眼睛瞥见了一丝腾腾的热气，隐约闻到了烤地瓜的暖香——我知道她又来了。手推车制成的火炉上摆着几个烤得焦黑又泛着金黄的红薯，肥硕而饱满。一双戴着露指手套的手布满冻疮，指甲里嵌着黑炭，又红又肿，不时翻动着火炉上的红薯。如果只看这双手，谁能想到这双手的主人还是个稚气未脱的少女？直直的刘海下一双浅笑的明眸，圆圆的脸上泛着不知是天生的还是冻出的两朵高原红，嘴角一对一说话就漾起的小梨涡。在这样的天气里，她的存在本身就是一种温暖。而在每个这样的天气里，我都会一如既往地看见她的身影，很多次的不经意总会发现她呆呆地注视着一个方向，循着她的视线，我似乎能明白隐藏在她稚嫩的脸庞下的一丝忧伤。那时的我上小学，在放学的路上，我的手上时常拎着一个沉甸甸的烤地瓜，一路飘香。

七月的雨总是说下就下，苦了那些没带伞的路人。我以为在这样的天气里，那个苍老的身影今天不会出现在路的尽头。抬眼望去，老人在大树下早已坐成了永恒的姿态。她是补习班旁边卖报刊的奶奶，几张塑料布，几块石头，一袭破败的雨衣，简易的搭建，是我看过最能抵抗风雨的报摊。雨幕里，布满皱纹的脸，刻满岁月的痕，低垂的眼睑挡不住坚毅的眼神，一双枯树枝般的手微微颤抖，在零零散散的毛票堆里努力地找着零钱。递钱的同时一句略带沙哑的“谢谢”瞬间击溃我的心。回一句同样的话，我接过零钱快步向前，不敢再回头看一眼，紧紧握住手中的杂志，害怕雨水淋湿封面。那一年我上初二，一周一次的补习班，每次下课我的手中都会多一本杂志，途经那么多坚固的报亭，连看都不看一眼。

那些人，那些脸，那些挥之不去的画面一直深刻在心底。上学和放学路上，我们准时相见，没有寒暄，有时会因光顾她们的生意有短暂的几句交谈，有时只是远远的一眼。

我知道，那个女孩视线的终点是大学的校门，那里总会有成群结伴的身影，说着她那个年龄该说的话，做着她那个年龄该做的事，她不奢望太多，只是想多看几眼。那位卖报的老人并不是没有子女照顾，只是她太过倔强，不想给儿女添太多的麻烦。这般努力，这般坚毅，在最平凡的生活里，她们守在最容易被忽视的角落，做着世界的旁观者。她们从不要求什么，却带给我们深深的思索。现在的我依旧做不了什么，唯一能做的只是用笔尖记录下她们——这些记忆里不能忘记的容颜，这些记忆深处最熟悉的陌生人。

# 只身打马过草原

赵　悦

再次见到小四眼儿已经是十年之后了。

他现在是我们学校的德育老师，但不客气地说，也就是个宿管。每天早晚各查一次寝，中午去食堂看着我们老老实实地把残羹冷炙倒到泔水桶里，偶尔抓几个不听话的学生扣两分，便是他全部的生活。

小四眼儿不高，甚至可以说是很矮，如果说一米七不到的男的是三等残废的话，那小四眼儿就瘫了。他的五官不算丑，但也仅限于长对了地方而已，一副圆框玻璃眼镜搁在鼻尖上，实在是再普通没有了。他喜爱穿西服、打领带，然后拎着他那带耳朵的搪瓷杯到处晃悠。同学们都私下里嘲笑他：真把宿管当成多大个官儿似的。

这是小四眼儿。却又的的确确不是他。

在我童年极其单薄的记忆里，小四眼儿最难使我忘记。记得第一次见他是我被送到外婆家过暑假的时候。记得我一下车就开始闹别扭，凄厉的叫声惊飞了一群河里的鸭子，最后我爸还是扭着我的胳膊把我拎到了外婆家。对于暑假的安排我是一千个一万个不愿意的，我一点也不喜欢农村——没有电视、游戏机和糖果，只有一股又一股牛粪混杂着猪食的味道。

那天，外婆坐在院子里剥豆子，我坐在堂屋里发呆。也不知道过了多久，我觉得实在是无聊就跑出去玩了。我看到晒场上有四五个小孩在用敲碎了的红砖头在水泥地上画画，我很好奇，便想走近。这时，一个黑得像非洲酋长的小男孩发现了我，对我吼了几句，我半句都没听懂。因为我没回应他，那“小酋长”振臂一呼让他的“子民”把我围住，然后又是一阵狂轰滥炸，我吓得呆若木鸡。

一般按剧情发展，应该有一位高大帅气又温文尔雅的大哥哥出现，像老母鸡一样护着我不被那群熊孩子攻击。结果，的确有人像老母鸡一样挡在我的面前，但仅限于像老母鸡。他驱散了那些围着我的小孩，用他并不是很标准的普通话安慰我，具体他说了什么我真的记不清了，只记得他的牙有点黄，鼻子上架着比脸大的眼镜，那个“小酋长”叫他“小四眼儿”。

之后我就跟小四眼儿混了。他整个人瘦瘦小小的，看上去比实际年龄要小很多，没什么特别的，唯一与众不同的估计就是他鼻尖上那副玻璃眼镜了。这个村除他以外再没戴眼镜的了，所以乍一眼看过去，还真像是那么回事。

小四眼儿会吹树叶。他总是带我去后山玩，那里有成片的竹林，他随手扯下一片竹叶，用手捏着叶子的两段，嘴唇抿一下，然后闭上眼睛开始了他的独奏。那片竹叶时而发出如裂帛般凄厉之音，时而发出如弦泉幽咽般悲凉之韵，极其美妙。而我怎么吹都只能发出一个音，小四眼儿说我嘴太大了，漏风，气得我上去就扯他的嘴。

记得有一天在后山玩累了，小四眼儿跟我聊天，他问我最爱看什么书，我想都不想就答了他：《淘气包马小跳》。

“原来现在城里的小孩都看那么没营养的书啊。”他说。

我没理他，继续用树枝在地上捣鼓。

“你知道海子吗？他是我最喜欢的诗人，你应该多看看他写的东西，别总是看一些故事书，那种故事书看多了，你脑壳会凹进去，脑子会变笨的……”

小四眼儿又开始说教我了，每次当他唠叨的时候我就不理他，偶尔“嗯”两声，表示我在听他讲话。

“你想不想听听海子的诗？”他望着我。

听他的语气，感觉那首诗已经逼上他的喉咙了，不让他念的话他就会被噎死，于是我十分慷慨地“嗯”了一声。

小四眼儿特别激动，他把着两株竹子，挪到了一个土包上，顶了顶他圆溜溜的眼镜，开始了他的朗诵。平时听他不标准的普通话觉得还可以接受，可是用那灵桥牌普通话念诗实在是太有喜感了，他把“草原”念成“草鱼”，把“死亡”念成“死完”，笑得我差点背过气。

小四眼儿没理我，继续念他的诗。

他念的是海子的《九月》，他说这是他最喜欢的诗，只有在后山迎着风念的时候才最有感觉。我那时候还比较小，不懂什么“海子”、“九月”，仅仅觉得小四眼儿念诗的时候很好玩。

我问他：“小四眼儿，你以后想当诗人吗？”

他摇了摇头：“诗人一般都很穷，我想赚大钱，买栋别墅。”

“那能给我买台游戏机吗？”

“行。”

时间像春蚕嘴边的桑叶，转眼即逝。暑假结束了，我回到了属于我的城市，小四眼儿留在了没有草原的农村。城市里的电视机、游戏机和糖果很快就冲淡了我在农村那两个月的记忆。之后，爸妈把外婆接到城里，我就再也没回过那个农村了。从那以后，对小四眼儿的记忆就变得特别零散，偶尔听外婆说以前的事，才能想起那个在后山念诗的少年。据说，他高考考了三次都名落孙山，他不愿意做农民也不愿意当工人，求爷爷告奶奶，终于在某所学校当了老师。

那个“某所学校”，便是我的高中；那个所谓的老师，也就是个宿管。

我总是能看到他“诶诶诶”地追着某个调皮的学生，或是西装革履地站在泔水桶边抓乱扔餐盘的学生。我和他每天会有无数次的擦肩，我却一次都不敢叫住他。

有一天，我看到他在学校竹林里摘了一片叶子，用手捏着竹叶的两段，嘴唇抿一下，吹了干瘪的两声，我忍不住叫了一声“小四眼儿”。他回过头，眼睛瞪得大大的，激动得眼镜片一抖一抖的，随后，抽着他那两条小短腿向我冲过来。

“你！几班的?！不尊重老师还不戴校徽，你是不是学生啊？信不信我扣你两分……”

人总是会变的，我不再是他忠实的听众，他也不再是那个迎风念诗的小四眼儿，我们都变得太多，以至于认不出彼此。有人说，每个人最初都是结伴而行，但终将会孑然一身，因为我们会变得世故、刁钻、人云亦云。而这样的我们看到彼此，都觉得对方滑稽、可笑、不可理喻，然后毫不犹豫地转身，离去。

成长，有时候会让我们变得面目全非。

我忽然特别怀念从前，从前的我和从前的小四眼儿。我们都怀揣着一颗不染尘滓的心，我们没有变得世故，没有变得刁钻，没有变得人云亦云。那时的我们都有一个以为会实现的梦，最后却都孤独到不能自已。

小四眼儿在我的记忆中愈加模糊，而那句诗却愈加清晰：

我的琴声呜咽泪水全无。

只身打马过草原。

# 桂花酒

欧阳永旭

一望无际的原野上，黑夜裹着大地，天星不时闪烁几下。火车轰隆隆地驶着，车头锅炉房中的那一团火红似乎要冲破黑暗的封锁，与地平线后的红日汇合。

天渐渐亮了起来，在一个稍显破旧的车站，他背着一个泛白的帆布包，手里还提着一个蛇皮袋，上了车，裤口袋里被手攒紧后变了形的车票露出一角。

随手放下行李，他找了个靠窗的位子歇脚，窗外这座熟悉又陌生的城市让他不舍却又想逃离。风吹起地上的落叶，它们不停地被驱赶，不知道会被吹去哪，也快忘了从哪里离开。他就像一片落叶飘到这座城市，不仅辗转于数个公司，更因为出身不好常常受城里人欺负。此时的他，灰头灰脸，鬓角的胡子仍在肆意生长，哪还有一点当初进城时信心满满的样子。

“呜……”火车的鸣笛声宣告着征程与归途的开始，他停止了思索，从蛇皮袋里掏出一瓶白酒暖身子。窗户上凝结的雾慢慢消失，过道上已经有早起的人在来回走动。

“朋友，这鬼天气怪冷的，能给俺口酒喝不?”话音刚落，没等他回答，一只粗壮的大手就伸了过来。他愣了一下，还是将酒递了出去，那只大手的主人是位身材魁梧的中年男子，典型的东北大汉。

“啧啧啧……好烈的酒，俺快两年没喝过这么烈的老白干了，南方的酒和这比起来简直就跟白开水一样！兄弟，你说是吧？”两口白酒下肚，被寒风吹得煞白的脸上恢复了几分血色，就连称呼都变得亲热了起来。

他接过递还的酒瓶，轻轻抿了一口，笑道：“如果是南方的酒水，该像我这样抿才对，北方的酒烈，而南方的酒醇，你这粗汉子一看就没有尝过我们南方的美酒，所以在这乱扯淡。”

可能是喝了人家的酒所以不好反驳，也可能是多日未曾修剪的胡茬掩盖了他的年轻，中年男子只是憨直地笑了笑，就走开了。

他的目光直直地望着窗外，乃至更远的地方，晨起洗漱的人们好奇地打量着入神的他，微微皱起的额头和紧锁的双眉让人不敢搭讪。

“叶洛啊，叶洛，可笑你还敢笑别人，你问问自己有多久没有尝过家乡的桂花酒了？你还记得外婆家那棵桂花树开了几次，你敢说自己还能一口分辨出桂花酒的味道吗？或者说，你还记得家乡在哪里么？”一个不容反驳的声音似乎从心底传来，他像屁股上坐了钉子一样蹦了起来，左顾右盼想找寻那个声音的来源，却只瞧见车窗玻璃中的另一个自己。

他狠狠地摇了摇头，想甩掉那些杂念，但不自觉地又觉得自己回到了外婆家后院的秋千上。那时候的自己稚气未脱，坐在秋千上摇头晃脑地唱着童谣：“秋千起，秋千坠，外公带我坐秋千，桂花开，桂花香，外婆送来桂花酒。你推我，我推你，大家轮流坐秋千。你酿酒，我封窖，来年再喝桂花酒。”每年秋风吹，桂花开，秋千坠，农事忙。外公外婆是镇上的退休干部，平时就爱养些花花草草，种些瓜果蔬菜。年幼的他总是闲不住，这边还在装模作样地给花浇水，那边就已经在菜地里刨土挖地了，今天说要学养花，结果弄得花儿的花期无限延迟，明天又吵着要翻土，于是搞得土里的蚯蚓都害怕。

那时候他一天中最安静的时候莫过于坐在外婆家的八仙桌上吃午饭了。外婆常常给他买回他最爱吃的辣鸡爪，小心地撕下一片片鸡皮，放在泡过汤的米饭上，用调羹一口口喂饱挑食的他。外公则一边吃着花生米，一边喝几口自家酿的桂花酒，兴致上来的时候也会分他几口。度数不高的桂花酒，是外公除了象棋之外的最爱。当时他还是小孩子，什么都不懂，只觉得那酒远没有街头卖的冰糕和酸梅汁好喝，每次尝了之后都会吐舌表达自己的不满，惹得外公直骂他“小鬼”。

“卖水咯！有红茶绿茶矿泉水，可乐雪碧冰啤酒……这位小哥，你来一瓶噻？”火车上小贩的叫卖声打断了他的思绪。

微微皱了下眉，他刚准备闭目养神不加理会，一眼瞄到了吆喝的是位姑娘，看上去比他还年轻，不施粉黛的脸上白里透着点红，腰间系着不知道哪位旅客落下的床单，手里提着一个篮子，里面盛着喝的吃的。那张清秀的脸和熟悉的口音突然让他想起来了家里的妹妹，几年不见，她如今应该也是这般光景吧。

恍惚间那个姑娘已经走远了，连带着他还剩下些酒的酒瓶。看着她继续不厌其烦地在堆满行李的过道上慢慢挪动，他实在抬不起腿去追回他的酒，尽管那是他用吃了几天馒头省来的钱买的。

火车依旧在不停地奔驰着，外边的乔木眨眼就被甩向脑后，北方的新雪下到这里差不多也就停了。过了长江大桥后，算是回到南方了吧，南渡，还真是难渡啊！当初不听家里的劝，丢下父母好说歹说求来的炼钢厂的“铁饭碗”，借了外公外婆的退休金只身一人去北方闯荡，发誓要自己干出一番事业来好衣锦还乡。可是到了外头才明白世道有多艰难，从前的想法有多肤浅，他像一头横冲直撞的牛犊从南方一直奔到北方，先是四处碰壁，摸爬滚打后事业小成，随后投资做生意被友人出卖弄得血本无归。现在的他，已然没有了牛犊的冲劲，像只落水狗一样，心事重重地想回南方碰碰运气，却又不敢回家。

“唉……那个人手把手教我跑业务，扶我上位，带我认识名流，助我挤入上流社会，我把他当做亲哥哥一样，可他怎么能在背后捅我一刀呢？我还送过他那么多名酒，葡萄酒、白兰地什么的就差没有一箱箱送了，他竟然还说我不懂得感恩？我真是看错他了。”

人都说近乡情怯，离乡愈久，他就愈是思念家乡，离乡愈近，他就愈是想要回乡。他站了起来，用一种近似贪婪的目光望着窗外的风物。这是南国的土地，这是他成长的地方，他终于回来了，以一个游子的身份，带着一颗思乡却不能回乡的心，因为他无言，亦无颜。

他的十指紧紧抓着玻璃，仿佛指甲已经嵌了进去，正如落下的树叶回归了土地后就再也不想被风吹起，它想归根。他想离家乡更近，近到可以望见彼此，拥抱彼此乃至不分彼此。他眼中终于流下了泪水，滚烫的泪散发出热气凝结成雾罩在玻璃上，模糊了窗外的世界。他拼命地用手擦拭玻璃，想让自己看得更清楚一些，指甲擦出咯吱咯吱的声音。到后来，他累倒在地，瘫在了位子上，眼睛失去了神采，让人觉得更加憔悴，还有苍老。

“小哥，小哥，你这是怎么啦？来来来！我给你找来了桂花酒，这是我们镇上的人家酿的，你之前不是在哼童谣吵着要喝桂花酒么？我刚才特意拿了你的酒瓶装了半瓶给你尝尝，剩下半瓶我得留着自己喝。你快起来，男子汉哭哭啼啼的像什么话，好多人都看着你呢。你再不起来我就把酒拿走了哈！”那位卖水的姑娘打酒回来时看到了哭倒在地的他，眼见围观的人越来越多，无奈只好威胁他。

听到“桂花酒”三个字，原先像没有骨头的死泥鳅一样瘫在地上的他飞快蹦了起来，这速度吓了姑娘一跳。他来不及擦干泪水，拍净灰尘，夺过她手中的酒瓶仰头就喝。熟悉的酒气伴着桂花香扑鼻冲来，呛得他直咳嗽。他又哭了，他之前在宴会上喝过了那么多所谓的名酒，却没有一种酒能让他如此牵挂，如此陶醉，醉得如此彻底，如此恣意。

他也来不及向姑娘道谢，举起瓶中剩下的两口酒对着人群大喊：“大块头，你快过来，让你尝尝南方真正的美酒，不，是世上最好的美酒，是我家乡的桂花酒！你再不来我就一个人都喝光了啊！”

话音刚落，一个魁梧的汉子从人群中挤了进来，抢过酒瓶仰头就灌，一口就喝了个精光。“好酒！俺从来没有喝过这么好喝的酒了。不过兄弟你也太不够意思了，这么好喝的酒你就只给俺留了一口，这还没流进俺肚子就在喉咙里消化了。”

“哈哈，哥们，兄弟就快要到家了，你跟着我回家闯吧，保证好酒好肉招待着你，这种酒我保你喝个够！姑娘，你也和我们一起吧，我带你尝尝真正的桂花酒，我从小喝到大的。”

说完他没等二位回答就背着包，提起袋子大步向车门走去……

一望无际的田野上，黑夜裹着大地，明月一直睁着眼。火车轰隆隆地驶着，车头锅炉房中的那一团火红马上就要冲破黑暗的封锁，与地平线上的红日汇合。

# 神牛老张

于 浩

今年的雪似乎下得格外的晚，从长沙到沈阳，一路上都没看到雪的痕迹。火车窗外，景色萧条，忽然呈现出一片雪白，难免眼前一亮。火车匆匆而过，那一片白让我知道，应该快到家了。

回到了曾养育了我的土地，深吸一口零下 16 度的空气，瞬间从鼻腔到肺腔都是一阵凉爽，人也不由得抖擞起来。车站接客的出租车还是那么多，而我却看到了熟人——神牛老张。（神牛：一种人力的脚蹬客运车，黄包车的升级版。对于大部分南方人来说，实在是陌生得很，至于老张，曾是个神牛师傅。）老张站在火车站的侧门推着一辆三轮车，叫卖着糖葫芦，脸冻得通红，不停地搓着手跺着脚，还照看着生意。

关于老张，我的记忆很是模糊，因为认识他的时候我才四五岁。儿时父母上班的方向和我上学的方向相反，送我上学成了一个他俩谁都不愿意做的事情。有一天，我爸的同事说他家是包了一个神牛送孩子上学的，方便、省事。于是，爸下午就寻摸到一个穿着军绿色大衣，头戴雷锋帽，矮粗却壮的师傅。“儿子，这是你张叔，以后上下学就到门口找你张叔。”我爸从来就是大大咧咧的，估计当初也是随便从小区门口就找了一个人，然后就让我叫叔叔。“哦，张叔好，我以后放学怎么找你啊？因为我爸接我，总是找不到我。”

所以我很干脆地问出了这个问题。“孩儿，看到那辆神牛了吗？你一到学校门口，肯定能找到。”老张神气地说道。

我当时看到那辆神牛时，很是好奇，立即撒腿跑过去了。老张的神牛是蓝色的，一看就是新刷的漆，车厢里还挂着两个平安符，简直漂亮极了，对于小孩子很是具有吸引力的。

于是当天我就坐上了老张的神牛。老张双腿短粗，但蹬起神牛来速度飞快，在车上只听见风声，看到两边的杨树刷刷地闪过。我好奇地趴在车窗上，看着慢慢走着的同学，心里充满了优越感。

记得在二年级的时候，因为老张的车又新又漂亮，别的同学总跟我蹭车。而我每次都会找我班最可爱的妹子和我一起坐车，还有跟我玩得最好的一个男生。于是乎老张的乘客由一个变成了三个，当然收入也增加了。老张每次都看我们进教学楼后才再去拉活，对此我们的家长非常满意。

老张是个有原则的人，有一次他和一个出租车在广厦小区门口碰了一下，当时出租车说啥也不让他走，他上去一把推开司机喊道：“我没时间跟你扯皮，我先把孩子们送到学校，咱回来再说。”说完了理都不理司机，步行送我们去学校了。

晚上，老张接我们的时候，眼睛肿了，头上也缠了纱布，最惨的是他的神牛，车上的塑料被人划了一个大口子，而且车链子也耷拉着。老张推着车给我们送回了家，嘴里还嘟囔着：“幸好，今天星期五，你们放学早，要不我晚上就接不了你们了。”“这车也整挺久了，咱也不能亏待了它，这两天给他好好修修。”那天他这几句话不知道说了几遍，反正我是听得挺烦的。不过周一见到老张时，老张的眼睛已经消肿了。不过相对于他自己，他的车康复得更快，新车门，新门面，在车下还安了个电马达。不过老张很少花钱烧油，老张总说烧油一来花油钱，二来车颠簸得厉害。

“怎么样，三位小老板喜欢不?”老张对于我们惊讶的目光似乎很满意。我们上车后，老张又分给我们一人一大把糖。“回去跟你们家长说，这周三我结婚，我就不拉活了，我让小胡替我蹬一天，中午张叔带你们吃拉面去。”我们吃到糖后，一听还有拉面吃果断点头答应了。

不过周三看到那个小胡的车时，我们才发现老张的神牛是多么干净、漂亮，老张蹬得是多快多稳。

我坐老张的神牛坐了三年，四年级的时候才开始步行上学，但要是起床晚了还是会选择坐他的神牛上学。

高中有一次胃痉挛上中心医院看病，在内科候诊室看到了老张。“张叔，你咋也来了?”“看病呗，得痔疮好几年了，今天寻思过来看看，你这是咋了?”“这小子雪糕吃多了，胃难受。”我爸说。

痔疮在神牛师傅这群人中是很普遍的，几乎人人都有这毛病。而老张来看病是因为他的车行里有个老头病得就非常严重，肚子剧痛，便血、吐血，第一次到医院看病，大夫说肠道里有肿瘤，过了几天再去看：直肠癌晚期。结果治病花了不少钱，人还没留住，又欠了一屁股债。老张参加完葬礼后这几天都很紧张，生怕自己也这样，他一个劲地说自己命薄，说不定哪天就走了。

老张的痔疮并不严重，大夫说没事，可他还是让大夫开了些药。后来才知道，张婶三年前得了脑血栓，他家的俩儿子现在都上初中，上的还是市里的初中，一家都靠他养活。他每天都用饭盒带好饭，再也不去市高门口的兰州拉面馆吃拉面了。

“张叔，咋卖糖葫芦了?”我拉着皮箱走过去。我完全可以猜出来这辆小车是原来的神牛改装的。

“哎哟，小子回来了，听说你上毛主席的老家上学去了？那地方咋样，我家的小子也要考大学了。”老张拉着我的手，笑着说。

他的手是硬邦邦的，手上全是老茧，拇指和食指的指甲全是黄褐色，想必这就是长年扶车把，再加上抽东北老旱烟形成的吧。

“那地还行，就是太湿太热，吃的又辣又咸。张叔，那边可没有神牛，全是摩托。”

“咱这边都不让蹬神牛了，那边怎么就让跑摩的。”老张脸上明显有着一点点的气愤和嫉妒。

“谁知道呢？沈阳那边早就没神牛了，再说张叔你现在这生意也不错啊。”我只能以此安慰他了。

“唉，孩子，这几串大的，你带回去，给你爸妈尝尝，咱这手艺小时候跟俺家老爷子学的，没想到今天还能用上。”张叔一个劲地往我手里塞。我拗不过他，收下了这五串糖葫芦，上面还蘸着花生碎和瓜子仁。

走到站前超市，才看到我爸。火车早到了一会儿，他又来晚了，而且还是那么大大咧咧的。他心情不错，帮我把行李放进后备箱，然后就问这问那的。本应唠唠经历的时候我却问出这么一句：“爸，咱这神牛咋取缔了？”

“咱辽宁今年不举行全运会了吗？市里领导说这影响城市形象就给取缔了。”忽然我感到这糖葫芦越吃越酸，难道所谓的市容真的比民生还重要吗？

现在除了北京胡同，我们再也看不到神牛了，而北京胡同的神牛也仅是一个旅游项目。真正的神牛和车夫，现在彻底地消失了。千余名车夫为全运会做出了巨大“贡献”，存在了百余年的行业到此结束了。

# 黑夜怎没星光

欧阳飞

该怎么形容她？木槿，对，她就是一束木槿，温柔而坚强，美丽而圣洁。

在这个早已过了饭点的时刻，想吃个饭显然是不容易的。去了几家店碰运气未果后，抱着最后一试的心态去了这家店，几乎是跑着的。进店后，先是一喜——有个留着大胡子的大叔和一年轻人正吃着。不远处的收银台旁，坐着一正端碗吃着饭的小女孩，样子很安静。看到我来了，她立马把碗放下，起身望着我。“小妹妹，还有饭吃么?”我下意识地问道。“还有。”她回答得有些拘谨。我转过身看了看墙壁上的菜单栏，然后回过头说：“孜然牛肉，盖饭。”说着便给了她十块钱。她收了钱，道了声谢，然后用我不知道的腔调喊了一声：“孜然盖饭。”说完，她便坐下来又端起了碗筷。这小女孩很有礼貌——这是我的第一感觉。

我也坐下了，对她笑了笑，和她坐一张桌。等待挺无聊的，我瞅了瞅她，这才注意到这女孩好像是少数民族，长得挺温柔可人，我便开始了和她的聊天。

“你不用上课?”

“放假了。”她的声音很小。

“嗯？你是还在上小学?”

“嗯。六年级。”

“哦。那你应该有 13 岁或 14 岁吧？”

“刚好 13 岁。”

“你是少数民族吧？”

“嗯，维吾尔族。”

“哦，那你祖籍，不，家乡是哪里的？”

“青海。”

我倒是吃了一惊，我对青海也没什么了解，也想不通她家咋跑这么远来开店。

“那你每年回去么？”

“回去，寒暑假的时候。”说着，她的眼神似乎黯淡了些。

看她似乎有点不开心，我便转移话题：“那是你爸，那是你妈？”我指了指大厅里的大胡子和厨房里忙碌的阿姨。

“嗯。”她答了我，这次声音轻松了许多。

然后我又看见厨房里一小蹦跳着的小男孩，便边指着小男孩边笑着道：“那是你弟弟？”她扑哧一笑。

我又问：“上学好不好玩咯？”

她摇摇头，然后埋下头说：“不好玩。”

“不好玩!?”我震惊到了，顿时就想吐槽：这可是我们想回去也回不去的曾经啊！我纳闷了一阵，又问：“是有升学压力么？”

“嗯？”

“我说，是考初中有压力么？”

“不是。”她摇了摇头。

沉默了一会儿，她又道：“我不喜欢读书，我读完小学就不读了。”

“不读了？真的吗？你是在和哥哥开玩笑吧。”——我打心里希望她是骗我的。

没有回答。我慌了，突然感觉空气像死一般的寂静，心里像翻起了惊天巨浪。想到这么可人又漂亮的小女孩早早辍学，那可真的是个悲剧。至少在我看来，人生就这么被改写了。气氛冷了好一会儿，我又试探着问道：“你……自己真的不想读？”

她沉默地抿着嘴，眼神有些不自然。

“是你父母不让你读？”我内心愤怒了。

她依旧抿着嘴，眼神躲躲闪闪。

“那你弟弟读么？”

“他……应该读吧。”

不想再问了，我似乎已经猜到了。但我心里仍抱着对她自己或许有更好的选择的期待，轻声问道：“你不读了，是打算帮你父母照看店子么？”

她终于回答了，“嗯”了一声。可就是这么一声回答像把刀子一样狠狠地割痛了我的心。我失神了，心里极其不是滋味，再也没有半分胃口。此时她应该也是吃完了，或许不想继续话题，便悄悄地跑开了。

当时我也在走神。一直以来，人生路上不少磕磕绊绊，不公平的事情也经历了不少，也怨天尤人过，特别是在一些事情上，总是觉得不尽如人意，有命运多舛的感觉。可在那一刻，我的心却有种前所未有的伤痛感，一种悲哀的愁绪包裹了我全身。我哀伤这么好的女孩子，本来应该可以快快乐乐地学习下去，然后拥有一个繁花似锦的大好未来，然而，现在却要辍学并早早地进入社会。这将会让她失去多少呢？这么漂亮可人的小女孩，本来应该是天之骄女，将来长大后接受众人的花环，可是，这一切都将在她仅仅 13 岁的时候改变！我不否认辍学或许有更好的发展，但是社会的残酷不是个13岁的小女孩该面对的。

可我又能做些什么？想和她父母聊聊却又踌躇着不知怎么开口。我彷徨着准备离开，目光扫视了店子一圈，也没见她的踪影。我惋叹了一句，就出门了。在经过旁边一间带窗的屋子时，我眼前一亮——她正和她弟弟趴在屋子地板上，翻着一本课本，一字一句带着她弟弟读着——是在教他弟弟识字！那一刹那，我的眼泪都差点出来了。还骗我说自己不喜欢读书，小小的年纪，该是承受了多少，那稚嫩的心里是有多么的无奈！

我在窗前怔怔地望着她们。一会儿，她便察觉到窗外有人，回头一看，发现是我，朝我笑了笑，立马起身离开屋子。我转向门口，等她出来。很快，她出来冲我一笑："哥哥吃完了，再……"她挥着手，我默默地走近她，正视着她的眼睛说："你要记住哥哥的话：你一定要上学！相信我，没有人可以阻挡你内心的想法，只要你想，就是你爸妈也不能。"

她望着我呆了。我又说："记住，你一定要上学！一定要坚持你的内心！"她似乎也出神了，反应过来后才肯定地对我说："嗯！"这一次，我从她的眼神里读出了坚定和执着。我笑了，她也甜甜地笑了，笑得可真好看。

我想了想又问："你叫什么名字？"

"韩金梅，韩国的韩，金子的金，梅花的梅。"

我又笑了，真的很开心："哥哥姓欧阳，你可以叫我欧阳哥哥。"

"欧——阳。"她一字一顿地念了念。

我又笑了笑，说："以后哥哥会常来找你玩，走了，拜拜！"

她也跟着挥了挥手，道："嗯，哥哥再见！我会坚持的。"然后便站在门口目送着我离开。

我永远也忘不了那一天，这个年仅 13 岁的小女孩在谈论自己的心事时，自始至终都没有过一句抱怨。那天她趴在地上教弟弟读书写字的情形，一直深深地在我的脑海里挥之不去。自那以后，每当我失意的时候，胆怯的时候，迷茫的时候，我总会回想起那一天，这个内心无奈却又写满执着的小女孩，用她坚定的目光向命运的不公作出了宣告。那是敢于斗争的目光！那是希望的目光！

在生活中，我们每个人也都应该学会珍惜和感恩，我们的人生就真的那么不尽如人意？或许，人生中的公平与不公平我们无法抉择，抱怨也于事无补，但其实我们可以积极地去寻求改变，去 fighting！我们每个人都应该相信，在人生的路上，无论遇到何种黑暗，但只要我们的眼里仍有阳光，未来就一定会有无限可能！

愿她像一束木槿花，温柔地坚持下去。

黑夜湮没不了星光，即使它很微弱。

# 对不起，自己

牛艺默

1

一片荒芜，杂草丛生。这里是哪？环顾四周，空无一人。不知道是第几次来到这里，一条未完成的公路通向远方，路的左边堆满了沙石，在烈日下泛白，毫无生气。或许它本来就是没有生气的，就像刚刚结束的高考一样，本就不该有所期待，可还是抱有幻想，最后，果真没有奇迹。

毒热的太阳，烤在身上火辣辣的疼，口干舌燥。每当这时，我都发了疯地想从梦里醒来。可这次，我想留下来。

迈开步子，我沿着公路行走，汗如雨下。这个成语不错，语文考试的时候我怎没将它用在作文中，说不定能加个几分。我独自懊恼了一番。公路越走越开阔，惨白的地面竟显出红润的光泽来。

一抬头，迎面走来一位男子。我不知道他是从远处走来，还是本来就在那里，好像是凭空出现的一样，却又那么真实地离我越来越近。20 多岁的年纪，顶着个 20 世纪 30 年代的爆炸头，不知道是白色还是黄色的 T 恤蒙上了一层黑色，牛仔裤像极了生锈的瓷器，透着酸涩的苦味。在经过我身边的时候，他轻轻地道了一句：“对不起，朋友。”

“对不起，朋友！”——我猛地从梦中惊醒，额前的头发被汗水湿透，仿佛真被大太阳烤过一般。我随手捞了一件T恤穿上就走出了家门。

一出门就感受到一股热浪袭来。太阳真是大，阳光烤在身上火辣辣的疼，我穿过了高楼大厦，穿越了人群，漫无目的地走着。不知不觉来到了一条公路上，四周荒芜，杂草丛生。前方走来一个少年，穿着高中校服，拿着成绩单，随意地走着，垂头丧气，好不失望，青涩的样子像极了，像极了……那是我!!! 他就这样埋头走着，快到我面前才抬起头，一脸疑惑地问我：

“你是谁?”

我是谁?“我是你啊!”我大声说道。

## 2

“对不起，朋友。”当男子与我擦肩而过的时候，我叫住了他，“我们认识么?”他看着我，并没有回答，就这样，静默了几秒后，我又说：“为什么对不起?”

“我一直在破坏你的生活。”男子狡黠地笑了笑。

“破坏我的生活?”

“还记得你高二分班考试前一周么，大家都在努力复习，你却每天看电子书，睡觉，其实那是我占据了你的思想。你看你高考也是，地理世界地图那道题，你想破脑袋也没认出那个轮廓是美国，是因为我偷走了你的记忆。”

“好啊，原来都是你干的好事。”我生气地说道，“原来这一切都是你造成的!”

他只是笑："哈哈，还有呢，你考中了二本。"

"你怎么知道?"

"因为我要继续破坏你的生活啊。你考中了二本，我常常控制你打电脑游戏，夜不归宿……"

"够了!"

"翘课，跟狐朋狗友花天酒地……"

"够了!"

"跟父母吵架，我还记得你母亲一把鼻涕一把泪的样子呢，哈哈哈。"

"滚出我的生活。"我歇斯底里。

"对不起，朋友，我滚不了。"

"为什么?"

"因为我是你啊。"

## 3

"对不起，朋友。因为我是你啊!""因为我是你啊!""我是你!"——我猛地从梦中惊醒，额前的头发被汗水湿透，仿佛真被大太阳烤过一般，"哎，怎么又梦到高考了，那是三年前的事情了啊。"我随手捞了一件T恤穿上就走出了家门。

一出门就感受到一股热浪袭来。太阳真是大，阳光烤在身上火辣辣的疼，我穿过了高楼大厦，穿越了人群，漫无目的地走着，一转头，看见了旁边玻璃橱窗中的自己：不知道是白色还是黄色的T恤蒙上了一层黑色，牛仔裤像极了生锈的瓷器，透着酸涩的苦味。我吃了一惊，随后不禁地笑了。

不知不觉来到了一条公路上，四周荒芜，杂草丛生。前方走来一个少年，穿着高中校服，拿着成绩单，随意地走着，垂头丧气，好不失望。我轻轻走过去："对不起，朋友。"他抬起头，疑惑地问道："你是谁?"

"我是你。"

每一个不满意的现在，都有一个不努力的曾经。

# 儿重少年心

段熙伟

可能是第三个失眠的夜晚了，直到早上我才睡着一小会儿。我慢慢地从床上直起身来，长吁一口气。我迷迷糊糊地用手指拨弄着手机屏幕，繁杂的歌曲名字快速划过，可竟然找不出一段适合在此刻舒缓心情的节奏。我在反光的屏幕上隐约看到了自己的样子，目光呆滞，表情僵硬，仿佛没有魂灵一般，一副怅然若失的样子。

最近的心情时好时坏，高兴之时，心之所向，处处皆繁花盛开、年华锦瑟。踮着脚尖漫步于校园的条条街道，纯白的栀子花挂在绿树的枝头，紫色的藤兰蜿蜒伸展爬满回廊，仿佛不小心踏入写意画中，忍不住随温暖的春风跳一支舞，而那时流淌的月色正如熟了的白绢。

但悲伤之时，心之所及，则犹如万木凋零、一片索然。景色再美，花朵再艳，兴致再浓，可我终究只是一个人独自行进，我只是来自异乡漂泊的过客，我只是没人怜惜的衰小孩。那一瞬间只有我的书包与我相依偎，“我们”相互紧紧依靠着，仿佛我是要去一片遥远的荒野或是冰原，那条道路长长的只有我一个人，寒风凛冽。而曾经眼中的秀美春色只是镜花水月一般虚幻，我的心是冷冷的，不能感受到景色的温暖。

今夜又一次踱步在北苑的小径，我曾无数次抱怨这条路显得破旧，可再没有什么地方可以似这里般静谧。道路两边大树的影子伴着路灯洒下的昏暗的灯光一起摇曳着，身旁抱着书本的少女与我擦肩而过，随即鞋跟敲打地面的声音与舞动的裙裾一起消失在我的视觉听觉之外。此时的夜仿佛就是一只甜美的催眠曲，而我化为了一个跳动的音符。

从忙碌得连片刻喘息都没有的高中进入看上去满是闲暇的大学，就要满一年了我却还未完全适应，我像是一棵蓬草，在异乡的天空上飘转。我触碰到了我所喜欢的自由，我曾经渴求的独立，可置身于这种状态之中，我只感受到无助与茫然，然后整片心扉全部被胡思乱想所填满。我轻轻呷了一口商铺里买来的啤酒，看着来来往往的与我那么相似的年轻人，他们的面庞在灯光下略微显得泛白，眼神中透露出若有所思的样子，然后一切倏然恍惚了，我知道我可能又要开始胡思乱想了。

开始叙述必须从自己最熟悉的地方展开，我恰恰也很喜欢这样。记得在动画《大雄的结婚前夜》里，静香在即将出嫁的前夜，因担心父母在自己离开后会寂寞而忍不住哭泣。而静香的爸爸却说，她已经给他们留下了数不清的礼物，“第一件礼物就是你的出生，在凌晨三点的时候，房间里传来了你天使般的哭声，我从没听到过这么令人高兴的音乐，当我走出医院时，虽然东方的天空已泛起微白，头顶上却依旧是一片星空，在这片浩瀚的宇宙尘埃中，继承我生命的珍宝现在出生了。想到这些，就会非常的感动。”虽是日语，可老人家的话语却字字印在我心中，父母总是这样心甘情愿为我们付出而不求回报。而我又能做什么呢？

思绪回溯到三个月前，天空白雪纷飞，整个校园都覆盖上了一层素色。我没想到南方冬天也会有这么大的雪，也会有这么冷的温度。我将能找到的所有被子都盖在身上，可还是冷得瑟瑟发抖。我有点暗暗后悔独自一人这么早就奔赴到了学校。整整被冻了一夜，直到早上天空泛白我才在迷迷糊糊中睡着了。忽然这时，我听到了门外有敲门声和呼唤声，仔细听来竟然是爸爸妈妈的声音。这怎么可能？我马上拿出手机，看到了屏幕上显示的十几条未接来电的提示。我擦了擦惺忪的睡眼，翻下床去开门。打开门的瞬间，我看到了爸爸妈妈的样子，显然他们也没料到南方会有这种天气，单薄的衣服在他们身上与窗外的飞雪形成极大反差。我看着爸爸妈妈那熟悉的样子，这时他们被冻得似乎嘴唇有些发白，身体略微有些颤抖，应该是已经在门外等了很久。

“爸，妈，你们怎么这么早就来了？”我有些摸不着头脑。“我们到了长沙的时候发现下雪了，怕下雪阻塞了交通所以提前赶过来了。”妈妈一脸平静地说道。我赶紧将父母迎进了我窄小的宿舍。“妈，其实这南方室内室外一个温度和咱大北方的暖气没法比……”我话说到一半，妈妈就看到了我书桌上散落的书本与床上被蹂躏成团的被子。“就知道你还是这么乱，和在家一样不会自己收拾。”我不好意思地低下了头。然后妈妈就开始帮我收拾东西了，就像以前在家的时候一样。细想来，妈妈已经替我收拾东西收拾了 18 年，我也将接受照顾当成了一种习惯。

后来在谈话中我才知道原来那天晚上爸爸妈妈是因为担心我，才从长沙坐了辆黑车连夜赶过来的。“那时我和你妈坐在车上，路面结冰，在立交桥上转弯时轮胎打滑，汽车接连转了两圈才停下来……”爸爸尽量像说一个小故事般讲述他和妈妈赶过来的情况。可我听得却一点也不轻松，“爸妈下次你们还是白天坐巴士过来吧，晚上坐黑车不安全的”。我嘴上应答着，而内心一阵翻涌，爸爸妈妈是担心我才那么着急赶过来的，我眼中隐约有泪花闪烁。

差点忘了说，我的爸爸妈妈是担心我在大学的学习生活不习惯才特地过来的。其实那时已经是大一的第二个学期了。结果我享受了别人没有享受过的待遇，第二学期开学由父母陪伴过了将近一周。我好像就是这么一个特别不省心特别需要人照顾的小孩，我撒娇我任性我自以为是，我烦闷我抱怨我无理取闹。我寒假在家几乎天天抱怨学校抱怨专业，抱怨我所遭遇的种种不如意的事。爸爸妈妈只得叹一声："孩子你什么时候才能长大。"

见到老师时，老师说："你爸妈真是心疼你，你看天气冷他们一来就带你去买了厚衣服而自己还穿着薄薄的外衣。"我这时才发觉，爸爸妈妈仍然一身异于季节的装扮。原来我一直身处于温暖之中，18 年来一直有两个人拥抱着我，用身体为我取暖。这时间太久了，久得我都以为温暖理所应当。见到出租房子的房东时，她用我半懂不懂的湖南话跟我说："你有很好的爸爸妈妈，以后你要挣钱去孝顺他们。"我只能点点头，心里暗暗感叹。爸爸妈妈你们总是紧紧抱着我，为我遮风挡雨，不知不觉我已经由小孩子渐渐变为 18 岁的青年。我可能真的还没长大，但我真的真的也想有一天能保护你们。

"看着你长大，把你捧在手里，送你一程，如今再送你一程。"翻看着爸爸妈妈发在朋友圈里的消息，我终于明白爸爸妈妈是来"送我一程"的，他们的宝贝儿子还没有长大还需要他们照顾。爸爸妈妈多年没有再接受新的事物，初中高中我繁重的学业夺去了他们本该清闲的时光，早起为我做饭，深夜等我下晚自习回家，星期天为我找老师补习跟不上的课程。而如今又为我学会了用微信，学会了 QQ 视频聊天，只是为了看到他们可爱的宝贝儿子一个人在异乡是否还好，是否变了模样。想到这些我忽然感觉我真是个不折不扣的混蛋，我的眼泪再一次潸然滑落。

"我和你妈没有读过大学，就是想在你读大学的时候过来看看大学的样子。”我记得爸爸如是说。那时爸爸妈妈正提着大包小包送我来学校读书，一家三口走在校园的小径上，看着南方精致风格的花园，看着整齐的教学楼和校舍。那时爸妈是不是在想，他们的儿子会在这里离开自己真正地开始成长？爸爸妈妈，真是对不起了，让你们来送了我两次，一次你们说这里太热，另一次你们又觉得这里太冷，而现在这里春光旖旎，栀子花、白樱花烂漫，是很美的地方。我在这里很好，我不会再畏缩和害怕了，我会勇敢地成长。

“小然同学，那个……可以和我交往吗？”

“唉，不行的……我觉得你只是忽然寂寞了而已，并不是真的喜欢我。”

如你所见，我进入大学的第一个年头对女孩儿的表白，又一次以失败告终。那个到底“真的喜欢”指的是什么呢？我毫不介意承认我是一个感情白痴。对的，有时我就是这么简单，如果某段时间你问我为什么这么开心，我肯定是找到了一个自己喜欢的女孩子；而某段时间你问我为什么这么忧伤，我肯定是被那个女孩儿拒绝了。

当从高中进入大学，谈恋爱被正名后，谈恋爱由在高中的遮遮掩掩动辄要被叫家长变成了光明正大。于是找到女朋友成为每个大学男生心中有最多美好幻想的一件心事，我毫不例外地加入了寻找幸福的行列。记得有一次室友问我为什么要执着于在大学谈一场恋爱，我当时给的回答是：我觉得自校园出现时就存在着校园恋情，所以校园与爱情是捆绑在一起的。我认为谈恋爱也是一堂大学的必修课，而我是个想修完各科课程的好学生。

可惜时运不济，我并没有广大言情小说中的主角的神奇魔力，委实没有一个女孩子喜欢上我。我甚至还为此抱怨了一阵儿社会。

难道是因我的相貌普通、身材臃肿吗？或者难道是因为我的怯懦自私幼稚狂妄等等个人特点给女孩子留下了不太好的印象吗？今天被拒绝后，我又得到了一个崭新的答案，我对待爱情的态度有问题。

我没有过爱情怎么会对它有什么态度，而且冗长的说理性文章我一向都不喜欢，理论上也没什么造诣。我只能进行勉勉强强的回忆，因为我是看漫画长大的，所以我最开始喜欢的女孩儿也是在漫画里面的。我记得《机器猫》里，大雄哭着对静香说："我一定会给你幸福的。"我记得《名侦探柯南》里柯南对失忆的小兰说："我喜欢你，比地球上任何一个人都喜欢。"我记得《偷星九月天》中琉星略显紧张地对九月说："这里没有什么王子……只有一个傻瓜的告白……和我做朋友好吗？"而此后糖果如雨般缤纷落下。或许我还停留在初中二年级的阶段，抱着漫画书不肯撒手，这才是女孩子不喜欢我的原因吧。

在我近乎绝望之际，我快速回忆了一下我这短暂的人生历程里所见过的所有女孩子。我兀自地认为我喜欢的是那种有阳光般味道的女孩子。终于一个名字跳出我的脑海，猫儿。她有一头波浪般的卷发，曾多次被误认为烫了头，还有一双明亮的大眼睛，此外我只记得她最大的爱好是在课堂上睡觉。

我们的故事的开端是最常见的校园故事的开端，没办法，因为我就是一个平凡到不能再平凡的人。我和猫儿在一次座位大抽签中双双时运不济，抽中了班级最后一排单独的两个位置，然后我们就相识了。我发誓猫儿是我见过的所有女生中最喜欢在上课睡觉的，而且下课后异常清醒，谈天说地的，补充一下，也是最能说废话的。

但高中的时光就像是慢慢被压缩的一个盒子，我们每个人进入高中时都是一样的小方盒子，然后随着年级的递增，慢慢地有人被压成了圆形的、三角形的、不规则图形的，等等。最后我们会经历一个叫做高考的检验，合格的盒子被送上流水线进入下一道工序，而不合格的回炉重新进行压缩。

我与猫儿的一段似有若无的感情发生在盒子被压缩的关键时期，高三。我记得我们坐在教室右侧的第三排的位置。一天上课时，我说："猫，我妈每天都超级忙来不及给我做早饭。我看你每天挺闲的，可不可以给我明天带个早餐。"猫儿在半睡半醒之中点了点头，我以为她根本没在意。没想到的是，我第二天真的吃到了早餐，而且还连续吃了一个礼拜。作为回报，我答应帮猫儿带零食进入学校。补充一下，因为猫是住校生，而我是走读生。所以接下来的时光里，我每隔一段时间就会像做贼一样，背着一包零食，小心翼翼地绕过门卫，给猫儿送来新鲜的给养。我俩互惠互利的交易正做得风生水起，却不料我俩竟成了班级八卦的新晋人物。

此后，我得到了猫儿的手机号码，于是我们闲着无聊就互发短信，例如"你在干什么啊?""最近附近有什么好玩的啊?"等等一点营养都没有的内容。高峰期我记得一个月曾发了100多条信息，大有把短信当成QQ消息使用的趋势。而当时的我们还玩得乐此不疲，那点乐趣大概是我现在还有点想念在题海中浮浮沉沉的高三的原因吧。

如果把我俩的故事做成电影，我前面所讲的内容大概会被快镜头闪过吧。没有人喜欢一成不变的生活，那时我的同学们都每天呼喊着要逃离高中这个鬼地方去大学自由自在地飞翔，可我现在却真的有点怀恋那些简单的日子。

如果不是教室的黑板上书写的名为倒计时的数字在一天天地减少的话，我可能还真会这样与猫儿一天天重复着充满玩笑的日子。有一天，猫儿忽然对我说要和我分开坐着，害怕我俩关系太好上课只顾打闹而无心学习。我只好勉为其难地同意了。不过故事并没有因此结束，我和猫儿的关系并没有因为分开坐而变坏，相反我多了一个爱好，那就是下课去玩猫儿的卷发，我总会抽出下课的三两分钟去拉扯猫儿的卷发。我记得猫儿最常说的话是："不要动了，万一让我变笨怎么办？"我肯定会立马还击："当然不会了，被我拉后你就会解出数学题了。"我几乎每节课后都去，猫儿由刚开始的反感渐渐变为习以为常。我想如果我真的在大学找不到女朋友的话，那就是我与女孩子最亲密的时刻了。

离高考到来的时间再次缩短，变为了 30 天。我忽然感觉班上的氛围有些异样，这些少年们似乎快要憋不住了。只有 30 天了，30 天后就可以进入大学，哦，那时梦寐以求的地方。不知是从谁开始，在最紧要的时刻，竟然有两三对情侣一起宣布确立关系，而且班主任也处于置之不理的状态，好像他的学生们的最后一个月不归他管理似的。然后班上就掀起了大规模的换座位活动，众多同学以"不当电灯泡"之名为情侣们留足了相会的空间。教室里被高考压抑的氛围似乎有了些许松动。

我也壮足了胆子，带着本子来到了猫儿旁边的座位上。"我是因为前面情侣干扰我学习才来到这里的，我没有别的意思请你相信我。"我义正词严地说着。猫儿眨巴着她的大眼睛看着我，似乎是相信了我。但我骗了她。我清楚地记得那是晚上的第二个自习，地理课，我轻轻地将手伸过去挽住了猫儿的手，然后我们手指相扣。我发誓那是我第一次这样牵住女孩的手，而且女孩没有反抗而是默许了。我紧紧握着那只手，虽然它根本称不上芊芊玉手反而还有点肥嘟嘟的，但对我来说那天晚上我握住的绝对是天使之手。我记得我们牵了好久，五分钟，十分钟，还是一节课，可能我的记忆里我现在还在牵着猫儿的手。

就当故事快要进行到高潮，甚至马上我就要表白得到人生的第一份爱恋时，事故发生了。我记得上文我提到过我在高中没和任何女孩子表白过，那是因为我妈妈发现了我的地下“恋情”。加引号的原因是我到现在都不能确定那是不是恋爱，可能最多算是苗头。妈妈动之以情、晓之以理地给我讲述了谈恋爱对于高考的“巨大影响”，并且将谈恋爱的学生视为“洪水猛兽”。在妈妈的耐心开导下，我终于意识到我犯下的“滔天大罪”并且“迷途知返”，在与妈妈交谈的第二天就回来告诉我妈我不会再与那女孩儿联系了。

其实我当时骗了我妈，我并没有与猫儿断绝联系，如果我真的那样做了，我现在回忆起来该会少了一段重要情节。离高考还有三天，学校放假，我以出去买文具的名义骗过了妈妈，获得了外出的机会。我出来的目的是……当然是和猫儿约会。其实现在想来，“约会”有些勉强，最多算是考前相互鼓励吧。

我来到了我们当地建造的人工湖——东湖。虽是人工湖，但面积很大。我记得有一条长长的环湖公路和一个被建成公园的湖心岛屿。每到晚上就会有很多人过来散步消夏，路灯散发着橙黄色的光，各色霓虹灯闪烁，也算小县城的一热闹景色。可我的记忆中最美的东湖景色却是在那天下午的四五点。

我又一次见到了猫儿，湖面吹来的风将她的卷发扬起。我记得她穿了蓝色的裙子，是那么美丽。我急急忙忙跑过去，又一次一把牵住了猫儿的手，接着我们就开始绕着环湖公路开始散步。我记得湖边的围栏是白色的，上面雕刻着古朴而复杂的花纹。湖面吹来的风似乎将考前的焦虑和紧张全部带走了。我们还是像以前一样天南地北地胡扯，没一句正经话。我紧紧地扣着猫儿的手，像是真的扣着我女朋友的手一样。两人并排一起走着走着，时间就悄悄溜走了，湛蓝的天空慢慢爬满了火烧云，变成赤红色。我看着猫儿的脸庞，仿佛那时她的脸也是红色的。分别时，我转动身体轻轻地抱了猫儿一下，对的，我现在仍清楚地记得每个细节。我的灵魂仿佛在微微地战栗，耳边响起了无数童声哼唱的美妙乐曲，脑海中我与猫儿相识的一幕幕瞬间如走马灯般回放。我俩相拥了大概只有不到三秒的时间，可我感觉我正在被圣光照耀，我的心正在被丘比特之箭刺穿。那一瞬间对我来说是十分重要的时刻，我仍记得我那时想的是等到高考过后，我就向你告白，我要你做我的女朋友。至于猫儿是怎么想的，抱歉我真不知道。

时间过得飞快，好像昨天我还和一帮兄弟在一起撕卷子扔课本为解放狂欢，而今天高考成绩就出来了。事情永远不能像我们所想的那样发展，因为那样的故事太完美，完美得不真实。是的，我是个不折不扣的大骗子，我食言了，我没有像猫儿告白而她也没有成为我的女朋友。我发挥得还算正常，勉强进入了一所一本大学，而猫儿的情况则十分不乐观，没上二本线，含恨去了离家很远的地方复读，连高考后的假期都没有了。

我不相信这就是故事的结局，我一直都不相信。我与那个女孩儿曾经离得那么近，我喜欢她波浪般的卷发，喜欢她眨巴的大眼睛，喜欢她阳光般的笑容。然后我第一次拉住了女孩儿的手，第一次将女孩儿抱在怀中，我原以为那会是我的第一个女朋友。没想到，没有。时间空间是最可怕的障碍，我们之间由触手可及的距离变为了一千三百多公里，曾经积攒了快有一千多条的短信也被我删掉了。从此以后再也没有人能花上一整天的时间来跟我说那些没营养的废话了，我隐约记得最近收到猫儿的最后一条短信是“组长（我的别称），不和你坐在一起之后，再也没人玩我的卷发了”。

进入大学后，我的睡觉时间扩充了两倍，我好像渐渐明白了以前猫儿为什么那么喜欢在上课睡觉了。我还在不停寻找着，我相信有一天我一定能找到属于我的那种从漫画里走出来的女孩子，纯白淡雅还有着阳光般的微笑。

“嘿，阿段，看照片这个女孩子怎么样？是卷发的。”室友贱贱的声音传入我的耳边。“卷发，我喜欢。我马上就去追。”我同样贱贱地回应道。

进入大学我懂了好多，想了好多，也变了好多。我其实是写文章来反思自己的，上两重故事反映了我既是个大混蛋又是个大骗子。当然不是这样了，我想要说的是当父母、未来、工作、家庭，当这些原来不属于我们考虑的名词一个个冲入我们的脑海的时候，我们便不能再玩乐而要学着思考；当悔恨、感激、不甘这些情绪出现在我们的精神世界中时，我们便不能再轻松自在而要开始努力。

有人说男孩子的20岁是他最暗淡的岁月，这时他什么都没有，不能独立又不想依赖，挣扎着彷徨着，在人群中寻找自己的位置。对的，确实是这样的，我的怯懦我的自卑我的幼稚我的狂妄，既刺伤了别人也刺伤了自己。所以我的第三重心事便是想要成长，我想要摆脱原来充满稚气的我，变得成熟而充满力量，然后我就用这力量保护自己，再去爱我想爱的人。等我长大的时候，我会补下最后一个故事。那个故事应该比第一个、第二个都要长，都要曲折，但也会更美丽更精彩。

## 龟趣

王　瑶

齐白石老先生晚年以画虾为乐。质地特别的宣纸上，齐老淡墨掷笔，浓墨点睛，笔笔传神，不出片刻，几只灵动的河虾或对虾便栩栩如生，跃然纸上。齐老的虾被誉为画坛一绝，甚至大有人认为齐老只会画虾。齐老对此喟然叹曰：“予年七十八矣，人谓只能画虾，冤哉!”话虽如此，艺术虽超越生活，却源自生活，齐老笔下的虾表现得如此淋漓尽致，可见齐老在生活中或与虾接触颇多；虾的一爪动一身跃，于齐老眼下皆为一大乐趣，谓之虾趣。

以虾为趣，悠悠然自得其乐，难怪齐老能够活到九十余岁高龄。虾对生存环境的要求并不高，一缸不全净的井水，几株绿油油的水草，置于阳光底下，或许就能活得很好。平日闲暇时光，齐老静对着这缸内摆着尾巴四处游动的虾，与虾神交，贴近自然的讯息，跨越物种，在人与虾之间沟通，而齐老的智慧也许来源于这样的时光。

谈起齐老的虾趣，并非一时兴起。昨日途经一寝室，偶遇一学长正蹲在地上，手中拿着小棒于一铁桶前摆弄着些什么。好奇心促使我停下脚步，与学长相视一笑打声招呼，我微微欠下身望向桶里，只见略黑湿润的泥土中一些暗红的长条状小物不停蠕动着躯体，原来是蚯蚓。学长一边用小棒在土里翻动，选择合适的蚯蚓挑进桶旁的盆中，一边微笑着告诉我，这些小小的蚯蚓是用来喂乌龟的。我煞有兴致地站在一旁一直盯着那群零落分布的小东西，出了神。

不多时，我跟着学长进入他的宿舍。窗户底下三只半透明的储物箱叠起放置。学长揭起其中一个的箱盖，箱内十数只小乌龟正在三寸见深的水中潜行着，另外两只储物箱中同样游着数只乌龟。我顾不得细看，学长便用手指轻轻捻起仍在盆内蠕动的蚯蚓中的一条，抬起手缓缓悬到水面上。一只小乌龟似乎觉察到这可口的食物，缓缓伸直小脑袋探出水面，像是嗅一下轻触水面的蚯蚓。忽然两片瓣膜似的唇猛地一张，蚯蚓的前部已被小龟含在口中。这时学长放开蚯蚓的尾部，小龟便衔着蚯蚓欢快地缩回水下。蚯蚓还在无助地扭动着躯体挣扎，可没多少工夫就全没了身影。

望着小龟吃食，我心中似箱内粼粼水面，泛起层层涟漪，深觉几分生动，几分有趣。学长接着捻起一条蚯蚓喂其他小龟。或许第一只进食的小乌龟享受的美味让别的小龟早已红了眼，这回蚯蚓一头刚触水面，便有几只小龟划动着青灰色的小爪子一股脑儿涌来。一只体型不大却灵活的小龟稍稍占了先，一口夺去蚯蚓，潜回水下。另几只未抢到美味的小龟似乎心有不甘，其中一只体型稍大的，游向正在品尝蚯蚓的小龟，咬住蚯蚓的另一头。这下，进食似乎成为拔河比赛，两只小龟互不相让，摆动青白色花纹装点的颈脖各往一边撕扯着。最后体型大点儿的占着优势，硬是夺走还未被吃完的大段蚯蚓，靠着水流的作用神气地往嘴里吞食，失去食物的小龟悻悻地游向一边。我与学长作为这场比赛的观众，在一旁轻声地笑，好不欢乐。

似跳着舞般在清澈的水里甩动细长的躯体，也许是吃饱的缘故，小龟们的兴致已无起初见到这些食物时那么浓，显得有些迟钝，即便蚯蚓就扭动在身子底下也无动于衷。然后，学长又用还盛着数只蚯蚓的盆舀了小半盆水，伸手捉住两只小龟放入盆内。我感到疑惑，学长指着一只小龟说："这只小龟只能浮在水面上沉不下去，我上过养龟论坛问过一些养龟高手，说这是营养不良，所以我得给它开小灶。"接着，学长轻轻抓住另一只小龟说："这只小龟的嘴有些问题，不知怎么就出现个小缺口，咬合不行，所以也得给它开开小灶。"我把头凑近，望着学长指的那个细微的缺口，笑着点点头："好有爱啊。"学长略显腼腆地将小龟放回盆中。

走回寝室，喂龟和小龟夺食的片段在我脑海中一一回放，直觉得那群小龟分外有趣。若龟也有自己的世界，那它们的世界想必也是乐趣横生的，尽管我非龟而焉知龟之乐乎。又想到养龟者，我不禁感叹，一个有闲情雅致，每日细心侍弄这些小精灵，并视之若珍宝的人，该有怎样与人不同的生活志趣？想必这些小龟在学长眼中也是生活之一大乐趣所在吧。

我不十分了解齐老的性格，但学长生性温和，憨厚朴实，不骄不躁，想必在与龟的神交中，也感触到些自然的讯息。齐老养虾，学长侍龟，皆以此类小生灵为乐趣，自得其乐，优哉游哉。以齐老之好为虾趣，则侍龟与龟戏谓为龟趣！

# 未试锋芒

刘铠齐

秋风，依然萧瑟的秋风，就连花红柳绿的江南也不放过。

风景无限，梦里江南，谁又忍心在这样的地方，在这样的季节里凋谢？但肃杀的不仅是秋风，还有仇恨。因为复仇的刃，总是比什么都锋利。

说起洛阳俞家也许没什么人知道，但若提起“百合刀”俞青锋来，那可是江湖上无人不知无人不晓的名号。可能不少人还想得起，七年前，“百合刀”俞青锋与“尺素剑”尹穿肠为争夺“天下第一绝刃”之名于王屋山顶一较高下，还请来了少林金刚指的唯一俗家传人吕空松作为公证。谁知这场轰动武林的比武最后竟变成一场离奇的悲剧：俞青锋砍死了尹穿肠，吕空松为其主持公道却也被俞青锋所杀；在杀了两人之后，俞青锋纵身跳下山崖，自此便再无音信了。至于这场比武的经过，至今仍然不为人知。

谁能想到曾经盛极一时的“百合刀”俞家，竟于七年前悄然从洛阳迁居到了江南，从此隐姓埋名，过着最平凡的生活。

七年后的江南，秋风正凉，吹落了满地的梧桐，吹冷了杯中的酒。

一个身穿白衣、头缠白布的英俊少年，双手拖着一个长布包，正目不转睛地看着面前的这杯酒。他没有喝，一直看到秋风把这杯酒吹冷也没有喝上一口。这家酒馆就开在马家大院的旁边，平日里生意也冷清，今天难得来个客人又是个怪客。老板打量着这少年，心里挺不乐意："我说客官啊，人死不能复生你还是想开点吧。"

"嗯。"少年仍是不动声色。

"这是你什么亲戚啊?"

"我爹。"

"哦，是你爹呀，怪不得你这么失魂落魄的。那你爹去世多久啦?"

"七年。"

老板瞪大了眼睛："这人莫非有病吧?"少年也不理会他，起身走了出去。

外面的行人稀少，这少年慢慢地走到马家大院门前。秋风吹得梧桐簌簌地落叶，一个头发花白的老头正在梧桐树下磨刀。他动作很慢，梧桐叶落在身上他也好像全不在乎。

少年看了老头一眼，闷声朝马家大院走去。"小伙子，你磨刀吗?"少年不理会他，径直朝前走。"去马家之前最好把刀磨快一点。"听了这话，少年停住了脚步，转过身盯着老头，"我只有一把剑，你能磨吗?""只要是杀人的兵器我都能磨。"老头也抬头盯着他，深陷的眼窝里透着精光。

少年小心地解开布包，从木匣子里取出一把剑。剑身细短，只有尺余长短，寸余粗细，但通体白亮如雪。老头双手接过，以手指轻抚剑身，发现剑身三分之一处有一道不足半寸长的裂口。

"敢问少侠尊名。"

"尹仇血。"

"哈哈哈，誓饮仇人之血，不愧是'尺素剑'的传人。"

尹仇血略一皱眉："请教前辈尊名。"

“磨刀的老头能有什么尊名？就连我自己也忘了，只恨不能多长一只口来吃饭。”

“前辈看我此行能否成功？”

老头抚摸着剑，低头不语。

“不能成功吗？”尹仇血有些急切地说，“还请前辈指教。”

“你已经有把握了吗？”

“有，晚辈已经熟知此人刀法，况且这把‘尺素剑’也是锋芒正盛只等一试。”

“嗯，剑是好剑，只可惜已经崩裂开口了。”

“正是因此裂口，晚辈才敢说有取胜的把握。”

“噢？你于此看出了什么？”

“‘尺素剑’原本短小，以身法轻盈近身搏斗见长，绝不至与敌人以硬碰硬，而先父竟以此硬接敌人杀招而使剑身受损，此必是其人以刀路封死先父退路，再突下杀招，先父退无可退只得硬接。”

“言之有理，莫非你已有法破此杀招？”

尹仇血兴奋地说：“的确，晚辈这七年来，无不日夜苦思其应对之法，但思前想后也终无法硬接其杀招，只有以攻为守，反手掷剑以回击。此时正适其扬手起刀，洞门大开，晚辈已练习多年，必能一剑封喉。”

老头听罢沉吟良久，“以你现在之功力，比令尊如何？”

“晚辈仍不及先父，尚差十余年功力。”

“如此说来，你尚且想得此招，令尊也当想得。若如此，他何必硬接敌招呢？”

“这……”尹仇血惊得汗如雨下。

“我来帮你答吧，令尊以慈悲为怀，当日是故意不出此招，以免伤其性命。而今你却又来杀他，岂不是违背令尊当日之意吗？”

“不可能！”尹仇血急得满脸通红，咬牙切齿地说，“就算先父对他手下留情，他却又为何对先父痛下杀手？若是如此，此人更该杀！我只恨不能吃其肉嚼其骨！”

老头拎着剑站了起来：“你又怎知此人没有对令尊手下留情呢？你可知道他那只是一时失手。”

“失手？”尹仇血大叫着，“失手会杀得了我爹吗？就算失手我也要他偿命！”

老头冷笑了一声：“就凭你，却还不配吧！”

尹仇血一把抢过“尺素剑”，指着老头说：“那我就让你看看我到底配不配！”说罢一剑刺出，只见白光一闪，直冲老头心脏。

老头微一皱眉，只伸手一夹，这杀人不见血的“尺素剑”就如同嵌在他两根手指间一般，再也不能动了。

“实话告诉你吧，这‘尺素剑’早已经废了。”老头说罢闷“哼”一声，两指一转，这柄精钢打造的“尺素剑”竟从裂口处断成了两截！

“你！”尹仇血吃惊得说不出话来，只呆呆地握住两截断剑不住地颤抖。

“剑身一裂，其锋已损，那人当日若非手下留情，这‘尺素剑’早被他一刀劈断了。”老头责备道，“看来你和你爹真是差得太远了！你爹的功夫不在于剑，而在于一颗慈悲之心。若是你爹在此他会怎么做你现在还不明白吗？”

许久，等尹仇血的喘息声渐渐平息了下来，老头叹了一口气：“唉，老夫磨刀多年，这刀是越磨越利，而人却是越磨越钝了，只望这刀剑都钝了才好呢。”于是尹仇血又抬起了头来，迷惘地看着老头的磨刀石。“小子，江南风光如此绝妙，你年轻人这青春也是正好，宝剑之锋芒易损，又何必浪费在仇恨与争斗里？”老头拍了拍尹仇血的脑门，“我看啊，你还不如叫饮美酒，去痛痛快快地喝上一壶才好呢。”

听罢，尹仇血抛下了手中的断剑，仰天大笑道：“哈哈哈！爹！好一个慈悲之心！你倒是成全了美名，却让我来替你受罪！哈哈哈！好！”老头呆立，望着尹仇血远去的背影，嘴角露出一丝苦涩的笑。秋风，依旧是秋风，吹得人心碎，又吹得人心醉。

身后的梧桐叶沙沙地响，不知道什么时候，梧桐树后竟然多了一个人。

“好个金刚指力，居然把‘尺素剑’都给折断了！”

老头缓缓转过身来，淡淡地看着面前这个满脸虬须的男人，“马青锋？”

“是俞青锋。”俞青锋逼视着面前的老头，“吕家的？”

“吕空竹。”

“不愧是松竹兄弟，看来阁下的‘金刚指’比起令兄吕空松来还要更胜一筹。”

梧桐还在不住地落着叶，冤家路窄，这个世界还是嫌太小了。

俞青锋拾起地上的断剑，“为什么？你应该知道我当日并未手下留情，而尹仇血那招的确可以杀了我。”

“对，我知道。”吕空竹凝望着灰蒙蒙的天空，“只是我不懂为何尹穿肠当日没用那招杀了你？我相信他也绝不会对你手下留情的。”

“因为吕空松。”

“难道他竟出手暗算了尹穿肠？”

“对。”

“可他为什么要帮你？”

“也许他觉得我比尹穿肠好对付，因为他早觊觎这两把不世利器‘百合刀’和‘尺素剑’。”

“但你却杀了他。”

“是的，本来以我的武功绝不足以要他性命，可是当他发现两把刀剑锋芒皆损之后实在是太惊讶了，才让我有了可乘之机。”

“你的刀也废了？”

“和这剑一样，那日之后，我便将它埋在了王屋山下。”

吕空竹喃喃道，“锋芒毕露，其势易损，想不到这世间两大利器竟同归于尽了。”

狂风骤起，树叶的沙沙声越来越响，飞了漫天的梧桐。俞青锋与吕空竹对视着，天地之间仿佛又平添了一分肃杀之意。

“你什么时候认出我的？”吕空竹问。

“折断‘尺素剑’的时候。若不是亲眼看到，我绝不会相信天天在我家门口磨刀的竟是‘金刚指’吕空竹。”

“七年了，我竟在此磨刀七年，天天对着我的仇人。哈！多么可笑的事！”

“‘百合刀’、‘尺素剑’已废，‘金刚指’已无敌于天下，你现在若要报仇我已不是你的对手。”

“报仇？我若要报仇，这七年时间里无论哪一天都可以杀了你，我为何还要等到现在？”

“难道你已不想给你兄长报仇了？”

“没有一天不想，”吕空竹露出痛苦的神色，“这七年来，我一直活在仇恨的折磨中，没有一天是轻松的。”

“那你何不杀了我结束这痛苦？”

“那是因为我看见你过得比我还要痛苦，终日闭门不出，躲在家里连句话也不敢说。”

听到这，俞青锋也痛苦地坐倒在地，任凭无尽的悲风撕扯着他的魂灵。

吕空竹走过去和他并排坐在梧桐树下，“现在，这世上再也没了‘百合刀’和‘尺素剑’，也再不会有‘金刚指’，更不会有什么仇恨了。”他抚着自己的磨刀石，“在你家门口磨了七年刀我才知道，锋芒只有在将出鞘而未出鞘之际才是最利的时候；但既然出鞘必损又何必出鞘呢？锋芒之未试，其人才可得全也。你说是吗？”俞青锋看着他，许久，两人竟不约而同地笑了。

秋天，不老的江南，生命依旧那么灿烂。酒馆老板发现那奇怪的英俊少年又回来了，他的眉头一展如同千年的冰霜融化：“老板！把刚才那壶酒再热一热！”

# 锦鲤抄

王雪婷

唐，武德初期。藩镇割据，战事频繁。

于此乱世，有一画师居泰安，喜绘鲤。其门前有荷塘一口，塘间荷叶田田，荷香馥郁，有一红花锦鲤游于塘间。画师常观其态，作画岸前。又以独居甚寂，无聊之时，便对锦鲤倾诉心事。鲤甚通灵，时扶摇而上，时摆尾而下，画师甚喜。

是夜，静谧的院中，夜风轻拂，荷叶轻晃。

画师卧于榻上，时而陷入无边黑暗，时而又分明清醒过来。一人独居于此偏僻之处，本是图个清静，却未曾料及这病痛莫名袭来，来势还如此汹汹，原本单薄的身子便卧床不起。此般偏僻之处本离医馆甚远，周边亦少行人，画师便如此拖着过了几日。

他也不知自己即将面对的是什么。在短暂的清醒中，画师突然想起早逝的双亲，心中叹息一声，又有些期待。人世如此寂寞，就这么离去也好，只是不知没了我，那锦鲤如何是好。

就这样稀里糊涂，不知过了多久，或许极其漫长，抑或只是一瞬，画师依稀察觉周围突然寂寥起来，仿佛永夜之潭，没有一息人声，甚至连风声都消弭殆尽。

于此万籁俱寂之时，房门突然“嘎吱”一声，随即有轻微脚步声入耳。画师有些惊慌，正欲转头，却发现自己动弹不得，顷刻便觉原本滚烫的额头一丝清凉。这清凉自额头蔓延至全身，画师顿觉通体舒爽。伤痛退后，涌上的是疲惫。在沉沉睡去前，画师似乎见到一片火红衣袂从眼前飘然而去。

次日，画师下榻，病痛已消失得无影无踪，前几日似是一场梦，恍惚而迷离得不可捉摸，惟记那火红衣袂，清晰明朗。画师疑惑，亦甚是感叹。

再见塘中锦鲤，多日未给其投食，它却依旧活跃于荷叶之中。念及伤疾之日，唯其伴自己左右，再回想起昨夜，画师甚感亲切。自此之后，画师便常与之嬉戏，投食也愈多了。

一人一鲤，乱世之中，独守一方清净，仍觉岁月安稳。

若能此般下去也甚好，可世事终不能尽如人意。战事愈发频繁，魑魅魍魉，肆逆于道。兵戈逼泰安，画师之街邻皆拾掇细软逃亡，画师不舍锦鲤，未去。

火光凄厉地照亮夜空，兵戈之声由远及近，终逼破城门。倏地，一火把在混战中被投入院内，落于房角一堆柴垛上。火蔓延开来，迅速逼近塘边画师。

于此千钧一发之际，画师扭头欲看锦鲤，眼前却忽然闪过一道光。

只见一女子身着火红襦裙，乌黑如墨的长发于火光之中熠熠生辉。她穿过熊熊大火，走向画师，伸手拥他入怀。

多年之后，画师依旧会梦到那天，灼灼火焰逼近时，她入火护他，保其安生，护他周全。他又一次感受到那熟悉的清凉，自额至全身，丝毫不觉灼热，而这火红衣袂，也并非梦境。

“你是谁?”于其怀，画师如作呓语。

“我乃鲤妖，本欲取你性命，日久却渐生情愫。”女子怆然，“愿经此两劫，你能真正过上安稳静好的日子。本盼人妖可殊途同归，却终只能缘尽于此。”

画师惊诧于此情此景，欲言却止，只觉鲤妖字句含泪，似要泣出血来，自己也心痛得无可复加。于是画师亦反手搂住鲤妖，沉默闭眼，静待天明。

习日，火势渐歇，怀中鲤妖却已不见。

画师始觉如梦，奔至塘边，却见池水干涸，莲叶尽枯，塘中锦鲤不知所去。回想昨夜情景，自始至终，不见鲤妖容貌，惟记黑发如墨，锦衣如缎，襟上层叠莲花，其色魅惑，艳丽如血。

于是画师顿觉，锦鲤虽妖，亦带鲤之性，脱水火灼过长，必得灰飞烟灭之下场。

于尘世中你辗转千百年，却只让我见你最后一眼。火光描摹容颜，燃尽时间，你独留我一人，孑然一身，凋零于梦境。

你我，再无相逢之日，人妖本是殊途，为何仍盼同归。

# 第七辑　书评影评读后感

# 忆老舍

叶军舒

今天在写作课上，老师提到了老舍先生的文章，说他笔下所有的东西都注满了浓浓的情意，无论是写水藻、微风，还是写湖水，都仿佛自己家养的一样，满是宠溺之情。确实有这种感觉，每次读老舍的幽默文学，总是让我忍不住想笑。其实小时候，我接触最早最有印象的作家就是老舍了。称他为老舍而非老舍先生，我觉得并没有什么不尊重的地方，如果他知道几十年后有个小小辈如此喜欢并理解他的幽默文学的话，肯定会高兴而不是生气吧。

那是在三年级，记得当时班里的图书角里静静地躺着一本《骆驼祥子》。而我其时还并不知晓小说到底是什么，但在小小的心里面，老师口中所缓缓道出的“文学”二字的分量是极重的，于是对老舍油然而生一股子崇敬之情，至今未散，倒有愈来愈烈之势。后来，在我不住的念叨下，妈妈给我带回一本《老舍幽默文集》，那是我拥有的先生的第一本书。喜滋滋地捧着那本大厚书，我乱翻一气，翻来翻去却发现看不进去，只得扔下。而当我能够看懂并且逐渐深入的时候，已经是高中了。再后来，读他的《骆驼祥子》、《四世同堂》、《牛天赐传》、《离婚》，反反复复地看，反反复复地揣摩，越看越爱，老舍成为我最欣赏的大家。现在想来，我与老舍的相识真的很有缘分，莫不是从我们名字中那个共同的“舒”字上来的么？

看多了他的文章，先生在我心里的形象早已不是一个单纯的作家，而是一位妙笔生花的语言大师，更是一位工艺炉火纯青的民间艺人，就如同他笔下制作兔儿爷的老艺人，或者那温润朴实的落花生，永远透着一股子亲和劲儿。董桥说，顺手一拈，尽得风流。老舍的语言便是如此，京味儿十足，市民气儿十足，最普通最俗气最散乱，却最生动最深刻最真切，而建立在这基础之上的幽默则更显质朴亲切。在他的杂文《一天》中，新婚燕尔的老牛夫妇到老舍家里聊天，一直待着不走，任凭老舍如何打哈欠、看手表，就是不走，“时针指向了十点，我算看出来了，这俩看样子是赛开了谁更没心没肺，这是打算在我家度蜜月啊”。每次读到这里，我总是憋着笑。老舍不愧是幽默大师，他的幽默如行云流水，没有一丝丝刻意，而是水到渠成。

老舍长于描写，善于讲故事，对人心理的描写，令人拍案叫绝。他不是一个居于庙堂之上、在文学的伊甸园里独醉的文学家，倒像是一个整日混迹于茶楼饭馆闹市的生活观察者和记录员。巴金说，50年来我在小说里写人，我总是按照我的观察、我的理解，按照我熟悉的人，按照我亲眼看见的人写出来的。老舍又何尝不是如此，他笔下的车夫、小贩儿、军人、老妈子、妓女，甚至于狗，或世故，或懦弱，或无耻，或伪善，却都有属于自己真实的灵魂，那么的鲜明，那么的生动，无论伟大，不分贫贱，都有生命独有的跃动，我仿佛瞥见了沉寂动乱里老北京故去的容颜。所谓世事洞明皆学问，人情练达即文章，在那个昏暗似无光亮的社会里，事态冷暖，老舍太熟悉不过了，他自己也逃不过，就像老李不得不面对那个吃人的衙门一样。老舍明白人性生来的矛盾和复杂，正因为懂得，所以才有悲天悯人的情怀和一颗博爱的心，所以他笔下的小人物，即使再恶，也会留有那么一丝丝温暖，即使再善，也会掺上一丁点邪恶。人性本该如此，所以我喜欢老舍笔下的人物，因为真实。

越是深入了解老舍，便越能读懂他幽默下隐含的悲哀。老舍对于人生是悲观的，幽默只是一种不至于太过沉重的表达方式，这或许与他的生活态度有关。但是我相信在那样一个正在死去的社会里，愚昧、腐败、堕落、苦难充斥着旧中国的角角落落，没有一个有思想的知识分子是不悲观的。沈从文悲观，而且不愿直面美好的破碎，所以他沉溺于湘西曾经的美丽中，构筑一个又一个童话，不免与现实产生距离；鲁迅悲观，却变得勇敢，于是以笔作剑，毫不留情地将一条条伤疤撕裂后展现在国人面前，虽有唤醒国人之良效，却让后人触目惊心，不忍卒读。而唯有老舍的文字，以一个个看似轻松惹人发笑的故事沉淀出一个又一个沉重的主题，反倒让我更觉沉痛，就像一把钝钝的刀子，只有在深入骨髓后才让人突觉疼痛，心也跟着暗下去了。祥子变成了活死人，在我眼中，一步一步；妞子死了，代表着千千万万在战火中睡去的孩子；老李辞了官，带着丁二爷回到了乡下……路遥说，悲剧的开头往往是喜剧，剧中人喜形于色，却在不知不觉中慢慢走向毁灭。老舍用毕生写尽的幽默故事抒写对人生深深的绝望。他曾在一篇文章中谈到自己的死，大意是这样，万一未来有一天不得不死，那就从从容容地死好了。后来当我知道他跳湖而死的时候，没有丝毫的惊讶，只有深深、深深的难过，一切都仿佛是预言，已然注定……

想起了老舍的梦想，令人艳羡：在他的桃花源里，有一栋小房子，带一个小院子，院子里养一盆金鱼、几株花，有只猫在鱼缸旁边打转转，屋里有爸，有妈，还有一双儿女，女儿八岁的样子，刚好能帮妈干点活，儿子一岁多，顶好永远长不大，一天到晚会亲亲。多么简单的愿望，却让人幸福得透不过气来……

# 萎谢的花，暗涌的香

魏　丹

时间无涯的荒野，闪烁荣光，于千万人之中，只一眼，便可认出她；

记忆残破的围城，颠倒暮色，于千万年只中，只一愿，仅因她存活。

——记在前面

立于残阳疏窗前，流连。可知道，我是在香气中醉了，醉得找不到家了。

我隔着世纪的缺口，牵挂她；我隔着一个天堂的距离，怀念她。在醉生梦死的旧上海，有一个高傲的灵魂清醒着，连带着她的文字，在纯粹的高空俯瞰世俗，不给晦暗隐藏的缝隙，不留余地。极致的女子，极致的文字，在夜的静寂中，散着清苦的香气，一点点飘远。

她一直唱着歌，在走近，又擦肩而过，失了踪迹。我寻着，寻着她的香气，在梦中，有那最璀璨的一地光芒。

笔下的女子，悲婉的歌，流离的凄凉，是心尖上滴下的水。它睡着了，凝固成了冰，又冷藏在我的手指上，只觉得透心的凉，彻心的苦。

她哼着，哼着淡淡的调，金色的枷锁落下，锁住了一个女子一世的年华。曹七巧的命不是天注定，却一直在被天意玩弄，无法挣扎。长安的出生伴着她的麻木，和着她的痛，她在恨意的悬崖垂吊，稍有偏颇就是无底的深渊。在失重的过程中，她不是没有反抗过，只是抵不过赤裸的现实。她错了吗？她只是个被爱骗了的人，可怜之人。在潇雨中，她的怀抱里没有温暖，她的手抚着自己的衣袖，纵然再好的金丝，再好的刺绣，也换不回曾经的如花笑靥。

枯干的皱纹在暗影中凸显，只有这，才是实际的能感觉到的唯一余留。

她哼着，哼着浅浅的调，半生的缘分终结，窒息了一个女子一世的爱恋。曼桢的爱被杀得干净，被姐姐推入了陷阱却还抱着希望，想和他地老天荒，只是烟花一季，不容回头。回头了又能怎么样，她不再是她，人已非，回不去的记忆只能在离开的日子里一一丢弃。那些说着永不分离的人早已散落天涯，她守着昏黄的镜，默默地梳起他曾说过的最美的黑长发，一缕一缕转着若有若无的结。心上的结，没有可以解开的理由，再怎么，缘分走到了尽头，见不到了因他扬起的嘴角。

透明的泪珠在黑夜中肆意，只有这，才是冰凉的能暂时麻痹的唯一发泄。

她唱，她走，她徘徊，她毅然。她自己的歌，她忘了唱，但我们却听得清清楚楚。

若是血肉相连的爱，一个人的离开，会让另一个人随之萎谢。她抛弃了太多，为他。她内心是欢喜的吧，和他。她一贯的高傲，在面对他时，突然卑微到了尘埃里，却从尘埃里开出了花。她值得吗？花无语，我心悠悠，她是心甘情愿的。哪怕知道是毒药，也在甜美的微笑下欣然喝下，她可以感觉到苦涩的喉咙一点点咽下时滋润的享受。感情不问是否值得，只在乎愿意与否，她愿意自是她的归途。十五的月色下，她摇曳在烛影里，斑驳的馥郁的心，也是无怨无悔的。

他的离开，注定了她的衰败，心花零落，落地成灰。

她说："她自将萎谢了。"

却不然，她的香气还在，越发浓郁。萎谢的不是她，只是记忆，暗涌的香依然久久，清冷的月依然高挂，三十年前的月亮落下了，今日的月还在浮动着依稀的光芒，我们不忘她的人，她的歌，她给我们留下的暗涌的香。

# 强大的弱者，弱小的强者

喻凯骐

我并不想就《追风筝的人》这本书里的时代背景乃至社会风气作什么大众化的评判，即使这本书里面有千千万万让我们或新奇或感叹的时代产物，可是它对人性的细腻描写与强大的故事性，已经远远超越了它对阿富汗或者塔利班等等历史元素的还原的价值或者是可读性。这种深沉的文化与人性交相辉映的闪光比一切浮华都更能打动人心。

信任与背叛无疑是《追风筝的人》里展示给我们最出彩的人性特质，在忠实的仆人儿子哈桑的陪伴与无条件追随下，阿米尔少爷把哈桑置于一个似乎是朋友却又不愿意与他做朋友的境地，他渴望得到更多的和他生活在一个层次的朋友，却在受到排斥后又一次次去找哈桑舔伤。

相比于哈桑的万般善良、忍让、诚信，我更希望先去剖析阿米尔的心路。相信读过这本书的人都会对那个死死守护着，为了少爷追到风筝而被大孩子暴打凌辱的哈桑感动，同时也会无法忘怀那个躲在角落从小孔中看到一切却不敢出来说一句话的阿米尔、之后装作什么都没发生过的阿米尔、被哈桑与其父亲识破后气急败坏逼走他们的阿米尔。

阿米尔是坏人吗？或者是，或者不是，因为这是一个可以上升到心灵高度的讨论。善良和邪恶不会是绝对的，可潜意识中的自私却是永远存在的。阿米尔自认为把哈桑当做朋友，却又冲不破世俗的枷锁，不愿意承认这个朋友。同时从他羡慕父亲对哈桑的好，到他面对被伤害的哈桑却不敢出手援助的胆怯，害怕被哈桑甚至他的父亲发现自己那么冷漠无情，与他终于意识到哈桑已经明白事情真相后的绝情，都是以他的自私为原点，深深伤害了忠诚的，把阿米尔少爷当做最好朋友，愿意为他付出一切的哈桑。在这一方面，阿米尔的确很坏。可是在多年之后，当他不再是那个富家子，经历了生活磨难、世事曲折，终于在美国安定下来后，却回到那个战乱纷飞、不复安详的故乡，冒着生命危险，毅然决然走上“回到好人的路”。

整本书读起来弥漫着一股让人透不过气的压抑感，像是将一颗洋葱一丝一丝地慢慢剥离开，一环又一环地刺痛着我们心中的神经，用一种很慢很慢却极富律动的节奏，一步步地将书中的角色用手术刀温柔切开，没有喷涌而出的鲜血，只有一丝一丝血肉的纹路。疼痛，被背叛后的疼痛，黑暗曝光后的疼痛，在这个世界无所遁形的阴影中刺伤一个个读者，引起同情与内疚感，在这沉浮的荒土世界的最黑暗中却又要给人微茫的希望，就像是追逐着风筝喊着“为你，千千万万遍”的哈桑，就像是接到拉辛汗电话后辗转反侧却最后坚定了要回去寻找救赎的阿米尔。如果说在阿富汗那个世界中哈桑不过是一个追逐着微茫希望的弱者，而阿米尔是一个没有勇气的强者，那么弱者的强大与强者的弱小，仅仅是因为跟随自己的本心。

只希望，在那个风筝越飞越远消失不见的时候，会有更多人渐渐变得越来越像哈桑，坚毅地、挂着笑容地追过去，守护下去。

# 为你，千千万万遍

唐雅晴

我是个有些附庸风雅的人，因而极喜欢搜罗一些市面上销量高、显得上档次的言情小说来看，很幼稚的虚荣心。但是我不得不承认，多亏了我的这份附庸风雅，我才有幸翻阅到那篇故事。嗯，我喜欢把那些与我毫无关联的、编造的，或者真实发生过的事称为故事。扯得有些远了。

会去看《追风筝的人》是因为在某本杂志上看到了故事梗概和一连串的赞美之词，并且这本书是个外国人写的，还被拍成了电影——我得承认当初看这本书的原因真是肤浅。虽然我看的很多本书都是基于这样一些很外在的原因，像《白夜行》、《1984》、《江城》等等，但是那些书没有一本像《追风筝的人》那样让我有种看不下去的感觉。我读完之后精疲力竭，而后对自己感到无比羞愧。

卡勒德·胡塞尼笔下的哈桑——勇敢而忠诚的兔唇男孩，在被生母抛弃、种族歧视、权贵羞辱，甚至于被好友诬陷后所保持的温顺的样子像风化的砂砾，不小心迷了眼就让人泪如雨下。在整本书的前半部分我总觉得卡勒德太狠心了，他在给了哈桑一个悲惨的身世之后还让他做一个正直忠诚的人，并且心怀宽容，原谅所有伤害。这太不公平了。好在卡勒德在书的后部分终于让伤人者面对他自己造成的伤口寻求救赎。拉辛汗对 38 岁的阿米尔说：“回阿富汗吧，这里有再次成为好人的路。”

我为哈桑所遭遇的种种感到不公，在看到阿米尔的嫉妒与懦弱时感到羞耻——对自己产生的羞耻。幼年时我是个活得没心没肺的人，对伤害迟钝冷漠，无知又任性，在心智成熟到能有所认知时才发现自己已经伤害了那么多人。对于《追风筝的人》，我从来就没有爱不释手的感觉，我一次又一次地把这本书放下，又一次又一次地在无人的夜里坐在灯下读它，对这种状态我毫无办法。我知道自己执着地在期待着什么，我知道自己有多么希望阿米尔能被原谅。

看完《追风筝的人》，我才发现我的懦弱，我永远无法像阿米尔那样背负着愧疚重回故地寻求救赎。我怯懦，所以我得不到原谅。我想，勇敢这种东西，有就是有，没有就是没有，它与生俱来，融于血液，不可分离。我不能强求，亦不能因此缺陷得到原谅。

回顾过往所发现的种种难堪会冲破时间的禁锢扑面而来，让人避无可避。那么，我所能做的只有永不原谅自己，为自己划一道伤疤，用回忆洗刷，提醒疼痛。如果我终将怯懦于过去，那就用伤口警示未来。

阿富汗人有传统的追风筝比赛。哈桑是追风筝的能手，他曾站在狭窄的巷口对阿米尔说“为你，千千万万遍”。而时光流逝，在远隔大洋的美国，无数背井离乡的阿富汗人在延续传统的追风筝的节日里，阿米尔对哈桑的儿子说：“我有没有跟你说过，你爸爸是瓦兹尔·阿克巴汗区最棒的追风筝的人？也许还是全喀布尔最棒的？”“邻居家的小孩都很妒忌他。他追风筝的时候从来不用看着天空，大家经常说他是追着风筝的影子。但他们不知道我知道的事情，你爸爸不是在追什么影子，他只是……知道。”卡勒德没有描写这一刻阿米尔的神情，但我想他的语气里有自豪，有放下，眼角有泪光，嘴角有微笑。他年轻时的劣性在他漂洋过海回到满目疮痍的阿富汗并带回哈桑遗留下来的儿子时已销声匿迹。当风筝的线被割断，摇摇晃晃地借着一点点风飘落时，阿米尔像哈桑一样对哈桑的儿子说："为你，千千万万遍。"时光在那一刻重合成一个封闭的圈，看到最后恍惚间明白卡勒德没有偏爱书中任何一个人。而我，却是个不敢去时光里旅行的人。

我无数次把自己想象成阿米尔，也无数次把自己想象成哈桑，可是我不会做他们所做的任何一个决定。我是年幼的阿米尔，而且没勇气长大。

哈桑是个真正意义上的好人，阿米尔不是。好人的存在是为了惩罚坏人的。而勇敢能让所犯之罪得到救赎。

《追风筝的人》不会成为我最喜爱的书，它让我羞愧，让我不能言语。可又正因为如此，它使我掌心埋刺，入肉三分，不伤筋骨，剔之不去。

我是个附庸风雅的人，本不该为一本书为难成这样。

一个好的故事总有悲伤。

# 我曾路过你的世界

马君瑶

在那片深蓝的大海中，有一艘名叫“万里阳光号”的海贼船，像太阳般的卡通狮子船头在阳光下闪着晶莹的光。船迎着风，乘着浪花，在那片他们所谓的领域中自由航行。白色的风帆上画着一顶黄色的草帽，一顶和船上的那名少年一模一样的草帽。那名少年总是挂着灿烂的笑容，仿佛除了和平，一切都与它没有关系。他是路飞，是我最喜欢的热血少年。而他的故事是我最喜欢听的，名叫《海贼王》。

黑白的页码上，记录着他的故事。他是蒙奇·D．路飞，是草帽海贼团的船长。他有着优良的血统，爷爷想培养他做一名优秀的海军战士。但他喜欢天空和海洋的分界线，想在那里起航，起航一个海贼王的梦。17 岁的他因年幼的梦而在黑暗的大海深渊展开让人屏息的冒险。浪潮汹涌，夕阳蠢动，鸟儿的歌声划破长空，波涛澎湃，浪花飞溅，乘风破浪任他游。他纵横天涯海角，用单纯、憨厚的笑容，得到了朋友们的真心对待，一同欢乐忧伤；在每个腼腆的内心刻上冒险的旋律，将梦想填入空虚的胸膛，展翅高飞；分享着宝藏般的喜悦，放声高歌；在狂欢的喜宴中飞畅，随风飘扬于大海之中。

就是这样一个追梦的故事，让我看到了路飞眼中的坚定，那是他的笑容也不能掩盖的，在白色的纸张上，被简单的黑色线条勾勒得耀眼。看着他的眼睛、嘴角、手指乃至全身，披上阳光，微风拂过，便成了灵动的世界。舒畅的风填满我的内心，勇往直前。画中少年对我一笑，便落下了种子，正慢慢生长。我是旁观者，本应静观其变，可我还是忍不住想进入画中和路飞一起抛开被定格好的航线，向着天空和大海的交界线扬帆起航。即便是路过，也没有遗憾。

“还记得我们使用的船是梅利送的。船很坚强，一只羊头形的船头，乌索普为我们画上了海贼旗。”“我”看到了路飞眼中的惊喜，那片神秘大海正敲打着冒险的节奏。路飞很活泼，总喜欢和卓洛他们闹，娜美经常教训这个船长。他总是见义勇为不计后果地逞能，他的笑声传遍了整个船体，一路上高涨的正义，一直疯狂地鼓动。沿途路上，他们经过了阿勒巴斯坦、空岛、水之都，还有一些小型岛。每到一个地方，都是火点儿，是正义之光的燃烧。在一场场正义之战中，小伙伴们都出去战斗，而“我”躲在船里，冒着冷汗。“我”只是一个过客，是隐形的，并不能触摸到什么。好几次鲜血都在路飞身体外延续开来，“我”很害怕，闭上双眼。可路飞的眼中闪出锋利的刀光，不羁的眼神，世界安静了，路飞赢了。“我”和“梅利号”把一切都收在了眼底。在空岛上某个没有星星的夜里，“我”无意中发现船拥有船精灵。精灵每个夜晚都会自己出来修船。它说：“只有遇到真正爱护船的主人，才会出来。”它说的正是路飞，那个一身都光明的少年。船一次次地被自行修复，只有“我”知道它存在的时日不多了。

它是为了路飞而支撑。直到“阳光号”的出现，它再也支撑不下去了。熊熊火光燃烧了起来，船精灵还带着歉意：“对不起，我没有能力陪你们了，只能陪你们到这里，对不起……”我含在眼眶的泪水再也忍不住而倾泻下来，落入海中沉淀下去。陪伴我们如此久的“梅利号”在火光中慢慢消失，升起黑烟，剩下残片。这一次，路飞也哭得很猛烈，还以为对什么事情都不会上心的他却哭得歇斯底里。难分的友情，一边还在自责，一边是不舍。这样的情感拨动了我内心深处的那根弦，心很紧，很痛，因为爱得深沉。火，泪，我想起了艾斯——那个让路飞感到深深自责的哥哥。

艾斯是路飞的哥哥，前海贼王的儿子，路飞的爷爷偷偷收养了他。从小他们俩就一同嬉闹，不顾身为海军中将的爷爷强烈反对，两人有了共同的梦想——成为一名优秀的海贼。艾斯比路飞早几年出海，路飞一直很珍惜和艾斯一起的时光。直到路飞手中艾斯的生命卡在慢慢地消失，他的内心想救艾斯的想法如火般燃烧。小伙伴们都在泡泡岛被大熊打得七零八落，是生是死都没有定数，路飞只身闯进了因佩尔监狱，又抵达了处刑台。当看到哥哥艾斯憔悴的模样，被海楼石紧紧铐住的双手，他再也不能看下去了。他的眼中只有哥哥艾斯，目光间的距离，有着十万海军的阻挡，是一段生死之战的距离。硝烟四起，刀光剑影，这样的场面怎是17岁的少年能接受的。路飞不顾自己的性命，在身中剧毒的时候，靠打针来维持体力，继续作战。他看着一批批为他争取时间的人牺牲，最后救下了艾斯，正准备和哥哥艾斯一同作战离开这个魔鬼之地；可是一切都不尽如人意，海军中将赤犬紧随而至。他那岩浆般的拳头逼近路飞之时，艾斯用身体挡住路飞，生命卡瞬间烟飞雾散。路飞活了下来，是被其他人拉出战场的。“我”在女儿岛看到他的时候，“我”感觉他像是疯子，全身被白色的布包裹着，只露出五官。他的眼里充满了恐惧，害怕身边的事物都会离开他；也充满了自责，觉得自己害死了哥哥。他泪流满面，对着阴沉的天空大声嘶喊，受伤的手指不停地挤压头部。曾经与哥哥一起的快乐时光已经不复存在了，眼前物是人非。路飞脑海里出现之前艾斯的画面——他是火的化身，怎么可能死！是自己害死的，是自己害死的，他的内心无数次挣扎。他痛得打滚，叫喊，自虐。“我”想帮他，可“我”没有办法帮他，难分难舍的亲人离去，对于一个少年，太难以接受。我默默离开了，合上了书页。

亲情和友情，这两个对于路飞最重要的东西，也感动了处于新世界的我。当然，我喜欢路飞，也喜欢他对梦想的执着。他相信未来，就算有人笑他也无所谓。奔驰的热情让他更耀眼。即使刺眼，他也要继续凝视，不一定合乎逻辑，但不想一成不变。

我后来一直不敢看艾斯那段，我害怕路飞会接受不了，我害怕我也会伤心。但我还是忍不住，我说过即便是路过，也没有遗憾。懒散的黄昏，我倚在风口，一边吃着樱桃，一边翻更新的漫画。日色淡薄的午后，文字媚眼如丝，清澈的风从远方吹来，仿佛在演出一台新戏。彩色、幽默在那道不尽的新世界里吹起一阵狂风。两年了，17 岁的少年也 19 岁了，脸上多了几分成熟和稳重，带上小伙伴们向着伟大航路后半段出发。浪涛如枕，骷髅旗帜随风飘扬，万里长空，风起云涌，波涛起舞，战鼓隆隆，明日自当雨去云开散。

这就是路飞的故事，这个故事还在继续，我想我会一直追随。路过他的世界，一起喝着美酒，放声高唱大海之歌，船在布鲁克的小提琴声中，飞跃过热闹的宴会，渐行渐远……

# 我们都不完美，却都足够认真

刘美巧

从小我就很喜欢画画，每天就自己拿支笔拿张白纸，对着书上的、本子上的、文具盒上的图画，反正是只要什么上有图样，就照着上面的画。遗憾的是，一直没能去学绘画。我一天天长大，对于绘画这个爱好却一直未曾改变，于是我开始买来各种各样的绘本。我喜欢绘本的感觉，一幅大大的画，画里有着缤纷的色彩，还有几句特有感觉的文字，带着点小文艺小清新，每次看着那些绘本，我整个人就放松下来。

看几米的绘本算是比较晚了，大概是高二的时候。还清楚地记得第一次买的几米的绘本就是《我不是完美小孩》。第一眼看到这本书的封面就特别喜欢，上面画着一个短头发、长着小雀斑、小脸蛋红彤彤的小女孩。

翻开书的首页，故事开始了。首先是小女孩的自我介绍也可以说是自我独白。于是我知道了，她的名字叫做郝完美，是小学三年级的学生。她的名字是爸妈取的，他们告诉她："你小时候不管正面看反面看，醒着睡着，或笑或哭，看起来都好完美。"可是随着完美一天天长大，她发现事情开始变了，爸妈的要求愈来愈严格，学校的要求也愈来愈严格，她觉得好累，好想对世界大声地说："我不是完美小孩。"我想这也是我为什么喜欢这本书的又一个理由了——它很真实，很贴切，让我不自觉有了共鸣。我们的父母都一样，对我们有着期望。我们的名字都含着父母对我们的期望，就好像我的名字里有个美又有个巧，那是我的老爸老妈希望我可以又美丽又灵巧。可是我也不是完美小孩。

好喜欢里面的文字，好喜欢文字中孤独又温暖的气息，大概是因为我也是又孤独又温暖的吧！其中尤其喜欢这几句：

“人生的每一次选择都是令人头皮发麻的关键球。”是啊，每一次的选择都令我头痛，最近的选择莫过于留不留部了。不知不觉，大一生活已过了大半，在学生会里也待了一个多学期了，现在面临着留部还是不留部的选择了。说实话，上学期的时候早就想好了，说什么也一定要退部的，可是临了临了，又犹豫了。所以说选择选择，就是这样让人头痛。

“如果大人都不相信童话，为什么又要不断地对孩子述说他们不相信的故事呢?”童话故事是每个人小时候都会看的，故事的结局永远是公主和王子幸福地生活在一起，好人永远有好运。可是当我们大了点，大人们总是会告诉我们不要轻易相信别人，是这个世界变了吗，还是大人们变了呢?

“大人喜欢嘲笑别人的孩子是温室的花朵，却又努力培养他们自己的孩子成为温室的花朵。”现在社会上许多人都说90后什么都不用做什么都不会做，说90后脑袋聪明，却只知道玩只知道懒，总而言之90后就是差。为什么呢?许多的父母总是觉得自己以前吃了太多的苦，所以不想让自己的孩子吃太多的苦，物质上都满足他们。父母总是说哪家哪家的孩子都被惯坏了，却又在把自己的孩子慢慢惯坏。

我们都不完美，可是这又怎样?在你们的眼中，也许90后不怎么样，可是幸福如人饮水，冷暖自知，你不是我，怎知我走过的路，我心中的乐与苦。我们都不完美，可是这又怎样？也许在父母的眼中，我们并没有达到他们希望我们达到的那样，可是他们依然会对我们好一辈子，就像我们嘴里在说着父母怎么地管着我们，可是心里会爱他们一辈子。我们并不完美，可是谁又能说这种不完美不是一种别样的完美呢？

《我不是完美小孩》给了我很多感悟。虽然我并不是完美小孩，可是我认认真真地做好每件事，我不需要完美，这样便已足够。

# 花自飘零水自流

李　晔

其实老早就想写写李易安了，但一直找不到下笔之处，也就这样一直搁了下来。直到这几日读了沈从文的《边城》，文中翠翠纯美的小女儿心使我想到了易安的《点绛唇》，于是总算起了个头。

> 蹴罢秋千，起来慵整纤纤手。露浓花瘦，薄汗轻衣透。
>
> 见客入来，袜划金钗溜。和羞走，倚门回首，却把青梅嗅。
>
> ——《点绛唇》

这是易安早期的作品，写的是一位少女初次萌动的爱情。全词清丽明快，给人轻松愉悦之感。我最是喜爱“倚门回首，却把青梅嗅”这一句，一个正值妙龄的少女，躲在门后，假装嗅着青梅，心儿却早已飞出了门外，落到了心上人的身上。几分羞涩，几分矜持，再加上几分喜悦，如此生动的人儿仿佛就在眼前，娇丽可爱，轻轻拨动了人们的心弦，勾出了缕缕情丝，荡开了点点甜蜜。

易安生于书香门第，富裕人家，年轻时她是快乐的，其作品流落出更多的闲情逸致，多是些闺中趣事、自然景物或少女情怀等。虽是大家闺秀，她却没有恃才傲物，而是有着寻常女子的纯真与浪漫。她曾是“争渡，争渡，惊起一滩鸥鹭”的活泼女孩；也曾是

“水光山色与人亲，说不尽、无穷好”的清灵女子。少女时代的易安，天真烂漫，清雅美丽。

18岁时，这朵亮丽动人的女人花被当朝才子赵明诚摘得。两个才子，一对佳人，这段姻缘不知羡煞了多少当年以及后来的红男绿女。夫妻二人把酒东篱，品茶论诗；花前月下，如胶似漆。他们对月共吟美词佳句，灯下一起把玩金石碑刻，还经常沉醉于书画古籍。甜蜜的爱情，人间少有。《减字木兰花》中：“怕郎猜道，奴面不如花面好。云鬓斜簪，徒要叫郎比并看。”少妇特有的娇憨呼之欲出。《浣溪沙》里：“绣面芙蓉一笑开，斜偎宝鸭衬香腮。”将她的妩媚表露无遗。

婚后不久，赵明诚就负笈远游去了，一去就是两年！年轻而寂寞的易安在离别期间，写下了很多抒发相思之情的优美词作。这些词作几乎篇篇脍炙人口，有着极高的艺术技巧和审美价值。

“莫道不消魂，帘卷西风，人比黄花瘦。”浓浓的思念将我折磨得日渐憔悴，如今比那黄花更显消瘦。秋风卷帘，我倚着门儿翘首遥望，盼着你啊，早日归来，茶不思，饭不想，多少事，欲说还休。惟有“楼前流水，应念我，终日凝眸”。凝眸处，如今又添，一段新愁，思如水，愁如水，或许只有门前的流水才能明白我的心事。旧愁未散，新愁又添，“花自飘零水自流，一种相思，两处闲愁，此情无计可消除，才下眉头，却上心头”，思念是一种病。

易安的词就是这样，它总能轻而易举地打动人心。懂她的人都会有一种感觉，她那动人的愁好似化作了一缕缕轻烟，淡淡地笼罩在身上，久久地，不能散去。

但是在那个朝廷无能、金兵得手的年代，一切的痛苦接踵而至，战争，给易安带来的苦难历程从此开始。

公元1126年，北宋被金所灭，易安43岁。

公元1129年，赵明诚去世，易安46岁。

国破了，家亡了，中年丧夫、膝下无子的易安，背着莫须有的“通敌”罪名①，在远离故土的江南孤独地流浪……

《武陵春》：“风住尘香花已尽，日晚倦梳头。物是人非事事休，欲语泪先流。闻说双溪春尚好，也拟泛轻舟。只恐双溪舴艋舟，载不动许多愁。”

易安写愁的词很多，但写自己流泪的只有三首，因悲伤而流泪的则只有两首，这首《武陵春》是其中之一。易安似乎更喜欢把愁交给酒杯，而不是眼泪。谁能解忧，唯有杜康！易安居然有和男子一般的排遣方式，想来是个坚强的女子吧！坚强如易安也忍不住要流泪了，而且是“欲语泪先流”，心情可想而知！

但易安毕竟是热爱生命的人，她听说双溪的春光依然美丽，竟生出了去泛舟游玩的念头。在郁郁愁城中，这一点亮色真是让人为她感到振奋！

但是，易安终于还是放弃了这苦中作乐的机会。因为，小船太轻了，而她的愁太重了，怕那可怜的船儿负担不起。我想，她真正怕的，是自己掩饰不住的愁苦破坏了旁人的心情，辜负了大好春光。她居然成了一个与快乐和春天格格不入的人！对比她少年时溪亭泛舟的美好心情，怎不让人肝肠寸断！

短短49个字却一波三折，起伏跌宕！我不想评价易安的艺术修养是多么的炉火纯青，我只想知道：究竟多么重、多么浓的愁，是船载不起、水流不动的……

《永遇乐·落日熔金》：“落日熔金，暮云合璧，人在何处？染柳烟浓，吹梅笛怨，春意知几许？元宵佳节，融和天气，次第岂无风雨？来相召，香车宝马，谢他酒朋诗侣。中州盛日，闺门多暇，记得偏重三五。铺翠冠儿，捻金雪柳，簇带争济楚。如今憔悴，风鬓霜鬓，怕见夜间出去。不如向、帘儿底下，听人笑语。”

夕阳虽然很美，但注定要落山；危机重重的虚假的繁华背后，袭来的是阵阵恼人的凄雨冷风。易安是清醒的，更是痛苦的。她想起了当年在家乡过元宵佳节的盛况：中州盛日，闺门多暇，记得偏重三五。铺翠冠儿，捻金雪柳，簇带争济楚。（——李清照《永遇乐·落日熔金》）都过去了！所有她爱的美好事物都永远不会回来了！除了残留的一点自尊，什么都没有了！只能躲在帘下，听别人的笑，流自己的泪……

《声声慢》：“寻寻觅觅，冷冷清清，凄凄惨惨戚戚。乍暖还寒时候，最难将息。三杯两盏淡酒，怎敌他晚来风急？雁过也，正伤心，却是旧时相识。满地黄花堆积。憔悴损，如今有谁堪摘？守着窗儿，独自怎生得黑？梧桐更兼细雨，到黄昏、点点滴滴。这次第，怎一个愁字了得！”

这首词实是写愁的极致！

“寻寻觅觅，冷冷清清，凄凄惨惨戚戚”，在多么痛苦的心境下，才能写出如此凄绝的句子啊！蚌病成珠，字字都是血泪凝成。“满地黄花堆积。憔悴损，如今有谁堪摘？”易安最是爱花惜春，雨后“绿肥红瘦”的海棠都曾让她心碎。如今，连秋天的菊花都已全部枯萎。花犹如此，人何以堪？

“守着窗儿，独自怎生得黑？”易安最怕离别，年轻时候的生离曾让她“才下眉头，却上心头”、“人比黄花瘦”，如今却是死别，再无重逢相守的希望。一日的度过已是万分的煎熬，更哪堪以后漫长的年年岁岁、暮暮朝朝！

“梧桐更兼细雨，到黄昏、点点滴滴。这次第，怎一个愁字了得！”读到此，早已泪流满面，唯一的评价尽在词中：

“这次第，怎一个愁字了得！”

古今中外，易安实是写愁的第一大家！

身为女子的愁，青春流逝的愁，新婚离别的愁，家遭变故的愁，国破家亡的愁，流落飘零的愁，备受诽谤的愁……人间百恨她已尝遍。

她爱自由，却不得自由；盼相守，却不得相守；求平安，却国破家亡；一生呕心沥血收藏金石，到最后却两手空空……

易安的一生便是如此了。尝尽人生百味，历尽大悲大喜。

易安，苍天待你何薄！给了你最为多愁善感的灵魂，却又用最为凄凉的命运加以摧残！

易安，苍天待你何厚！他人穷其一生也得不到的清词丽句，却在你的皓齿红唇间婉转低吟！

人已逝，情还在，她留给后世的，是永垂不朽的灿烂篇章，会有千千万万的后世子孙记着她的才情，并从她那美丽的诗词中，看见她笑靥如花的美丽，抑或凝眉垂泣的伤感。如此，足矣。

一曲歌尽浮华梦，花自飘零水自流。

注①：曾有金人找赵明诚鉴定古董，从此李清照夫妇被指为“奸细”。李清照一直追寻着南宋朝廷的足迹流浪，想把全部收藏献给朝廷以示清白，终不可得，而所有收藏最终全部在离乱中丢失。

# 冷漠可以杀死多少人

张宇豪

影片（《六月日记》）刚看开始，给人的感觉又是一个母亲替儿子报仇的故事。雨夜的场景，直白的拍摄手法处理解剖间解剖尸体这一场景，怪诞离奇的音乐……和大多数复仇片似乎没有什么不同。直到影片最后，“母亲才是旁观者”的出现，我们才发现影片浓墨重彩之处是用一系列镜头解释这对悲剧母子的关系。

一本凝结着耻辱绝望、字字血腥的假想杀人日记，一个为自杀儿子复仇、为自己赎罪的母亲，一个软弱、缺乏保护、无助的男孩真模，这三者结合在一起就是一场灾难。本该给予孩子保护的母亲，却不经意成了导致一系列死亡的原因。唯一的亲人没能够帮助真模，反而冷漠地让这一切开始、发生、继续下去。上帝给了我们一张嘴，难道不是要我们向亲人说出关怀、表达感情吗？沟通何时变得如此困难？理解何时变得如此奢侈？相比之下，紫英和俊贺是幸福的，虽然经常吵架，经常发生矛盾，但这些正是亲人之间爱的表达。

其实影片最大的恐惧不是来自凶手和鲜血这些镜头，而是那段录像记录的一切。这样的校园暴力、如此开心地进行的一切，都是发生在一群身穿校服的孩子中间，都是如花的笑颜。这些貌似天真的面孔，却正在进行着令大人都难以想象的罪恶行径，就在学校，在这个我们认为离罪恶最远的地方。没有遮掩，没有罪恶感，十几岁少年的心里毫无同情之心。虽然身边也出现过同学被欺凌的现象，但我无法想象影片中这么变态的事件会是如何上演。日本、韩国经常以此类事件作为题材拍摄电影、电视剧，难道同是身在亚洲的我们，有这么多的不同吗？还是有什么我们并不知道的？

整部影片像剥笋子一样慢慢地把人性的冷漠、无情、麻木展现。不起眼的忽视、不警觉的冷漠、不自省的无情一点点累积，终将吞噬一条条的生命。

在日益发达的社会里，我们的灵魂是否可以跟上身体的速度？

我不知道冷漠到底能杀死多少人，但，一定可以杀死我。

# 再见了，《三重门》

姜　鹏

不敢想象，我从那么稚嫩的年纪到如今，宛若白驹过隙。时间就像一首老歌，在你的心中吟唱，却不烦厌；在你的耳际环绕，却浑然不觉。想要寻找它，却发现已是过去式，只能轻声道别。

初见《三重门》时，我不知道那“三重”为何物，不知它究竟蕴藏了什么。就这样带着疑惑我进入了男主角林雨翔的世界。

初中是一个充满幻想的时间段，是年少轻狂却又懵懂无知的时空，和大多数人的青春年少一样，我们被挤压在学业的大流之中，我们似乎只有完成了学业后，那时我们就能够上岸了。是啊！我们多么渴望上岸，上岸了我们就自由了。可是如今我似乎上岸了，却不知这岸头上，何处是东南和西北。

林雨翔和我一样，他的身上有我自己的影子。人在校园时代，都有渴望，都渴望老师能在写作课上念自己的文章，能在班上有一席之地，能在关键时刻展示自己并能够让自己最喜欢的女生看见。

就是这么简单，就算是要酷玩小动作，我也要和别人不一样，因为往往自己喜欢的女孩别人也喜欢，所以至少要给对手压力。哈哈！又有谁会知道呢！

记得林雨翔被老师马德宝表扬，那种自我膨胀感似乎就是自己的曾经。可是林雨翔也和我一样，必要时，也得去补习，花钱做了自己最痛苦的事情。补课的人永远都会说他是在帮你“上岸”，就好比玩网络游戏时别人带你组队刷怪，这样你升级就很快了。但往往我和林雨翔都会在升级中断网，这同样令人很痛苦。

当然，小说主人公在经历了初中生活的渴望和痛苦之后，也要开始面临选择。这又是一个新起点，但往往这个时候，人会觉悟到什么。林雨翔发现自己喜欢苏珊，是真心喜欢。或许林雨翔早在游玩周庄时就埋下了这颗种子，可是却在抉择之时才真正领悟。我发现自己没有那么好命，即便是升学考试考到了心仪女孩的那所学校，却发现暗恋三年的女孩子在那一年毕业了，因为她大我三个年级。

我似乎明白了爱情是不可以等待的，所以高中三年，我再也没有虐心地暗恋过别的女孩了，好像也没有女生暗恋我。承受了双重打击后，我开始在学海中挣扎。而在小说中，林雨翔考入了苏珊才有希望考上的学校，苏珊却意外地没考上。但，林雨翔不会放弃与苏珊的一切可能，两个人在书信和电话中保持着彼此始终没有说出口的喜欢。就只是这份喜欢，让林雨翔治愈着在高中生活中受虐的心。

可是两个人的距离还是阻碍了彼此，误会还是误会，错过还是错过。我不禁感叹，青春为何要留遗憾？或许，维纳斯有了断臂，才让人称叹绝美。这样的话，我似乎也有了“绝美”。

“三重门”是林雨翔在学校的三个拱门，也是林雨翔在青春中所走不出的“三重门”，而学业、家庭、社会，对于我来说，何尝不是“三重门”呢？

中学时代已经弃我而去，接下来是大学时代，青春不会不留遗憾，所以，不轻视自己的年轻，就活得漂亮。

再见了，那些年。再见了，《三重门》。

# 蜀中倾城，美人何处？

祁惠云

几千年前的蜀中，总是那般花红柳绿，姹紫嫣红不尽。那是一个情感如水、思想开放的年代，所以秦楼楚馆里总是可以看见几多文人墨客的身影，或执笔勾勒图画，或吟诗作对，或弈棋品茶，或操琴歌唱，整个秦楼楚馆营造着一股书卷气息，才子佳人，诗词歌赋，高雅至极。

拉帘、轻启，且看眉若山黛、面若芙蓉的佳人，虽然已年过四十，却依旧那般姿容美艳、香袖轻盈，头插一支钗头凤，青丝环绕，说不出的风韵，道不尽的离殇，犹如那碧波秋水，望眼欲穿，殊不知却已向东流。你忧愁着多年前那一段情事，斜倚轩户，轻吟着："双栖绿池上，朝暮共飞还；更忙将趋日，同心莲叶间。"你神情痛苦，嘴角带有苦涩的嘲讽，思绪缥缈，仿佛回到从前……

那时的你风华正茂，姿容冠绝蜀中，才情卓越，曾即席写下一首《谒巫山庙》："乱猿啼处访高唐，路入烟霞草木香；山色未能忘宋玉，水声犹是哭襄王。朝朝暮暮阳台下，为雨为云楚国亡。惆怅庙前多少柳，春来空斗画眉长。"使得韦皋对你赞叹不已，之后不久你便成了他身旁的女校书。凭借惊人的容貌与才情，你成了蜀中第一的交际花，吟诗作对，才貌双全，使得蜀中节度使也对你钦慕不已。

“万里桥边女校书，枇杷花里闭门居。扫眉才子知多少，管领春风总不如。”才貌双全的你本可以一如既往地当受人追捧千古留名的第一女校书，可命运让你遇见了元稹，一个与你同样忧愁与多情的诗人。你以美貌与才华得到了他的垂青，终日诗词歌赋，似神仙眷侣。“双栖绿池上，朝暮共飞还；更忙将趋日，同心莲叶间”，深情浓浓，浅吟低唱，其实只是属于你一个人的爱情。

自古才子多薄情，你与元稹分离不久后，他便移情别恋，而你，只不过是供他消遣时光的乐妓。你痛心不已，等闲变却故人心，却道故人心易变，时光在不经意间从指缝中溜走，蓦然回首，而他，却不在灯火阑珊处。你是否会感叹，人生若只如初见，何事秋风悲画扇，折扇轻晃，青丝缠绕，太多离愁！

而多年之后，有一个和你同样感叹的诗人，在几回离索之际，写下了这首旷世好词：“人生若只如初见，何事秋风悲画扇；等闲变却故人心，却道故人心易变；骊山语罢清宵半，夜雨霖铃终不怨；何如薄幸锦衣郎，比翼连枝当日愿。”相思如海，而最后痛苦的只有自己，你只能感叹“却道故人心易变”。你不似杨玉环，享尽富贵荣华，亦不会有她那般悲惨的结局。你只是你，一个姿容才情冠绝蜀中的薛涛，一个令无数文人诗人倾慕的才女，逃不脱命里的枷锁，便也只能执笔写下那悲戚婉婉歉意浓浓的十离诗，回到韦皋的身边，继续做着女校书。

人生如梦，在你的人生中，最难忘的应该是与元稹的那一段邂逅。那是你人生中第一次也是唯一一次黯然心动，琴瑟相和，知音知己，金风玉露一相逢，便胜却人间无数。即便最后折柳离别，故人变心，我想，你还是不愿抹去这一段记忆。人生若只如初见，或许你会感叹，却不愿忘却。

漫步于蜀中，也许还能依稀看到以前的古建筑，那里有倾城佳话。可，美人何处？

# 第八辑　为你写诗

## 彩虹色的蜡笔

章琼丹

小时候
我有一套彩虹色的蜡笔
我惯用
它来给天空披上粉色大衣
为了不让它孤寂
在白天
我会让蓝色的云与它相随
在夜里
我会让绿色的星星与它相伴
我从来都不会让那一片天空落寞
我还习惯
将金色的空气装进火红的袋子
把它放进大家的口袋
不让他们知道

中学时
我有一套彩虹色的蜡笔
那时的我不用它

因为习惯了
用蓝色来描绘天空
我不怕它孤寂
因为我知道
在白天
有白云的相守
在夜里
有繁星的簇拥
我再也不敢
把那空气放进人们的口袋了
我怕口袋漏了

大学伊始
我发现
我没有彩虹色的蜡笔了
我把它弄丢了
我只看见
灰蒙蒙的天空
灰头土脸的云
没有光亮的黑夜
所以
我害怕了

匆忙中
我在找我的蜡笔
在找我那套彩虹色的蜡笔

可是，我找不到
没有，没有，哪里都没有
直到我静静睡去
在梦里
我找到了我的蜡笔
画湛蓝湛蓝的天空
朵朵洁白的云
颗颗闪烁的星
我还画了看不见颜色的星光
让它装点着世界的每个角落

# 诗歌二首

李婷

## 伤

是谁？在繁华都市的街头遗落了我？
又会有谁，将我重新拾起放在手心。
昔日的甜蜜早已洒落遍地，剩下的，除了悲伤！还有什么？
心真的好痛，好像全世界都抛弃了我一样。
心中的悲伤还能说给谁听呢？
我只能静静伫立在记忆之墙，
用稚嫩的笔写下，祭奠我死去的爱。

## 手牵手的承诺

陌生的古道，陌生的风景，陌生的人。
一切都那么陌生。
突然，手心中传来的温度让我感到如此熟悉，
向左转，一个甜美的笑容倒映在我脸上。
十指相扣，画面定格。
告诉我，手牵手的承诺，一辈子的承诺。

# 枯叶归真

李格格

心的破败
枯叶低低呜咽的伤感
泛黄的叶子只有回归土地的悲哀
时光不再怜悯
斑驳的青葱 掩不住 垂垂老矣的姿态
佝偻的身躯 撑不起 高昂头颅的梦幻
走过夏的勃勃生机　漫步秋的精致烂漫
寒风中的单薄 瑟瑟颤抖 攀援着枝干
阳光暖不了躯干　挽不回凋零的灿烂
纷飞着旋转 残损的陈旧 舞着悲剧美的内涵
末路的生命呵 没有祷告陪伴
沉睡着 落寞着 等待千年的召唤

# 什么是美

陈诗雨

什么是美？
美是让你全身毛孔打开的冲动
美是让你由大脑到神经末梢的麻痹
美是让你由心而发出的一声悠长的感叹

什么是美？
美也是你无法企及的一种精神高度
美也是你望而却步的冷峻

什么是美？
美只是人的一种向往
对自己缺失部分的向往

# 信仰

辛晓东

我不过是一个虔诚的信徒
曾深入迷途忘却归路
阳光亲吻我的脸庞时
就开始诵经
黑夜降临我的身体时
就开始反省

我不过是一个虔诚的信徒
曾深入迷途忘却归路
闭着眼静守着香炉
僧人怜悯地在我身旁驻足
说他也曾像那烟雾般追逐
我虔诚地翻阅着书经
聆听往尘的声音
邂逅一个人依靠着香炉
呢喃着
他是在诉苦还是救赎
是在诵经还是在反省

我怜悯地走过去叮嘱
不必痛楚
我也曾像那烟雾般无助

我不过是一个虔诚的信徒
阳光亲吻我的脸庞时
才开始诵经
曾深入迷途忘却归路
黑夜降临我的身体时
才开始反省

# 你是我无处安放的思念

邹梓炫

如果你是一本小说，但愿剩下的每一页都有我
如果我是一首老歌，希望每一个音符都能为你定格
新作的小说情节没有遗落
翻唱的老歌旋律依旧斑驳
我知道文字是你的心跳
音符是我的骨骼
老歌的歌词描述的是你的心情
小说的悲喜叙写我的生活
也许，我的生活不够精彩
但我多希望走进你的生活

如果我是一本小说，但愿结局处有你走过
如果你是一首老歌，希望歌词中有我
过期的小说情节，精彩未曾失落
翻唱的老歌，有想念的苦涩
我知道残笔是你的心跳
笔记是你忧伤的转折
老歌里的歌词描述的是我的思念

小说的情节刻画你的愿望
也许，你的生活挫折艰辛
但我多希望停留在你的身边

**图书在版编目(CIP)数据**

同学少年: 湘潭大学学生习作集. 2014 / 湘潭大学写作教研中心主编. —湘潭:湘潭大学出版社,2015.6

ISBN 978-7-81128-828-5

Ⅰ.①同… Ⅱ.①湘… Ⅲ.①中国文学—当代文学—作品综合集 Ⅳ.①I217.1

中国版本图书馆 CIP 数据核字 (2015)第 141234 号

# 同学少年
## ——湘潭大学学生习作集 (2014)

湘潭大学写作教研中心 主编

**责任编辑**: 陈美桥
**封面设计**: 孙艺哲
**出版发行**: 湘潭大学出版社
**社　　址**: 湖南省湘潭市 湘潭大学出版大楼
电话(传真): 0731-58298966　邮编: 411105
网　　址: http://press.xtu.edu.cn
**印　　刷**: 长沙宇航印刷有限公司
**经　　销**: 湖南省新华书店
**开　　本**: 880×1230　1/32
**印　　张**: 12
**字　　数**: 309 千字
**版　　次**: 2015 年 6 月第 1 版
**印　　次**: 2015 年 6 月第 1 次印刷
**书　　号**: ISBN 978-7-81128-828-5
**定　　价**: 32.00 元